像爱因斯坦一样思考

我们能从天才们的头脑中学到什么

DENKEN WIE EINSTEIN

[德] 特蕾莎·波尔莱恩
[以色列] 沙伊·图巴里 著

张骥 译

人民日报出版社
北京

图书在版编目(CIP)数据

像爱因斯坦一样思考:我们能从天才们的头脑中学到什么 / (德)特蕾莎·波尔莱恩,(以)沙伊·图巴里著;张骥译. — 北京:人民日报出版社,2021.3
 ISBN 978-7-5115-6801-4

Ⅰ.①像… Ⅱ.①特… ②沙… ③张… Ⅲ.①思维科学 Ⅳ.①B80

中国版本图书馆 CIP 数据核字(2021)第 000258 号

著作权合同登记号　图字:01-2020-7009
Author: Theresa Bäuerlein, Shai Tubali
Title: Denken wie Einstein. Was wir von den klügsten Köpfen der Geschichte lernen können
Copyright © 2015 by Hoffmann und Campe Verlag, Hamburg, Germany. All rights reserved.
Chinese language edition arranged through HERCULES Business & Culture GmbH, Germany

书　　名	像爱因斯坦一样思考:我们能从天才们的头脑中学到什么 XIANG AIYINSITAN YIYANG SIKAO: WOMEN NENG CONG TIANCAIMEN DE TOUNAO ZHONG XUEDAO SHENME
著　　者	[德]特蕾莎·波尔莱恩　[以]沙伊·图巴里
译　　者	张　骥
出 版 人	刘华新
责任编辑	翟福军　苏国友
出版发行	人民日报出版社
社　　址	北京金台西路2号
邮政编码	100733
发行热线	(010) 65369509　65369512　65363531　65363528
邮购热线	(010) 65369530　65363527
网　　址	www.peopledailypress.com
经　　销	新华书店
印　　刷	北京九天鸿程印刷有限责任公司
开　　本	880mm×1230mm　1/32
字　　数	174 千字
印　　张	9.5
版次印次	2021年3月第1版　2021年3月第1次印刷
书　　号	ISBN 978-7-5115-6801-4
定　　价	59.00 元

如发现编校差错或印装问题,请拨打售后服务电话 010-82838515

我们不仅仅希望能够描述这些了不起的思维模式，而且渴望通过本书缩小读者和这些天才在思维方式上的差距。

每一次全身心投入去了解一位伟大思想家的过程，都如同一场深入到一个崭新且一望无际的新世界中的旅程。

目录

001 · 引言

011 · 阿尔伯特·爱因斯坦
无言的思考——失明的甲壳虫如何学习观察

037 · 弗雷德里希·尼采
思考不是一件轻松的事——穿越怀疑的风暴之海

064 · 芭芭拉·麦克林托克
有机式思维——特立独行的玉米粒

089 · 西格蒙德·弗洛伊德
挖掘者——烤焦的布丁的秘密

113 · 列奥纳多·达·芬奇
从各个视角思考——生活是一件未完成的艺术品

134 · 苏格拉底
哲学的情人——不惧虚无

160 · 汉娜·阿伦特
积极式思维——艾希曼的隐喻

185 · **查尔斯·达尔文**
动态式思维——成百上千根楔子的力量

209 · **吉杜·克里希那穆提**
否定式思维——千疮百孔的提桶

233 · **乔尔丹诺·布鲁诺**
在上下语境中思考——为什么每根发丝中都藏着一个宇宙

259 · **后记**

272 · **参考文献**

引言

大家肯定都听说过那些关于伟大思想家"顿悟时刻"的传奇故事：阿基米德高喊着"我知道啦"①，然后从浴缸里蹦起，一丝不挂地冲回家，他因为自己的灵感而激动得忘了穿衣服；掉落的苹果引发了艾萨克·牛顿发现万有引力定律的灵感（历史上还有一些可笑的版本宣称苹果先是重重地砸在了牛顿的脑袋上）；阿尔伯特·爱因斯坦从位于柏林的寓所向外望去，看到一个人从邻居房子的屋顶上掉了下去，这引发了他的思考。我们并不知道这些场景是否真实出现过。但我们总是乐此不疲地不断传颂：人类的精神智识会在某一时刻突然达到一种不可思议的、令人眩晕的高度——我们都试图把握住这样的时刻。这些时刻也如同符号一般铭刻在人类历史之中，象征着那些伟大的天才，也象征着某种难以解释的现象。

---

① 德语为 Heureka，英语为 eureka，音译"尤里卡"，在希腊语中是"我知道啦"的意思。相传阿基米德在泡澡时发现了浮力定理，大呼："Heureka！"后来，人们在获得重大发现的时候习惯高呼此语。——译者注

有时候我们会忽略一个极其重要的问题：那一时刻到来之前到底发生了什么？毫无疑问，在那之前，这些发现者的大脑一定经历了高强度的思考过程——尽管他们自己可能根本没有意识到这一过程的存在。某些东西慢慢地在他们的内心深处成形，这或许是悄无声息、稍纵即逝的。是什么如此罕见，偏偏让这些人在思考过程中能够迸发出这样的灵感？

通常，我们这些天资寻常的普通人从没有试着去想过，天才是如何考虑问题的，他们的灵感又是从何而来的。我们只是视之为罕见的自然现象，并辅以惊异的目光，但却从未理解过。也许就是这些令人难以望其项背的异禀造就了这些伟大的思想家，是这样吗？

也对，也不对。与这些伟大思想家同时代的许多学者也在辛勤地研究相同的问题，他们绝非愚蠢之辈。一些与爱因斯坦同时期的物理学家和数学家，已经很接近爱因斯坦提出的相对论了。他们研究相同的公式，收集相近的数据，甚至有时都列出了一样的方程式——但他们就差这最后一跃，也因此与最关键的结论失之交臂。爱因斯坦总是说他并没有什么超人的精神力量，之所以能够创立相对论，是因为自己总是对日常生活中的现象充满好奇——他有一颗通常只有孩童才有的好奇心。是的，这正是关键所在。有许多人认为，最伟大的思想家思考问题的方式与大部分人的就是不一样。同样的信息以不同的过程流经他们的大脑。但这样的过程，普通人其实也可以理解，甚至或许也能够掌握。

我们渴望探索出：这些伟大的哲学家、科学家和思想家是靠着哪些策略提出自己的理论的，他们又是如何获得顿悟，并揭示规律，从而深刻地塑造并改变我们的世界的。这当然是一项相当复杂的任务。这些天才的发现是蔚为壮观、光彩炫目的，以至于我们很难将这些成就归因为某一种特殊的智识因素。我们两位作者在思考、创作本书的过程中必须一遍又一遍地相互提醒：我们是在求索发现者的精神实质，而绝非仅仅是那些发现本身。人们很容易陷入西格蒙德·弗洛伊德在他的潜意识理论里所阐述的境地，或者迷失于苏格拉底式的对话，忘记自己本来要追求的目标。这些现象在我们准备本书的过程中经常发生。但我们最终还是将精力集中在阐明思维方式上，而不是这种思维方式的产物。诚然，每一件作品都能反映其创作者的思想，但这些成果往往来自某种特殊的思维过程，这一思维过程正是我们所努力探寻的。

我们不仅仅希望能够描述这些了不起的思维模式，而且渴望通过本书缩小读者朋友和这些天才在思维方式上的差距。换句话说，我们想要展示：人们如何能够掌握这种思考问题的架构（至少是部分掌握）。这一点对我们很重要。我们可不想让读者在读罢本书后觉得，这种思维模式仅仅"可远观而不可'掌握'焉"。或许，我们在不远的将来并不能像查尔斯·达尔文那样获得什么惊天动地的大发现，但如果仿照他的思考架构去想问题，想必我们就能得到一些指导性建议，并意识到自己在思考时常犯的那些错误，以及如何能做得更好。

我们并非仅仅列举历史上那些最有名的旷世奇才。比如文艺复兴时期的哲学家、天文学家乔尔丹诺·布鲁诺，他在历史上并没有享受到和伽利略·伽利雷同等重要的地位。但对于我们而言，历史真相的激动人心之处也正在于此。即使在没有经过最深入的天文学研究的情况下，布鲁诺还是发现了宇宙是无限且没有中心的。除了爱因斯坦和苏格拉底外，我们还冒昧地另辟蹊径，探寻一些知名度不高的历史人物。我们并不单单局限于那些普遍意义上声名显赫的"天才"，还试图寻找那些具有独特性和创造性的思考者，他们不只在各自领域展现了自己的创造力和洞察力。我们要寻找这样的历史人物：他们具有复杂丰富，甚至诗意盎然的思想境界，与此同时又能进行极其深入和敏锐的思考。这一类思考者通常拥有一种远高于常人的特殊格局，正是这种宏大的视角，使得他们经常在历史中以一种全新的方式方法来定义人类应该如何审视自己和看待世界。

当然，我们在本书中列举出的名人的数量终究还是有限的，其中自然会夹带作者个人的好奇心——这也是无法避免的，毕竟我们要在历史上数百位思想先贤中做出筛选。对于那些根本不令人好奇的人物，我们肯定不会选择。因此，读者会在后文中发现这样一些人物——他们或许在其专业研究领域之外的知名度并不高。比如吉杜·克里希那穆提，他是一位在心灵哲学领域声名大噪的哲学家，公众却几乎从未听说过他。而对于芭芭拉·麦克林托克，我们可以这么说，她的名气也比玛丽·居里小得多。但这些伟大人物的思维方式还是深深吸引着我们，他们的故事也是本书重要的组成部分。

但是，有些伟人却不在本书之中，比如艾萨克·牛顿和伊曼努尔·康德。这公平吗？当然不公平。可是我们不得不接受的一点是，本书不可能列举所有伟大的思想家。

在本书中，读者最终会看到1位自然科学家、1位女性遗传学家、1位物理学家、1位心理学家、1位艺术家兼发明家。剩下5位是不同类型的哲学家：1位唯物主义哲学家、1位心灵哲学家、1位科学哲学家、1位古典哲学家和1位女性政治哲学家。我们要声明的是，其中4位——西格蒙德·弗洛伊德、阿尔伯特·爱因斯坦、弗雷德里希·尼采和汉娜·阿伦特——都来自德语区国家，这绝非作者有意为之。其中7位不是活跃在19世纪，就是20世纪，这又是什么原因呢？在后面我们还会进一步探讨。另外3位——苏格拉底、乔尔丹诺·布鲁诺和列奥纳多·达·芬奇——则生活在更古老的年代。

在本书中，我们最终被迫放弃了一位知名人物，那就是艾萨克·牛顿。因为就思想才智而言，他和他的"接班人"爱因斯坦几乎同样伟大。而我们所希望的是在书中涵盖更广泛、更多样的代表人物类型和专业领域种类。忍痛割爱的事情在本书的写作过程中不止一次地发生。放弃这位令人着迷的伟人的原因仅仅是无法搜集到关于他的足够充分的材料，而我们只有通过这些材料才能够理清他的思路。所以一方面，我们并没有按照时间顺序罗列本书的主角们；另一方面，我们也不得不承认，受篇幅所限，本书对于历史上车载斗量的伟大思想家而言也不够公平。显而易见，和早期先贤相比，19世纪和20世纪的思想家的内心世界得到了更好的记录。当我们想探索思想家的心路历程的时候，就需要依靠这些记录材料。

在挑选女性代表时困难尤其突出。这里我们遇到了人类历史中最悲惨的部分：事实上，历史上很长一段时间，社会并不鼓励女性去思考。在数个世纪的历史中，勇敢的女性先驱不断地涌现，像希帕蒂娅或者安娜·康威、艾米丽·杜夏特莱侯爵夫人或者玛丽·萨默维尔，她们捍卫自己的权利，活跃在重男轻女的社会生活之中——这实在令人敬佩。甚至到了20世纪上半叶，女性还要不断对抗各种阻力。社会几乎不可能允许她们居于显赫的地位，她们的发现也经常会被周围的男人们占为己有。今天的传记作家和历史学家希望通过努力让这些"巾帼英雄"获得她们应有的历史地位。鉴于此，本书只能选录2位来自20世纪的杰出女性，因为她们的生平和作品记录得比较完好。

怎么才能"钻进"这些伟大思想家的大脑里呢？仅仅依靠我们研究的材料吗？无论这些材料多么全面，我们都不能获得答案。思维方式往往隐藏于字里行间，在那些有关伟人生平介绍的材料里，人们可以发现一些蛛丝马迹。在创作本书的过程中，我们尝试了不同的可能性，以此来寻找这些思维方式留下的痕迹。

1. 我们把书中人物的思维方式与和他同时代学者的思维方式做对比，这些同侪也很优秀，但没有做出可以媲美的伟大发现。有哪些因素使得我们的研究对象成功了，而他的同侪却失败了呢？简而言之，为什么是爱因斯坦，而不是普朗克？为什么是布鲁诺，而不是与他同时代的那些"真正的"天文学家？

2. 书中的主角们是如何描述他们的顿悟过程的呢？他们势必经

常把内心的激动向挚友及同事袒露,或者写在日记中。这些挚友和同事也会把他们的所见所感表达出来。

3. 我们试图寻找一种普遍性的联系,以便能够把不同研究对象的发现和成就彼此串联起来。我们有时会有这种感觉:某人的一件作品和他别的作品关联不大,比如列奥纳多·达·芬奇的《最后的晚餐》(*das Abendmahl*)和他其余的画作。尽管如此,它们都出自同一人之手。我们就是要找到背后的这根重要的、串联彼此的、细细的红线。它同时也是一种验证方法,用以事后评估我们归纳出来的思维方式是否属实:这种思维方式只适用于一些发明和顿悟,抑或放之四海而皆准呢?

4. 这些思想家的兴趣爱好——他喜欢的音乐,或者他怎么打发闲暇时光——也可以给我们一些启发。比如,爱因斯坦喜欢听莫扎特的作品,弗洛伊德喜欢收集古董,这些对我们而言都是有启发意义的提示。

5. 在有些案例中,思想家会很友好地亲自描述他们的心路历程是怎样的。他们的阐述背后,通常还隐藏着一位"幕后英雄"——一位求知若渴的研究者。一方面,研究者不断提问引导;另一方面,思想家为了更好地描述他们的个人经历,还会借助比喻的手法,这对于我们的理解大有裨益。因此,我们会在后文的内容中将这些比喻作为章节标题加以使用。

6. 有时候,我们还会尝试透过书中思想家的眼睛,或站在他的角度看待这个世界。我们发挥想象力(这也是一种方法,想必书中主角们的在天之灵是不会反对的),以求近距离观察他们的思考过程，从他们的视角出发，感受可能的体验。

每一次全身心投入去了解一位伟大思想家的过程，都如同一场深入到一个崭新且一眼望不到地平线的新世界中的旅程。书中每一位主角的思想都如同一个宏大的世界，都可以轻而易举地填满一本书。但我们并没有用一本书去描述，也没有发散性地将书中主角们的生平和作品展开到每一个细节。因为这些都只是一幕独角戏，展现的是这一位思想家独特的思维机制，这种机制造就了他个人的所思所行。

我们能拍着胸脯打包票说，正是靠着我们列举出的这些因素，书中人物才得到了如此成就吗？或许不能。似乎还有别的什么神秘的、与生俱来的"原料"，让一个人变成了一位天才。尽管我们可能都听说过西蒙娜·德·波伏娃的名言，"人不是生下来就是天才，而是逐渐成为天才"，尽管有些书籍确实声称，每个人都可以变成像达·芬奇一样的天才，但我们对此还是谨慎地持保留意见：天资禀赋是不是额外的重要因素？

与此同时需要说明的是，本书真正的英雄不是每一章节的主角，而是人类的思考行为及其潜质，这包括每一位读者，也包括我们所有人。这本书讲述的是，当我们的思维处于理想运转状态的时候，它具有巨大的创造性，从而使我们能够得出令人震惊的发现。但是，当思维运行不畅时，它就像一个笼子，让人无法逃脱。正因为此，我们才要观察那些伟大思想家的种种行为。同时，我们也可以反观一下自己。至少，他们在各自的专业领域已经充分发挥了自己的思维潜力。我们希望能够从中总结出一些指导性建议，以此来更好地提升我们这些凡夫俗子的智识水平。我们不仅仅要了解他们的思维方式，还要能够（至少部分地）复制这些思维方式。

因此，我们有意识地从每一位主角身上归纳、分离出一些思维模型，并给它们各自命名，比如悖论式思维（das paradoxe Denken），或者有机式思维（das organische Denken）。之后，我们还会针对它们列举出另外一种思维方式作为反面教材。这种错误的思维方式会禁锢我们，甚至制造错误，比如非黑即白式思维（das Entweder-oder-Denken），或者疏远式思维（das distanzierte Denken）。我们希望通过这种对照来帮助读者朋友们更好地进行自我反省。此外，我们还把这些错误的思维方式和富有启发性的科研成果结合起来，这些成果来自对认知错误的研究。在每个章节，专门有一个部分帮你更加清楚地认识到自己的思维模型与社会上典型的思维模型的区别，让更好的思维方式像一束明光一样照亮那些典型的思维错误，从而指引你改正自己的错误。

本书并不是一本以实用为主的教辅书，但是你仍然能够在这里获得一些建议，了解一些思维实验。在阅读中和掩卷后，你都可以尝试付诸实践。当然，我们当中谁也不可能依靠这本书就变成下一个爱因斯坦。本书不会误导你相信每个人都能成为诺贝尔奖获得者，也不会怂恿你发展智力上的特殊能力，比如随口说出圆周率小数点后第 22 500 位是什么数字。本书是要让你明白，我们这些凡夫俗子能够从伟大的思想家身上学到哪些对我们自己的思想和生活有用的东西。本书虽然不可能使所有人都变成卓越的思想家,但可以让我们掌握一些精神世界中的能力、策略和技巧,进而深刻地改变我们看待世界和反观自己的方式。

换句话说:即使不能成为天才,我们也能像天才一样思考。

特蕾莎·波尔莱恩 & 沙伊·图巴里

阿尔伯特·爱因斯坦

无言的思考
——失明的甲壳虫如何学习观察

我们不是第一个想了解阿尔伯特·爱因斯坦思维方式的人。即使是孩童,也早已在心中把爱因斯坦的名字和"天才"这个概念画等号了。爱因斯坦也是无数科学家和思想家迫切希望研究的对象。有些人甚至想"钻进"爱因斯坦的大脑一探究竟,也的确有人真的"进入"了他的大脑。1955年,爱因斯坦逝世后,他的遗体被火化,骨灰被撒向空中,但是他的大脑却作为唯一的遗物踏上了一段奇特的旅程。原来,普林斯顿医院的病理学家托马斯·哈维悄悄把它偷走并保存了下来。虽然爱因斯坦的家人大为震惊并强烈反对,但是哈维坚称,他是出于科学的需要才想要研究爱因斯坦的大脑。爱因斯坦的家人也无可奈何,只能就此作罢,于是哈维就成了这颗大脑的拥有者。他偶尔凭感觉把大脑切成片或块,授权别人研究它。

许多科学家有幸能够研究爱因斯坦的大脑,仅仅是那3份公开发表的研究报告便引起了轰动。第一份研究报告来自1985年加州大学伯克利分校的一支团队,玛丽安·戴蒙德教授率领的这支团队研究了爱因斯坦大脑的 4 块方糖大小的切块。值得注意的是,研究发现爱因斯坦大脑皮层的神经胶质细胞数量和周围神经细胞数量的比值高于平均值。神经胶质细胞和更高级的思维过程有关,它们负责将神经纤维彼此分开,起到保护作用,同时提供新陈代谢所需的丰富能量。这可能意味着,爱因斯坦的"神经细胞需要且消耗更多的能量"[1]。

然而,在没有其他杰出科学家的大脑可供对照的情况下,人们还是不知道以上研究结果能否有力地解释为什么爱因斯坦具有高超的思维能力。此外,人们也不能确定,爱因斯坦的高智商是否源于这一特别之处。换言之,这是爱因斯坦长年累月地后天训练这一特定部位的结果。

发表于 1996 年的第二份研究报告宣称,爱因斯坦的大脑皮层比普通人的要纤薄,其神经细胞的密度也高于普通人的。发表于 1999 年的第三份研究报告是时至今日最后一份,也是三份报告之中被引用次数最多的报告。来自加拿大安大略省麦克马斯特大学的教授桑德拉·维特尔森所领导团队的研究成果表明,爱因斯坦大脑的下顶叶比一般人的要宽。而人们猜测,大脑的这部分区域可能主要负责数学和空间思维。此外,研究还发现,他有一条位于耳朵处的穿过下顶叶的脑沟——学名叫作"外侧裂",比一般人的要短。研究人员相信,这可以带来额外的神经连接。

但是,正如沃尔特·艾萨克森在他最新的传记《爱因斯坦:生命的全部》中所写,"即使通过搜遍爱因斯坦大脑中的神经胶质细胞和脑沟回的方法,人们也是不可能理解他的想象力和直觉力的"[2]。

在其他思想家和科学家的鼓励下,爱因斯坦也曾经多次尝试去了解他自己的那个"思维机器"。他曾经给他年轻的儿子做过一番生动形象的解释。

他儿子问道:"为什么您能变得如此著名?"

爱因斯坦回答:"看,当一只失明的甲壳虫在一个球体上爬行的时候,它不会注意到自己已经爬过了一段弯曲的路径,然而我却注意到了这一点。"[3]

这乍听上去有些令人迷惑,但这个简单的画面像一把钥匙,打开了本章节通往爱因斯坦思维的大门。让我们一起追随这只失明的甲壳虫,试着透过它的足迹去观察、去理解:爱因斯坦到底看到了什么,以及为什么他能看到。

光和它的两张面孔

1900年,当爱因斯坦还在冥思苦想一些物理问题时,马克斯·普朗克教授正在柏林进行一项实验,后来这项实验启发爱因斯坦获得首个伟大突破。

而普朗克那时却坐立不安。他正在研究一个方程式,这个方程可以描述一个黑体①吸收和放射光时的状态。为了能够正确描述实验数据，他不可避免地需要引入一个常量。后来，人们将这个常量称为"普朗克常量"，它是构成我们这个宇宙的三个基本物理常量之一②。但在此刻，想必普朗克一定正在抓耳挠腮、无比尴尬。潜藏在他公式背后的这个神秘万分的常量到底是什么来头？它究竟有没有什么物理学意义？普朗克明白，摆在他面前的是一份证据，证明黑体在发射光线的时候，并非以波的形式。而光以波的形式辐射是那个时代物理学家的共识。这一结果可能意味着，光在某些特定情况下的行为有些反常，即光是以一种能量包的形式一份一份地发射的。

普朗克是一位杰出的科学家。人们可以想象，在那一刻，普朗克的脑海中一定翻腾着各种各样关于这个结果的想法。如果这一反常表明了光的基本特性，那么必将引发物理学领域的一场强烈地震。更可怕的是，或许这不仅仅是一场地震，还可能是整个经典物理学领域的崩塌，而经典物理学是普朗克无比尊敬的世界。自从 19 世纪以来，在这个美好的物理学旧世界中，光就一直在完美无瑕地连续发射着……现在，普朗克该怎么对待他这个令人不

---

① 黑体（严格表述应为"绝对黑体"），是德国物理学家基尔霍夫定义的一种理想模型。它是一种能够吸收全部外来辐射而无任何反射或透射，且吸收率高达 100% 的物体。——译者注

② 普朗克常量，用符号"h"表示，另外两个物理学常量是光速 c 和引力常量 G。——译者注

安的发现呢？这可能意味着对那些完美的自然法则的偏离，难道要葬送它吗？普朗克不能也不想接受这个矛盾的结果。很快，他发现了一个折中的方法，这个方法能够抚平他杂乱的心绪。他并没有把他的发现视作一场地震，而是视作一次因为火车驶过造成的轻微振动。他断定，黑体是造成光的异常状态的罪魁祸首。他的方程式不能描述光的自然本质，而只能描述光在特定情形下的状态。普朗克还认定，公式里那个烦人的常量，只是一个为了预测这一状态的数学小把戏。

谁能想到，正是这个让普朗克不安的发现，日后发展出了量子物理学，成为物理学界的一个革命性的创新。普朗克执着于对一个"连续性物质"的幻想，他认为新发现的这个"振动分子"或者"和谐的振子"[4]（即前文他所认为的能量包），纯粹是一个与物理学现实无关的现象而已。

在这一刻，普朗克拒绝向前迈出一大步，这是完全可以理解的。对于他而言，捍卫自己在大学里令人尊敬的地位绝非易事。和许多伟大的科学家一样，他喜欢那些旧式的思维架构，那能让他感到稳定和有安全感。牛顿和19世纪的物理学家塑造了一个合情合理的机械宇宙观。在这个安全可靠的世界秩序中，一切都是可以解释得通的，万物皆有定数，未来也是可以预测的。谁要是动摇了这个秩序，就只能在黑暗和未知中摸索前行，还会把整个人类推向一个新的世界，而这个新世界是不可控的，而且更令人捉摸不透。

在远离学术世界这一庇护港湾的地方，有一位就职于瑞士联邦知识产权局（位于伯尔尼市）的公务员冒险迈出了这一步，他就是阿尔伯特·爱因斯坦。爱因斯坦很快就理解了普朗克得出的结果："我所有的努力——那些寄希望于使物理的理论基础与这些认识相适应的努力，都宣告失败了。这就像把一个人脚下的地面抽走，让他的脚下没有坚实的、可供建造楼房的基础。"[5]爱因斯坦在他于1905年发表的论文中迈出了大胆的一步，后来有些人将其视为他最伟大的发现。爱因斯坦完全引述了普朗克的数学构思并得出结论：实际上，光一定是以能量子的形式发射的，这与有没有黑体毫无关系。他大胆地断言，光的这一状态并不是异常的，而是它的自然本质。与此同时，他强调，尽管如此，光的波动理论依然成立。只有将这两个原理①结合起来，人们才能完整地描述光的特性。爱因斯坦向普朗克点燃的那块闪着火星的木炭吹了一口气，使它燃起熊熊烈火，吞噬了经典物理学的世界——普朗克变成了一位革命者，尽管这违背了他的意愿。普朗克余生都在抗拒自己的发现，临死前曾说："我一直想把这个常量（即普朗克常量）以某种方式融入经典物理学的理论之中，我做了许多年徒劳的尝试，耗费了大量精力。这被一些同事视作一场悲剧。"[6]

  普朗克内心深处渴望这个因他而起的新发现能皈依到屡经考验的旧式思维架构之中。与之相反，爱因斯坦则欣然接受旧式思维架构必须崩塌这一现实。虽然这么做他也会心痛，因为他也很钦佩经典的牛顿宇宙，但这似乎正是天才的特点：他们可以不受先

---

① 即光的波动理论和粒子理论。——译者注

前知识的束缚,无论这些知识多么伟大。划时代的发现需要发现者有充分的心理准备去接受真相,往往这一真相会与已知的、熟悉的知识相悖。如果想要继续追寻真相,发现者就不得不挺进一片险象环生的未知领域。可是对于天才而言,那些让我们备感安全的事物,则是阻碍他们继续寻得更伟大发现的绊脚石。天才们对待旧有知识的感情,就像我们大部分人对待父母的态度一样:我们感恩他们为我们付出的一切,但还是想离开家这个安全的港湾,寻找我们自己的生活。

爱因斯坦不是第一个,也不会是唯一一个拥有划时代认识的人,但他是敢为天下先的那个人。一个原因在于,如果一个旧有的思维架构再也不能描绘现实了,那么他不忌惮于打破它。让我们澄清一下这个能力的重要性。假如我们再也不能以传统的思维方式理解眼前的现实了,大部分人会怎么做?是费尽周折让新的现实听命于我们旧有的观点,还是即使新的现实有可能会让我们迷惑不已,但仍然耐心地静观其变?对爱因斯坦而言,只有第二种可能性。具有讽刺意味的是,亨利·庞加莱(他几乎要独立研究出爱因斯坦后来创立的狭义相对论学说,但却无法接受它)曾说过以下这段关于爱因斯坦的话:"我钦佩他的一点在于他对新概念的适应力。他完全不受传统经典理论的禁锢,每当面对一个物理难题时,他能立刻领会所有方兴未艾的可能性。"[7]

但这背后其实另有玄机:普朗克和庞加莱之所以甘愿墨守成规,是因为他们总是以单一维度、线性的方式去思考问题。在思想上,他们只能沿着一条路走到头,显然这种理解力不够灵活,不能奔向"更疯狂"的方向。正如普朗克坚信物质的"连续性"和光的波动理论那样,他们认为一切已经存在的事物,必须沿着一个清晰稳定的方向发展。对于偶尔冒出来的每一个矛盾,要么立刻给予一个有力的回答,要么说一句"抱歉",然后优雅地绕道而行。而爱因斯坦的思考是多维度的:在思想上,他愿意同时从不同的方向着手,毫不回避遇到的矛盾和悖论。相反,矛盾之于爱因斯坦就像一味催化剂,能够催生出对更伟大、更复杂的现实的理解。在普朗克那里听上去像两种乐器奏出的无法调和的曲调,在爱因斯坦耳朵里,就像一首和谐的、独特的交响乐。

翩翩起舞的宇宙

爱因斯坦凭借他对光的自然本质的深刻理解,掀起了物理学领域的一场革命。自此以后,他就一发而不可收拾:他那个出奇灵活的"思维机器",似乎要解开宇宙中出现的所有物理学矛盾。正如他的传记作者艾萨克森所写:"他具备一种同时处理两种想法的能力。当他隐约意识到两种看似矛盾的思想背后还潜藏着某种一致性时,就会惊异地审视它们。"[8]这对爱因斯坦而言也非易事,每当有两个毫无关联的理论要解释同一个现象时,他绝不会接受那种针对特定例子、在特殊情况下才能成立的理论。每一个因素都必须达成和谐统一,在爱因斯坦看来,这种充斥天地宇宙之间的和谐统一就像一段舞蹈,令人陶醉。

爱因斯坦最重要的理论莫过于狭义相对论了（以及后来的广义相对论）。然而在1905年那个时间点上，就连爱因斯坦也差点儿动摇了信心。我们将再次惊异地看到，爱因斯坦的思维是如何运转的。这次，光依旧是主角。为了更好地理解爱因斯坦当时的两难境地，请你先设想一道光线，这道光线沿着一条铁轨发射出去。有一位男士站在这条铁轨旁，他测得这道光线的速度为 3.0×10^8 米/秒。再设想一位女士，她坐在一列速度为 1.0×10^8 米/秒的高速列车上，这辆列车沿着与光线相同的方向行驶。在这位女士看来，她所追赶的这道光的速度变慢了。因为对她来说，光速需要把列车的速度减去，即 2.0×10^8 米/秒。这就说明，以列车为参照物，光的速度变慢了。但与之矛盾的是，光速应该是永恒不变的，永远是 3.0×10^8 米/秒，且与观察者和光源的状态无关。现在，爱因斯坦又该如何解决这个矛盾呢？这位天才的物理学家花费了大量心血，耗费了一整年的时间冥思苦想，依旧不得其解。

终于，山重水复疑无路，柳暗花明又一村！有一次，爱因斯坦正在和一位朋友边散步边探讨他的难题，突然之间，从天而降的灵感使爱因斯坦顿悟了：并不是光的问题，而是时间的问题！如果人们不死守着"时间和空间是绝对不变的"这一观点，那么以上两种观察结果都是合理的。速度等于距离（空间）除以时间。如果人们承认空间和时间是变化的，即允许它们膨胀或压缩，那么对于前文中假设的两位观察者而言，光速依旧可以保持不变。换言之，两个事件，对于其中一位观察者而言是同时发生的，而对于另一位高速移动的观察者而言，可能就是不同时的了。绝不能说,只有一位观察者在客观上是正确的。请再设想一次闪电,它击中了铁轨上的两个点,我们称之为 A 点和 B 点。当我们站在这两个点正中间,且闪电的光芒同时到达我们眼中时,我们才能同时看到两道闪电。但是,如果一列火车从 A 点向 B 点快速移动,此时正位于靠近 B 点的某处,那么火车中的观察者肯定会认为,闪电先击中了 B 点,后击中了 A 点,因为电击 B 点的光芒先于电击 A 点的光芒到达观察者眼中。

这个例子表明,爱因斯坦并没有被看似矛盾的事情所误导。只有这样他才能理解,问题的症结在于他一直像其他人一样从绝对时间出发思考问题。绝对时间的概念——客观不变的时间,不会变快也不会变慢——属于牛顿的时空观。然而爱因斯坦意识到,如果仅从一个事件的角度出发,则无法说明两个事件真实地或客观地同时发生。所以,他彻底抛弃了绝对时间这一"德高望重"的理念。时间自此变成了天地之舞的一部分,焕发了新的生机——它是相对的、不确定的。

爱因斯坦迈出的更大胆的一步是断然将科学界固执地奉为圭臬的"以太"丢进了历史的垃圾堆。"以太"是一种具有穿透性和弹性的物质,所有的时间和空间都存在于其中。人们坚信,"以太"弥漫在太空之中,太空并不是真空的。当同时代的其他物理学家还在痴迷于这种物质,狂热地或者习惯性地搜寻它的时候,爱因斯坦直接摒弃了它,偏要对牛顿假设的绝对时间和绝对空间的原理刨根问底。爱因斯坦想要的是一个崭新的、普遍性的原理,它就像一个漩涡,能把万事万物都吸进去。遵照该原理,万事万物皆处于协调一致的运动之中。爱因斯坦的"宇宙"充满了活力，其中所有的物体都不断地彼此吸引、相互影响。

爱因斯坦并没有就此"收手"：狭义相对论的成功焕发着耀眼的光芒，这之后他又奏响一首更伟大的宇宙交响曲——广义相对论。物理学家布赖恩·格林这样形容这支宇宙交响曲：

"时间和空间变成了不断膨胀的宇宙中的玩家，它们生机勃勃。物质负责弯曲它背后的空间，这又使得这里的物质运动起来，运动的物质继续不断让背后的空间弯曲——周而复始。广义相对论描绘了一组舞步，空间、时间、物质和能量就依此翩翩起舞。"[9]

这是看待现实世界全新的视角。牛顿留下了一个确定的宇宙，在那里，时间以一种绝对的方式存在，"嘀嗒嘀嗒"向前，完全不受其他事物或者观察者的影响；而空间也是以一种绝对的形式存在。在牛顿眼里，重力就是大质量的物体之间的引力。之后爱因斯坦来了，他让时间和空间这两个重要角色彼此之间不再毫无关系。他向世人展示了，二者可以被看作一个统一的整体——时空。时空不再是盛放物质的一种容器，而拥有自己的活力。物质作用于时空，时空又会对物质的运动产生影响。重力是时空结构扭曲的一种体现，惯性——物体保持运动状态不变（匀速运动或静止）的性质——则源自物体之间的相互作用，不是空间以某种方式造成的。数学公式描绘了一个有活力的、运动的宇宙，这是一个多么令人难以置信的视角啊！

1917年，爱因斯坦再一次证明了他对于矛盾的出色理解力。那时他产生了一个想法，还谦虚地评价自己的想法"有些疯狂"。

起初，爱因斯坦自己都觉得这个想法荒诞不经，他跟一位朋友说，他的想法置他于危险之中，就像把他关进了一家疯人院里。爱因斯坦的新理论是对于下面这个问题的回答：宇宙到底是无限的，还是有限的呢？他坚信，一个绝对无限的宇宙是不可能的，因为每个点上都需要有无限大的重力起作用，都得有来自各个方向的无限量的光芒闪烁。但是一个有限的宇宙又是怎样的呢？这个有限的宇宙是悬浮在空间中某个任意点上的吗？这同样也是不可想象的：什么能阻止群星和能量彼此远去呢？这样的宇宙不会"耗尽"吗？你可能已经猜到爱因斯坦想到了哪种可能性：他选择了第三种可能，即一个有限的宇宙，但同时它又是没有边界的，换言之，一个封闭的系统，却没有边缘终点。

爱因斯坦最简洁的方程式

爱因斯坦的思维之所以了不起，是因为他总是让矛盾变得合理，创造性地处理矛盾，并不把矛盾视作绝对的非黑即白。为什么这在我们普通人身上很难行得通？因为常规思维不喜欢混乱，容不下矛盾。它总是喜欢把令人感到不舒服的新数据强行并入旧的认知体系中，且只会以"非此即彼"的方式思考。这种非黑即白式思维是现在最为盛行的一种思维方式。某些泾渭分明的差别在面对毫无争议的事实时是不可能发生改变的，而这种思维方式则基于这些差别：当非黑即白式思维遭遇了矛盾时，这种情况就像一名散步者在一段自己原本熟悉的路途上突然遇到一处新的风景，他一开始会有些困惑，紧接着又认为一定是自己搞错了，然后把这种难堪一股脑抛到九霄云外。

爱因斯坦受不了这种非黑即白式思维。对他而言，现实中不存在矛盾，只有整体。他喜欢以和谐、一致且简洁的方式思考。每当他偶遇看似矛盾的事情时，就会意识到其背后一定还存在着一个更宏大的整体，只不过这个整体还不为人所知。对于旧式思维中冥顽不化、彼此对立且繁复冲突之处，爱因斯坦希望寻求一个更高的层面，将两股水火不容的力量合二为一。爱因斯坦渴望一段完美的旋律、一首更高级的音乐。在萨尔茨堡的会议上，普朗克忧心忡忡地坐在众人之间，爱因斯坦则在会后兴高采烈地给一位朋友致信称："能量子和波动理论可不可能结合起来呢？实验现象彼此矛盾，但这似乎是上帝开了一个玩笑。"[10] 从英国数学家兼物理学家巴纳什·霍夫曼的言语中，人们发现爱因斯坦的那些同事就没他那般幸运了："物理学家别无他法，只能'矮子里头拔将军'，于是乎他们便愁眉苦脸地踱步寻觅。他们抱怨道，'就让我们在周一、周三和周五的时候把光当作一种波吧，在周二、周四和周六把光当作一种粒子！'那么周日呢？周日这些科学家就要去教堂做礼拜了。"[11]

非黑即白式思维只能从一个侧面看到真实的一部分。所以，即使爱因斯坦早就直截了当地将两个侧面摆到其他物理学家面前，但让他们同时且同步地兼顾两个侧面未免有些求全责备。爱因斯坦很快就接纳了这种全新的世界观，因为他的思维是灵动的：眼前的画面要比现存的任何事物都复杂，但他并没有抗拒，而是将之视为一种要求，敦促自己以更宏大、更全面的方式去思考。机械式思维或许可以很好地理解静止的系统或现实，这种非黑即白式思维试图在自己的世界中给所有事物找到一个合理的位置：这是时间，那是空间；这是电磁场，那是重力。所有一切不会翩翩起舞，只会正常运转。

爱因斯坦的思维是灵活的，即使是生命和宇宙中矛盾的运动，他也能接受。我们可以把这两种思维策略比作两种不同的建筑风格：一种是冷峻、精准的结构，另一种是圆润、弧线的造型。后者虽然是人造的，但却像大自然的鬼斧神工，浑然天成；而前者那种结构的特点就像一种一维式的、机械的系统。同步性思维可以打破这种框架的限制，接受不断变化的现实，合理解释悖论和矛盾，从而不被它们唬住。

让我们这样来描述爱因斯坦的思维吧，越简洁越好，这也是这位物理学家自己喜欢的一种方式，即一个简洁的等式：

$$1+1=1$$

非黑即白式思维会让科学家和外行得出一个结论，即有一些事物，彼此之间是不可调和的。我们在生活中遇到矛盾的时候经常会这样想，这似乎又是毫无争议的，因为我们只能看到奖牌的一个面。

比如，在我们看来，轻松绝对是紧张的反义词。从感觉上来讲，我们要么是轻轻松松、心平气和的,这时候我们不处于压力之下;要么就是紧张不安的。当我们真的接受了这种紧张的现状,不去抗拒,并把它放在生命的整个周期中去看待时,就能立刻再次平静下来。矛盾的思维会让你卡在一个充满矛盾的世界当中,无法逃脱。而相反的是,爱因斯坦把彼此对立的现实当作一块奖牌的两面。人们会想到他最著名的公式 $E=mc^2$,这个公式直白地表明,质量和能量是同一物体的两种不同形式。这就如同爱因斯坦能看到三维立体的景观,而常规思维只能让人看到一个平面。

对于爱因斯坦而言,下面这两个看似矛盾的元素实则始终是一个更为宏大的整体:时间 + 空间 = 时空。即一个元素加上另一个元素,结果还是"一"。但如果用非黑即白式思维去看待,那么每一个新的元素都会使最终总数变大。就拿"光"来说:当我们把新的元素考虑进去,准备好把它视作波和粒子的时候,才能完整全面地描述它的特性。这就使得每一个进入这种思维系统的元素都会把事情变得更复杂。非黑即白式思维会不由自主地拒绝新的想法和信息,以防自己过载。

爱因斯坦思维策略的秘密就是:简洁性。人们或许以为,这位20世纪的天才科学家的思维策略一定是精妙纷繁的。但恰恰相反:在爱因斯坦留下的一堆名言中,其内容大都是夸赞简洁思维。每当爱因斯坦对一个成功的方程式感到兴奋不已的时候,都会自豪地强调,这个方程是多么"简洁"。他曾说过:"如果答案很简洁,那一定是上帝的回答。"这个上帝,就是参照最简洁的数学原理创造出的一个所有人都能想象得到的大自然的那个上帝。当然,爱因斯坦所说的简洁,不是像山顶洞人打猎那样简单朴素的生活方式。同常规思维相比,简洁思维不是更原始简单的,而是处在一个更高的层面,即机械分割和固执己见的对立面。简洁思维是一种智慧的体现。

简洁的对立面并不是因繁多而造成的复杂,而是令人无从下手、无法理解的复杂。我们也可以像爱因斯坦一样进行一些很烦琐的思考,而不使之复杂化。我们甚至需要把复杂的事物简洁化,然后从中抽出一个和谐的原则。简而言之,越复杂的事物,我们越应该以一种开放的视角使之简洁化。

这样看来,我们所能想到的每一对矛盾都可以被认为是思维错误:当看到矛盾时,我们根本就没有理解那个包含矛盾的更宏大的整体。简洁思维可以让所有的矛盾融合在一起,从而形成一个统一的、令人惊叹的现实图景。每一个之后加入的元素都使这个图景更加多样。人们可以把这种思维方式想象成一种能够一次又一次地吸收新事物的弹性结构,它会不断成长,而不是将所有新事物都塞进现有的抽屉里。

请花点儿时间,想一想生活中典型的矛盾:

关系	孤独
个体	整体
不羁	自律
本能	崇高
唯物主义	唯心主义

宗教	科学
紧张	轻松
战争	和平
感情	理智
直觉	逻辑
利己主义	利他主义
自由意志	决定论

非黑即白式思维是如此僵化机械，以至于它永远无法将这些对立视为自然统一。它即使把一件事物的矛盾姑且当作是合理的，但仍坚持要求一事一议。爱因斯坦在他的个人生活中也忠于同步性思维，因此当他说"我内心深处是一个虔诚的无信仰者，这也是宗教的一种新形式"[12]的时候，惹怒了一众人等。

生活就是由各种悖论组成的。常规思维认为悖论是逻辑错误，但是且慢，让我们先来做一次思想实验。你能否想象出一组对立的概念可以同时说得通的情况？请设想一对矛盾，在你的理解范围内找到一处可以让它们和谐共处的位置。你能不能让你的思路达到某一点，而在这个点上你可以清楚地看到紧张和轻松并不矛盾，甚至可以作为一个统一整体存在？

许多人都会遇到的一个问题是，他们总是不得不在关系和孤独中做出一个选择。如果你处于和别人的一段关系之中，就不再感到孤独；当你独自一人的时候，就又失去了这段关系。解决之道并不在于你在某一刻对两者之一感到满意。事实上，当一个人处于一段关系中的时候，首先要保持个体的独立性。他只是偶尔会忘记，或者也可以理解为他能和对方作为一个整体共同存在。

如果你更仔细地审视自己的思想，那么可能会很快发现，当我们的理解力到处撞到机械僵化的边界时，它该有多痛苦。如果认识到自己可以两者兼顾，那还真是令人轻松。这就像我们在内心之中为生活的多个侧面找到了更多位置。实际上，彼此对立也是相互弥补：两者共同运动，成双成对地蹁跹起舞。一个方面不能离开另一个方面独立存在，要么开除对方，要么构成一个更宏大的整体。对爱因斯坦而言，这种认知方式最接近神圣的真实。他看到了一个极为复杂的系统，这个系统作为一个不可分割的统一体在运转着，如果只被矛盾或者化简为繁的思维方式一叶障目，你就永远无法理解这个系统。人们需要一种简洁的思维状态，这样才能靠近并理解上帝的意图。

我们跟随这只失明的甲壳虫的旅程还没有结束。最后还有一个相当重要的问题：关于这个藏在看似矛盾现象背后的既简洁又复杂的思维模型，爱因斯坦是如何把它挖掘出来的呢？

不刻意思考

1910年，瑞士苏黎世的某个房间里乱作一团。爱因斯坦的太太米列娃躺在卧室的床上，她精疲力竭，还没从3个月前那次艰难的生产中恢复过来。无论这位慈祥的母亲怎样安抚，新生儿爱德华都一直在撕心裂肺地哭喊。他的哥哥汉斯想和父亲一起玩耍，于是便不断地试图吸引父亲的注意力。"再等等，我马上就要完成了。"爱因斯坦心不在焉地应付着。在汉斯看来，他的父亲正在乱七八糟的小纸片上乱涂乱画着一些数字和形状。突然，爱因斯坦抱怨道："啊，行不通！——我的那个什么哪去了？"汉斯知道，他的父亲在找他的小提琴。此刻，爱因斯坦冲进工作室，一把撞上门。不一会儿，工作室里传出优美的和弦，琴声悠扬。汉斯也被旋律吸引，忘了玩耍，甚至吵闹的爱德华也闭上了嘴。一刻钟之后，工作室里传来一阵欣喜的喊声："啊，原来如此！"

正如他的朋友和家人所描述的那样，这就是1910年某一天的平淡午后发生在爱因斯坦家中的场景。小提琴屡次证明了自己的用武之地，即使是在爱因斯坦独居柏林研究广义相对论的那几年。他经常深夜在厨房拉小提琴，一边思考棘手的问题，一边即兴演奏一些曲目。随后，一曲未罢，他会突然兴高采烈地宣布："我知道了！"

音乐对于爱因斯坦而言不仅仅是一种惬意的消遣或爱好，比如打高尔夫和登山。音乐可以激发他的理解力，帮助他找到新的、创造性的答案。他把拉小提琴和弹钢琴作为一种辅助自己理解的工具，以便让自己的思想融入宇宙的核心。在那里他可以感受到上帝在演奏完美的旋律，等待有人将这段旋律化作公式或者交响乐。音乐，特别是莫扎特的音乐，在爱因斯坦寻找到物理之曲那些隐藏音符的过程中发挥了重要作用。

我们已经接近爱因斯坦思维策略的秘密了。假如物理学还有个分支叫作"音乐物理学"的话,那么爱因斯坦一定是这门子学科的鼻祖。有时,爱因斯坦似乎更像一位音乐家,而不仅仅是一位物理学家。他甚至说过:"假如我不是物理学家,或许会成为一位音乐家。我常常在音乐中思考,有时也会在音乐中做白日梦,并用音乐的形式看待我的生活。"[13]当爱因斯坦试图描绘那些带领他发现相对论的足迹时,他说:"我是靠直觉发现相对论的,音乐就是我直觉的推手。"[14]

有没有可能是音乐向爱因斯坦展示了时间和空间之间的联系呢?直至今日,运用"音乐性认知"和"在音乐中思考"的概念来描述科学的思考方式也并不常见。然而针对研究者的问题,爱因斯坦解释称,他经常以音乐性的风格形式思考。

根据工程师兼作曲家罗伯特·穆勒的记述,爱因斯坦的朋友亚历山大·莫什科夫斯基曾说:"爱因斯坦可以看透音乐和他的科学研究之间的一种神秘的联系。他的导师恩斯特·马赫指出,音乐和听觉体验可以帮助人们描绘空间。"[15]爱因斯坦评判同事们的理论的真实性的方法,也并非是基于知识范畴的评价标准,而是基于认真倾听。他这样评价尼尔斯·玻尔的原子结构模型:"这是思想领域最高级的一种形式,它就像音乐一样。"[16]

毫无疑问,爱因斯坦从音乐中获得的体会极大地丰富了他的认知,他自创了一幅由时间和空间构成的图景,并以此建立了他的科学理论。对爱因斯坦而言,物理学和艺术之间的分界线十分暧昧:某个想法属于科学范畴还是艺术范畴,并不由其内容决定,而是由其以何种方式展现出来而决定的。"如果人们的所见所感是以富有逻辑的语言形式表达的,那就是科学,"爱因斯坦解释称,"如果想法以一种直觉意义上认可的形式传达出来,而其内在联系用已知思维无法触碰,那就是艺术。"[17]他像一位艺术家(或者更确切地说,像一位音乐家)那样去处理物理问题。他静静倾听自然界的力量隐藏在二元对立之下的旋律,并运用音乐的形式来接触常规思维那坚硬僵化的概念和现象之外的现实。有人这样评价他:他并不是在用语言书写思想的王国里搜寻他的方程式,而是在一个没有语言只有旋律的地方寻觅。

这或许就是爱因斯坦最重要的秘密:运用非言语性思维——一种不用语言表达的思考方式。

为了鲜明地区分事物,人们首先创造的就是词语和概念:"这个"或者"那个"。词语存在的基础即方便人们对事物进行比较和对照。"这是我,那是沙发,我坐在沙发上。"就词语而言,"夜晚"是"白天"的反义词,但事实上它们同处于时间长河之中。词语还能准确表述"生命"的反义词——"死亡",虽然"死亡"实际上也是生命不可或缺的一部分。我们在使用词语的时候就已经创造了矛盾,毕竟"这个"不可能同时是"那个","那个"也不可能成为"这个"。因此,词语对于组织工作而言堪称伟大——它可以为所有事物指派一个位置,创造一种秩序。但是对于解决矛盾而言,它无能为力。

言语性思维创立了现实中的各种分类,但同时也作茧自缚。言语性思维忘记了是它自己创立的各种分类,却变成了那些僵化概念的奴隶。定义可以帮助我们区分事物,但不幸的是,事物之间存在如此严重的分离,以至于我们无法再协调它们。因此言语性思维很难理解光是波的同时又是粒子的事实,它习惯了事物之间的泾渭分明,所以没有足够的灵活性接受同时同步发生的事实。即使实际中只存在一,但它看到的却是二。言语性思维隔断了我们对一种统一状态的直接且简洁的理解。我们甚至可以一言以蔽之:当仅仅依靠言语性思维时,我们就丧失了同鲜活的事实之间的联系。

非黑即白式思维和言语性思维其实是一回事儿。如果人们想要化解矛盾,希望将生活放在一个整体之中去理解——而非仅仅固执己见地对待生活,就必须环顾一下四周。幸运的是,我们至少认识了一位伟人,他知道如何避免言语性思维,从而成功地将概念上的矛盾通过另一种思维系统加以解决,他就是:阿尔伯特·爱因斯坦。

来自另一个世界的答案

爱因斯坦到底如何思考?答案是令人震惊的,因为他并没有思考!或者说,至少不是一般意义上的思考。

爱因斯坦优越的思维方式是一种非言语性思维。他善用艺术架构、冥想、想象力、可视化和直觉。通过这些特殊的途径,他能远涉到言语性思维困于矛盾而寸步难行的地方。或许这就像某人为了找出针对一个问题的解决方案而寻求我们的建议时,我们会谈到直觉，并建议对方克服狭隘心理，跳出这个问题另辟蹊径，否则将陷于问题本身而永远达不成创造性的突破，正所谓"当局者迷，旁观者清"。或许爱因斯坦在他最著名的一句名言中早已点明这个道理："导致问题产生的思维方式永远无法帮助我们解决这个问题。"言语性思维会造成混乱，但非言语性思维创造的答案可以将这种混乱重组为更高级的秩序。

在历史长河中，人类为词语和概念赋予了许多意义和印象，但词语和概念很难承载形形色色的意义和印象。词语和概念产生于群体集合性的知识和想象之中，对此我们所有人都认可。也正因为此，它们自然也限制了我们的视野。如果我们满脑子都是这些意义和印象，就很难看到新的东西。我们观察这个世界时，会将眼前所见自然而然地和内心那些词汇对应上，彼此很难分开：当我们看到夕阳西下的场景时，就会想到"落日"这个词，即使太阳还没有真正落下。我们真的看到落日了吗，或者只是认为自己看到落日了？

那么问题来了，我们的大脑能把思考的重心从言语性转移到非言语性吗？很显然，我们需要词语和概念——爱因斯坦本人当然也会使用它们——但如果它们可以退居二线，不完全占据我们的思维，那么我们思维的核心将不再受到词语和概念的束缚。爱因斯坦自童年开始便享有这种自由。

接下来，我们要进入爱因斯坦神秘的智力领地了。这位物理学家会先通过想象的场景、感受和感觉到的微妙结构设立一个问题，在这个问题有了答案之后，他才会把词语甚至数学符号放在他所谓的次要步骤中使用。爱因斯坦说:"我很少用语言来思考,一旦某个想法出现,我最后才会尝试用语言来表达它。"[18] 在写给法国数学家雅克·阿达马的一封信中,爱因斯坦应阿达马的请求,揭示了自己的思维过程,并进一步阐释了自己的想法:"词汇和语言,当它们被书写或说出来的时候,在我们的思维机制中似乎就不起任何作用了。某些符号和大致清晰的场景存在于我的头脑之中,似乎作为思维元素发挥作用,可以被'有意识'地重塑并组合起来……对我而言,前面提到的元素是视觉化的,并且具有近似肌肉的属性……当上述联想游戏(指思维元素的重塑并组合)已充分建立起来并能被随意再造的时候,我才会在第二阶段去斟酌如何选用常规词汇或其他符号。"[19] 爱因斯坦自传般的笔记也反映了相同的思考过程:"对我而言毫无疑问的是,我可以不依靠符号(词语)进一步进行各种各样甚至是下意识的思考……"[20] 对爱因斯坦而言,言语性思维显然就像他直觉的一位忠仆。他会在直觉上有所领悟之后,运用这位"忠仆"发挥归纳转译的作用。

爱因斯坦至少将四种非言语性思维方法运用到了极致。第一种就是前文所说的音乐;第二种是想象力和可视化。爱因斯坦并不是以理智的方法处理物理学难题,而是将这些难题视作三维的、有弹性活力的事物。正如他的一位学生所说,别人看到的是抽象的公式,而在爱因斯坦眼里,那是一个物理事实。还记得那只失明的甲壳虫吗?或者再想想爱因斯坦是如何提出狭义相对论的。他通过设想一列飞驰的火车和闪电的方式,把问题形象化了,并以此摆脱了言语性和数学化的表达方式。

另外两种非言语性思维方法是冥想和直觉。爱因斯坦在冥想中思索物理学宇宙的秘密和奇迹。当然，他可能并不是双目紧闭。他可以睁着眼睛冥想数个小时：坐在他的"小废物号"木帆船上冥想，或是信马由缰地飘荡一整天（但他也经常迷失方向，往往被人搭救解围）。在这段时间里，他被来自宇宙和宗教的感觉所折服，他形容那种感受为"在难以企及的宇宙大和谐面前彻底屈从"[21]。

某些显而易见的直觉认识会在他冥想的时候蹦出来。"有时候，"他说，"我很确信我是对的，不需要任何理由。"[22]因此，他发展自己理论的第一步并不是搜集实证研究的数据。恰恰相反，他做的第一步是从自然中汲取普遍性的规律，之后才搜集实证研究的数据。回想一下爱因斯坦在向阿达马描述自己的思维过程时所选用的奇怪的词语——"视觉化的""具有近似肌肉的属性"。这种描述看上去令人惊讶，但如果理解了这句话的意思，你就会更惊讶。阿达马将那个时代的数学家分成两类：代数学家和几何学家。所谓的"近似肌肉的属性"的直觉又是什么呢？宇宙学家布赖恩·思威默认为，爱因斯坦"沉浸在他亲身经历的感受之中……产生这种感受的原因正是整个宇宙背后的奥秘"[23]。

问题是：我们也能这样看待事物吗？我们也能如此投入地去倾听，而不是仅仅依靠我们习以为常的言语性的手段、理解方式和既有概念吗？

假如我们在日常生活中更多地运用一些非言语性思维来寻求问题的创造性答案，不再纠结于表面上的矛盾对立，这就已经是一个良好的开端了。你可以试一下，当思考一个难题的时候，听一首伟大的音乐作品,或者画画,再或者欣赏一幅艺术作品,甚至去大自然中散个步并冥想一下。你可以通过这些方法接触到一种大和谐。爱因斯坦正是受到这种大和谐的启发,从而激发了自己的灵感。你也可以这样。还有一种创造性的方法可以让你不再对问题愁眉不展,那就是图文并茂地想象一下你遇到的问题——将问题可视化,这可以让你的思维更具弹性和活力。比如,想象自己在一个问题场景中,从最上方以鸟瞰的形式审视问题,如此你会看清问题全貌。你需要搞清楚:现状如何?人们犯了哪些思维错误?在这个问题上自己使用了哪些无效的思维策略?我们之所以走不远,往往是因为太过于靠近某个问题,以至于"一叶障目,不见泰山"。跳出问题来看,你就能注意到你忽略的因素。

  问题的答案有时也会通过我们的自身感受展现出来。比如,对于我们的身体认为是"真实"的事物,或者是那些能让你"聆听"到某种可能答案的事物(它能让你听出答案是悦耳动听的,还是佶屈聱牙的),我们的身体都会兴奋地对此做出反应。通过这种方法,即使我们的思维到了"山重水复疑无路"的境地,我们也能听到不远处传来的爱因斯坦那动听的小提琴曲。

弗雷德里希·尼采

思考不是一件轻松的事
—— 穿越怀疑的风暴之海

1889年1月3日,尼采离开了他在意大利都灵的住所。或许,他想开启一段著名的远行。据传说,当他在途中看到一位马车夫在卡洛·阿尔贝托广场殴打一匹马的时候,大喝一声,穿过广场,伸开双臂搂住那匹马的脖颈。之后他便失去了意识,摔倒在地前还试图紧紧抱住那匹备受折磨的马。一群人围了上来,其中就有他的房东。房东想过来一探究竟,随即就认出来这是他的租客,便请人把尼采送回家。这位当时已经44岁的哲学家昏迷了很长时间。当他再次苏醒时,仿佛不再是他自己了。他大呼小叫,唱着跳着,并疯狂敲击他的钢琴键盘。直到他的房东叫来一名医生,并威胁要报警,他才安静下来。他端坐在桌前,准备动手给一些公众人物和朋友写信,在信中他宣称自己就像是狄俄尼索斯[①]或者"被钉在十字架上之人"。这位大哲学家给丹麦文艺评论家、文学史家

[①] 狄俄尼索斯,古希腊神话里的酒神。——译者注

格奥尔格·勃兰兑斯(第一批认可并出版尼采作品的人)写信:"你发掘了我,这不是什么难事。现在的困难在于,如何摆脱我……被钉在十字架上之人(落款)。"[1]

不知出于什么原因,在勃兰兑斯于1888年向公众介绍尼采之前(那几年也正是尼采精力充沛且意识清晰的最后几年),人们很难找到这位哲学家。在他身为作家最为高产的生涯中,他的作品一直受到冷遇。他所能做到的,无非是让一些人眉头紧锁。在16年的漫长岁月里,他不得不踽踽独行。"最终——当我精疲力竭时,当我必须期待外界的认可和安慰的呼声时,我在哪儿!我是什么!"[2]尼采在给他的朋友海因里希·柯瑟利茨的信中这样写道。有些人可能会认为,他在用某种形式的狂妄自大来掩藏他当时的窘境,也有人认为这些语句体现了他灵敏的直觉。

显然,在那些年间,他始终坚信自己有一项使命。内心的信念驱使着他,他认为他的作品属于"最少数派"。"或许,它们之中没有还活着的了。"他在《反基督》(*der Antichrist*)的前言中这么写道。他还认为他要为未来的千年写作。但是,当世人在1888年终于注意到他的时候,他还是感到兴奋异常。他的故事充满了悲剧性的讽刺意味,勃兰兑斯写道:"尼采的一生之中不断发生新的悲剧——他以一种简直是病态的执念追求别人的认可,之后也获得了近乎不真实的广泛认可,那时的他尽管还活着,但已经被判了死刑。"[3]尼采的诊断书上写的是"进行性麻痹"——这是由梅毒引起的疾病,加重了对他的脑组织的损伤。他既不知道自己是不是正走在通往功成名就的最正确的道路上,也不知道自己的名声是不是建立在对他过去几乎所有学说的彻底扭曲之上。

离尼采去世还有 11 年时间,这期间他变成了一个传奇的,甚至充满神秘色彩的人物。在那些慕名而来、渴望一睹尼采真容的人看来,他就像存在于人类可以企及的另一个世界之中。作为"一个用所有性格特征都无法形容其品质特性的人物"[4],他赢得了人们对他罕见的崇拜,被视为一个"冉冉升起的神秘人物"。令人惊奇的是,尼采早就预言了这一切。他在晚期的一本自传体作品《瞧,这个人》(*Ecce homo*①)中写道:"我极其恐惧有一天人们用神圣来谈论我。"[5]这位拼尽全力渴望将人类从形而上的世界中解放出来的哲学家,现在却在某种程度上变成了他最为鄙视的样子。

更糟的是,他自始至终反对国家和民族至上主义、反犹太主义、非理性的国家社会主义(即纳粹),而这些运动的继承人却拉起了他的大旗。说来奇怪,他在自己的作品中也预言了这一切。他提到,人们会误解他,将他"视作他所憎恶的权力的盟友"[6]。那些渴望一个"新帝国"且翘首以待新帝国之谶的家伙,将尼采的理论奉为圭臬,期待在他的理论中寻找到支持自己的蛛丝马迹。对这些家伙而言,当时正是好时机,因为这位精神崩溃的哲学家再也无法为自己辩护了。那些纳粹分子为纪念尼采,在魏玛②建立

---

① Ecce homo 在英语中指戴荆冕的耶稣像,原为拉丁语,是本丢·彼拉多(罗马帝国犹太行省总督)将戴荆冕的耶稣交给犹太人时说的话,带有极度轻蔑之意。——译者注

② 魏玛(Weimar),是德国图林根州的一座小城市,文化古迹众多。歌德与席勒曾在此创作了诸多不朽之作。——译者注

了一座博物馆，把他的"权力哲学"捧上神坛。然而尼采的作品中有许多论述不仅将那种帝国视为仇寇，甚至还警示后人提防帝国的崛起。这些家伙便不遗余力地把尼采作品中的这些表述抹除干净。这也是尼采最为担心的事情：虚无主义在一个邪恶的无神世界中崛起，那里除了社会达尔文主义所拥护的残酷的"自然选择理论"以外，别无他物。

直到后来，学者和传记作家才把尼采的形象从反犹太主义的阴影里洗脱出来。尼采的形象变成了一位高度个人主义的哲学家，他的哲学理论成为针对21世纪特别时兴的后现代文化和理性文化的挑战。事实上，尼采写给勃兰兑斯的话就是对这一价值的回应，虽然当时尼采显然是处于一种精神错乱的状态，但他或许解释了，为什么总是有不计其数的书籍意图阐释自己的哲学："现在的困难在于，如何摆脱我。"[7]

毫无疑问，尼采拥有独一无二的思维模式，这种思维模式使得他构建起一系列完整而迷人的认知，不仅仅针对人类心灵深渊，也针对人类文化根基。他的思维模式深深地动摇了许多禁忌和执念。现在，就让我们一起走近这种曾经撼动世界的思维模式的本质吧。

真理还是幸福？

早在1862年，也就是尼采只有18岁的时候，他便开始质疑宗教精神。那时他全家都信奉宗教，父亲和祖父都是牧师，他们都期待尼采子承父业,但是他却不甘于循规蹈矩。他早年曾经同两位朋友一起成立了一个文学艺术性协会——"日耳曼尼亚"(Germania)。他为这个协会写过一些文章,不仅反对基督教等宗教,还公然批判产生某种信仰体系的思维方式。

在他的文章《命运与历史》(*Fatum und Geschichte*)中,尼采赞成一种不断怀疑的状态。早在那时,尼采就把他的哲学研究当作"尝试""冒险"或者"实验"了。他甚至选了一幅画着狂风暴雨的大海的画,以此来描绘不信者(又名异教徒)的状态,这也是真正的学者所必须有的生活状态。就像21年后尼采在他最著名的作品《查拉图斯特拉如是说》(*Also sprach Zarathustra*)中所描述的那样,"不带指南针,没有领航员,就这样冒险驶入怀疑的大海,这是不成熟头脑的愚蠢和自取灭亡;大部分人会被风暴痛击,只有极少数人能发现新大陆。在浩瀚无垠的思想海洋中,人们常常渴望结束漂泊,回到岸边"[8]。

3年之后,尼采此时21岁,他终于决定丢掉他的指南针。他选择辍学,不再研究神学,以此宣告和家族传统最终决裂。1865年的复活节,他拒绝和母亲一起去教堂做礼拜,并告诉她自己不再信仰基督教了。这一叛教行为给他的妹妹伊丽莎白——一位虔诚的基督徒带来的震撼甚于给他们母亲带来的。当尼采回到波恩,伊丽莎白给他写了一封开诚布公的信,信中她为基督教信仰辩护。相比于尼采的其他作品,我们能从他给妹妹的回信中更清晰地找到理解他思维结构的钥匙。

"关于你的原则,即真实往往存在于更困难的那一面,我部分同意……另一方面,接受这一切真的这么难吗?——我是指我们从小接受的教育,那些渐渐根植于我们内心的东西,在亲人和许多好人的圈子中被认为是真理的东西,以及此外真能给予人们慰藉和鼓舞的东西——简单接受这一切真的很难吗?真的比同习惯的抗争还难吗?比承受独行的不安全感还难吗?而且后者还常常伴随着情绪和良知的波动,往往是绝望的,即使这样,人们仍然在真实、美好和美德的永恒目标指引下踏上一条新的路途。接受那些比这一切还难吗?这要视情况而定,取决于人们以何种最舒服的方式获得关于上帝、世界和救赎的观点。对于真正的学者而言,他研究的结果是无关紧要的吗?上下求索的时候我们是在寻求平和、宁静和幸福吗?不,我们是在寻求真理,即使这个真理极为吓人且面目可憎。还有最后一个问题:假如我们从小就相信,所有对灵魂的救赎并不只来自耶稣,还有别的什么神祇,比如穆罕默德,难道他们就不能保证我们配享同样的赐福保佑吗?无疑,是信仰这件事情本身在保佑我们,而不是藏在信仰背后的东西……每一个真正的信仰都是可靠的,它让虔诚的信徒在其中找到他所希望找到的东西,但并没有为建立客观真理提供丝毫支持。人类的道路就此分开:如果你想寻求内心的宁静和幸福,就开始信仰吧;如果你想成为真理的年轻拥趸,就从事研究吧。"[9]

在这封老成持重的信中,尼采区分了两种思维模式:慰藉式思维(das beruhigende Denken)和求真式思维(das wahrheitssuchende Denken)。虽然慰藉式思维总是宣称占有"真理",但它能寻求到的"真理",不过是伪装起来的安慰剂和确认信。慰藉式思维被渴求内心宁静的愿望驱使,它所能找到的"真理"可以给思考者带来彻底的放松,但却永远无法将其引向真正的研究道路。这种研究方法的结果也早就注定了:依靠慰藉式思维,人们只能找到自己所希望找到的东西。

相反,求真式思维意味着真正的研究。在这种思维模式中,学者不会为真理预设任何前提条件,且准备好接受任何形式的真理。甚至学者对于任何研究结果都是一视同仁的。为什么"真理"就一定要是令人感到美好且喜悦的呢?为什么它们就不能是"吓人且面目可憎"的呢?如果真理的确如此,那么一定会对人类的思维架构和生活方式产生冲击,有时还会让学者感到难过。学者不得不在直面真理的时候接受这个让人痛苦且粗暴的现实。实事求是的学者会在开始研究前先放下自己对内心宁静的所有奢望,放下可以慰藉人心的执念,不再幻想用某些卑劣但更易于让人心满意足的事物和真理进行交换。

"真理和幸福之间并无预设的等号,真实和愉悦之间也没有。"一位杰出的尼采传记作家霍林代尔这样写道。

如果人们想追求幸福,就要远离通往真理的险途,因为真理可能既美丽又丑陋。相应地,尼采的母亲对于他背离宗教这件事情也有自己的解释,她相信上帝指引着人们所有的行为,甚至包括她儿子背离宗教的行为。尼采选择了求真务实的学者所应该走的那条艰难险途。渐渐地,尼采把自己的利剑对准了自柏拉图时代以来的历史上著名的哲学家们。他认为,即使是这些伟大先贤也不免沉湎于慰藉式思维的诱惑之中,错以为那些升华人类精神的事物就是所谓的"真理"。人们总是想到柏拉图式的三和弦:向善的、真实的和美好的。对于这三者应当融合的想法,尼采深表怀疑。他猜想,与其说人们执着地调查研究"真理",倒不如说人性的愿望和需求隐藏在其背后。如果某人认为上帝的爱是真理,能激发他内心的积极情感,那么他找到的一定就是这种"真理"。尼采的思维方式不想要这种麻醉剂,因为他清楚地看到,这只能自欺欺人。尼采写给他妹妹伊丽莎白的信就像发令枪的一声枪响,开启了他探求真理的寂寞之旅,予取予求。在这段旅途中,他必须抛弃所有"舒适的真理",不给自己留任何"怜悯"的空间。

这也正是成为求真式思维者的第一步,也是最重要的一步:获得一个最终的、完整的真理,某种程度上大写的"真理"。但这还不够,人们还需要摒弃所有不切实际的幻想和思维错误。人们又能够从中获得什么呢?尼采会说:心灵的完全自由。人们放弃了安逸,失去的只是不值得保留的东西。即使这种方法让思考者如同赤裸裸、两手空空地置身于一个空房间,但他至少知道,他的思维不再受所有的心理投射①和扭曲束缚了。人们得以睁开双眼,自由自在地准确看清万事万物的本来面目。

在只有15岁的时候,尼采写过一首诗,诗中描述了这种心理

---

① 心理投射,在心理学上是指个人将自己的思想、态度、愿望、情绪、性格等个性特征,不自觉地反映于外界事物或者他人的一种心理作用,也就是个人的人格结构对感知、组织以及解释环境的方式产生影响的过程。——译者注

状态,并盛赞这种自由:"认识我的人,会称呼我为无家可归的人。"他写道,没有故乡,但却"像雄鹰般自由"[10]。或者可以这么说:故乡是一块坚实的陆地,人们可以在那里倒头安睡。然而求真式思维者无福消受一个安逸的家园。每一次对真理的探求都像开启一段征程,一段没有回头路的征程。不能再抱有承载着情感的希望,那希望无非是寻求一种特定形式的"真理"。在这段征程上,人们也不能幻想在遥望前方能够看到一处可以永远休息的终点。真正的学者要放弃对这样一种静止状态的渴望,因为从某种程度上讲,真正的真理永远处于这样的状态:开放的研究、设问、质疑、推翻和重建。"执念,"尼采解释说,"是比谎言之于真理更危险的敌人。"[11]即研究的目的从来不是获得一个确定无疑的坚定信念——绝对的、毋庸置疑的知识令人觉得舒适安逸,而对某种坚定不移的信念的渴望,也正是对舒适安逸的需求。

对尼采而言,哲学思考就是一场实验,永不停歇。某种程度上,古典哲学家是陷于桎梏之中的。他们相信上帝,坚定地想要从逻辑上证明上帝的存在——上帝存在这一点,并非他们研究出来的结论,而是他们研究的出发点。尼采认为,一个求真务实的、不受束缚的学者必须"危险地活着",或者更确切来讲,必须进行危险的思考。对求真式思考者而言,"爆炸性"思维是绝对必要的,而这对于寻求安逸的思考者而言似乎是无法忍受的。"某些东西可以是真的,即使它们具有极高程度的伤害性和危险性。它们有可能属于存在的最本质特性,而完全理解这个本质甚至会让人崩溃。人们可以借此衡量一下自己的精神强度:对于'真理',自己能承受几分。"[12]

这正是尼采对他的精神导师亚瑟·叔本华最深刻的印象。虽然随着时间的流逝,他背离了叔本华的哲学,但他依然保持着对叔本华的尊重,敬重其在探求真理的坎坷路途上禁得住所有的痛苦和磨难。叔本华曾给尼采这位真正的学者画过一幅画,描绘尼采是这样一种人:"自愿承受真理带给他的苦痛"[13],他自己波动的、摇摆不定的情感以及绝望中的希望对他而言都是无所谓的。求真式思维容不得感情波动和多愁善感。感情只会模糊求知者对真理的追求,因为它使他们渴望舒适安逸,回避任何苦痛和代价。

让希望"安乐死"

尼采在他雄心勃勃的哲学事业上取得的成功要归功于求真式思维:他渴望一劳永逸地摧毁形而上学。他的思维方式可以让形而上的东西在人类的世界、文化、哲学和精神之中毫无立锥之地。当然,他肯定不是第一个主张世俗主义①(Säkularismus)的人,但有可能是所有世俗主义思想家中最为彻底的。他确信,旧的信仰体系将无用武之地,人们最终可以摆脱其束缚。"这是一场战争。"

---

① 世俗主义是一种在社会生活和政治生活中摆脱宗教控制的主张。其主张不给任何宗教特权,支持维护教育的权利,让人民拥有更多宗教自由;认为在政治方面应根据证据和事实行事,不受宗教偏见影响。——译者注

他解释称,"一场没有火药和硝烟的战争……谬误将被人们心平气和地一个接一个束之高阁……'圣人'被打入冷宫……最终'信仰'以及所谓的'执念'也会被打入冷宫,甚至'同情'也会彻底冷静下来——几乎所有'自在之物'①(das Ding an sich)都将被冻结。"[14]

形而上学从根本上认为,在这个由各种现象组成的世界中,其最核心的地方有这么一个"存在",是永恒不变的。当其他一切都在运动时,它是固定的、静止的,它只为自己而独立存在。从这个意义上讲,人们可以把形而上学理解成类似宗教信仰、神秘体验和哲学逻辑的范畴。其著名的概念包括"自在之物"或者"本体"(Noumenon),近代以来提到它们,人们通常会想到康德——那是一种超越理性的不可描述的现实,以某种方式与可见的现象相关联。

在尼采看来,人们用慰藉式思维发明了形而上的世界。为什么呢?很容易就能猜到:在一个充满斗争和死亡的世界里,我们人类个体的愿望对于生活和自然力量而言无关紧要,于是人类思维就倾向于转向另一个世界——毫无疑问,当然是现实世界的对立面。如果这个世界没有明确的公正存在,那么另一个世界就一定存在公平和正义。如果我们在这个世界会死去,那么在另一个世界就能达到永生。如果我们知道上帝站在我们这一边,且我们所走出的每一步都是受一种更高级的力量所支配的,那么这就可以稍稍

---

① 自在之物,按照康德的理解,是指认识之外又绝不可认识的存在。——译者注

安抚我们对于未来的那种强烈的不安全感和恐惧。如果我们知道，现在克己守法就会得到回报，那么道德的护栏会让我们觉得自己的行为是有意义的。如果存在一个形而上的世界，人类就再也不会感到孤独：来自外部的逻辑和理性，将所有原本看似偶然和盲目的事物结合在了一起。

尼采所做的，就是要摧毁这样的"另一个世界"。在尼采眼中，它不仅存在于宗教和神秘主义的圈子里，而且在哲学世界中自然而然地被广泛接受。尼采的求真式思维对于是否存在这样一个世界的问题漠不关心——他认为，我们可以拥有的每一个想法和每一种信仰，都是作为这个现实世界的一部分出现的。我们无法离开这个世界，也就永远不可能超越它去认识"真理"。相反，尼采利用两个"求真式"问题来对待每一个形而上的断言。

1. 为什么思考者总希望这都是真的？有没有可能，思考者想要避免痛苦，逃避生命中的困难处境？有没有可能，思考者想要拥有闲适的感受，想要感到更安全且更强大？还有，人们找到的这个"真理"，是不是正是思考者希望找到的？尼采极为关注两点，一点是每一个断言背后的精神需求，这种精神需求正潜藏在对这种"真理"执着的背后；另一点是思考者能获得的潜在利益。如果事实证明，那不过是一个安慰人的概念而已，意味着自欺欺人和束缚，人们就必须毫不留情地摆脱它。

让我们以"上帝是好的"这个表述为例，几乎在每一种宗教、神秘学和形而上的哲学中，这都是一个很常见的假设。但我们怎么能知道，上帝真的是好的呢？如果我们宣称上帝应该是好的，那这样一个小小的愿望就是我们内心的动力吗?"上帝是好的"这件事情,到底是一个朴素的现实,抑或只是一个愿望而已?

2. 人们真的需要这样的"真理",且需要它来完备自己的基本知识体系吗?这个问题将尼采解放出来,让他不必非得知道一个形而上的世界是否存在——因为我们不仅根本不可能知道,而且即使没有这样一个形而上的世界,我们也照样活得好好的。实际上我们人类还会活得更好:我们自己的责任会变得更加明晰,我们要为自己的未来负责,而不是坐等慰藉和支持。这个问题帮助我们放弃那些限制我们能力和阻碍我们成长的想法。如果一个"真理"是多余的,那么它就已经是有害的了。更糟糕的是,它可能还会有掣肘之虞。

对于某一陈述,要评估其内容的真实性,就事论事是远远不够的。我们还要关注到底是怎样的心理世界,想要将我们作为观察者推向某一特定的真理。思想背后的动机和思想本身一样重要。在这里,心理学(即关于人心理的科学)和哲学(即关于思想的科学)极为相似。从这个意义上讲,尼采又是一名心理学上的哲学家。其原因可能正如西格蒙德·弗洛伊德夸赞尼采的那样,"他拥有对自己最为入木三分的认知,这是前无古人后无来者的"[15]。

心理学的类别——即使当时的心理学并不是以一门独立学科或一个独立概念的形式存在——为尼采提供了解释世界的可能性,使他不再必须诉诸形而上学的概念,能够返璞归真地、简单地去看待人类的行为。透过对心理的彻底剖析,人们能够很容易地发觉驱使人类行为的是更深邃的力量,而不是天使、魔鬼、罪孽和报应。

这就是一把"斧子",它"砍断了人类形而上的需求之根基"[16]。掌握着这个不同寻常的工具,尼采在心理学上取得了空前的突破,甚至预言了弗洛伊德的潜意识概念。假如人们是在寻找真理而非慰藉,就能获得透过人类行为表象(通常,这些人类行为看似是高尚的情感情操和道德价值的体现)看本质的本领——人们可以看到隐藏在背后的被利益所裹挟的"丑恶真相"。一个人的行为可能看似大公无私,而实际上在更深的层面上,他不过是想满足自己极为自私的愿望。

尼采看清了这潜在的行为动机,把它描述为一种"权力意志"①,认为它蛰伏于许多高尚的情感和姿态背后。爱情,通常人们愿意将其描述为一种无私忘我的激情,而在尼采看来那却是一种愿望,是尽其所能赢得心上人的力量。另一方面,对他而言,性则是利己主义毫不克制的表达,是追求者渴望完全占有对方的表现。在哲学领域,他认为那些伟大人物有一种近乎专制的强烈冲动,渴望让整个世界臣服于他们自己的幻象之下。哲学家们不断强调,他们只是按其本源描述现实。而实际上,他们更像艺术家,按照自己的图纸创造世界。他们怀揣着自己的观点比其他所有观点都强大的强烈愿望,并没有阐明"真理",而是在创造"真理"。尼采用这门大炮轰击奥林匹斯的神话、佛陀中关于"空"的概念以及基督教的救赎论。"希腊人认识并感受到生存的恐吓和恐怖:

---

① 关于"Willen zur Macht",哲学界一直没有统一的令人完全满意的译法,也有观点认为应将其翻译成"权势意志"。——译者注

为了能够活下去，他们便不得不在恐惧面前布置下奥林匹斯众神那光辉之梦的诞生。"[17]当基督徒们冒出想要使弱者得到解脱的想法时，这就证明了他们自己是寻求慰藉的思考者。尼采认为，这不过是对生活现实的一种反应，是对事实的逃避。他所说的事实，即这个世界是由强者主宰的。

尼采的求真式思维使他推翻了形而上的世界，因为形而上的世界是为了提供慰藉而被创造出来的。对于人类的发展而言，它是不必要的。尼采断然拒绝了那种情感上的需求，即在世界核心找到一个静谧永恒的中心。对于他而言，并不存在一个静谧之所在，可以让人从变化的世界中脱身。现实中只有充满持续争斗的达尔文式的世界，而在这个混乱的世界中，自然法则还不曾创造出秩序。

在这方面，尼采可能是唯一的思想家，只有他对查尔斯·达尔文的学说给人类生活带来的世界层面的影响进行过终极思考。在尼采看来，与他同时代的那些理性主义者，都在疯狂地庆祝新获得的存在的自由，这种自由不需要上帝，他们也没意识到自己必须直面这个新世界的种种危险。当人们真的面对这个被完全的寂寞无助统治的事实时，当人们煞费苦心注视着这个无神的现实时，真的有任何意义可以填补那可怕的空虚吗？

尼采的名言"上帝已死"并非毫无意义的套话，也绝非傲慢的独立宣言。他的意思是，过去的一切既成事实和彼时可能的事实，都以上帝之名被掌控着，其中包括所有其他世界和这个世俗世界、最终的现实以及上帝赐予的道德律法。尼采著名的比喻"疯子"[①]，正展现了他将这种新的人性状况铭刻于心的程度之深：

"你们有没有听说过那个疯子，他在一个晴朗的上午点亮一盏灯笼，然后在市场上徘徊，不停叫嚷着：'我在寻找上帝！我在寻找上帝！……上帝去哪了？……我想要跟你们说，是我们把上帝杀死了！——你们，还有我……但是我们是怎么做到的呢？……谁给了我们一块海绵来涂抹掉整个地平线？我们到底做了什么，使地球脱离了它的太阳？现在它又要去往何方？……我们不是在不停地坠落吗？……这空荡荡的房间不是在呵斥我们吗？……我们该如何让自己安心，我们这些谋杀犯中的谋杀犯？'"[18]

尼采能感觉到，形而上世界的毁灭并没有受到认可或者被接受。人们还是用旧式的思维方式思考，这种方式只适用于一种世界，即上帝继续为真的世界。例如，人们依旧认为道德在这样一种世界还能继续存在，道德还在决定着什么是好、什么是坏。尼采知道这是不可能的，他认识到这不过是披着"真理"幌子的社会习俗。

求真式思维的一个巨大的优势正在于此：思想家不回避痛苦的实际，这一点使得其更有能力去直面现实。慰藉式思维不过是一种麻醉剂，它只能带来感情上的平静，让人变得昏昏欲睡。慰藉式思维的完整意义就在于，思考者不必面对现实。他自然而然地被某种希望所吸引，这种希望似乎可以送给他另一种可供选择的

[①] 德语为 der tolle Mensch，其中"tolle"还有"了不起的、非同寻常的"的意思，惯例译为"疯子"，但还应隐含"了不起的人"的双关义。——译者注

现实。然而，对于求真式思维而言，希望妨碍了我们对自己负责和独立自主。尽管在大部分人看来，希望的破灭似乎是一种悲剧的状态，但它却给了求真式思考者以力量。

这种思维方式使得尼采可以破除所有形而上学的现实，并且能够面对那些令人不安和苛刻的结果。他并没有奢望摆脱现实的负担，而且也不依赖某种外在实际的信念，尽管这种信念可以减轻他的负担，让他找到自己的解决之道。相反，"自由"对尼采来说，不仅意味着无法摆脱负担，而且意味着要背负更沉重的包袱：没有了形而上的意义，人们必须自己创造意义。

慰藉式思维不仅仅存在于宗教的希望之中。它是一种思维方式，帮助我们生活在一个世俗宇宙之中。这个世俗宇宙中似乎并没有更高级的存在，人和动物一样，最终不过是死亡——但是慰藉式思维并没有让我们真正直面这一艰难的事实。从这个意义上讲，慰藉式思维不过是一种转移注意力的机制，让一切变得比它们的真实情况更简单。尼采得出结论：如果上帝死了，那么这样的世界就失去价值了，所有伦理的、形而上的和逻辑的世界都会崩塌成一片废墟。接下来，人类除了依靠自己以外，没有其他可以指望的。此外，这也意味着，人类不能再像之前那样前进了。当希望和慰藉死掉了，一种新的"人"必将成长壮大起来。

舒适的困境

我们的慰藉式思维即使不喜欢令人痛苦的事实,也不会承认:我们的思维正在忍受着一种源于舒适的困境。也就是说,对于让我们感到不舒服的真理,我们会本能地转身离去。如果我们有更多选择,就会更喜欢去接受那种"令人更轻松的"真理,这种真理所描绘的事实让我们感到更舒适、更安乐。我们的大脑倾向于寻求舒适和愉悦,因此,它对痛苦和苛刻的现实视而不见,选择了慰藉和更容易的思维。

诺贝尔奖得主、心理学家丹尼尔·卡尼曼数年来一直从事这一主题的研究。他的研究表明,人类的思维本质上是懒惰的,本能地倾向于"认知简化"(kognitive Leichtigkeit)。认知简化和什么有关呢?重复的经验和已知事物。我们熟悉的已知事物让我们觉得方便,使得我们很难将它与事实分开。认知简化决定了,如果某事物"让人觉得是真的""让人觉得是好的"且"让人觉得不费力",那么它就是真的。这当然也意味着,如果某事物让人觉得是好的,那么也会让人觉得它是真的。

求真式思维想要找到严肃且认真的真理。它要经过一段劳神费力的过程才能找到一个并不轻松的结果,因此我们在大多数情况下更喜欢回避它,选择一条更便捷的道路:我们对真理的一部分感到满意就可以了,或者更糟糕的是我们会接受一个真理的替身,这是一副针对神经的舒缓剂,一封让我们安然入睡的证明信。当然,这肯定是完全危险的。我们的思维只想要那种实际上似忠仆一般的"真理",以此来抚慰我们的情绪状态。相应地,我们便会在判断和预测中犯严重的错误。尼采怀疑,人类自身的评判系统就是这样运转的,而卡尼曼的研究证明了这一点:当我们看似在评判某件事情的时候,我们的内心其实早已有了一个结论,这之后我们才会去寻找支撑它的论据。甚至如果我们想要相信这个结论是正确的(别忘了前面说的,如果它让我们觉得是好的,我们就一定想要相信它),那么对于每一条支持这一论点的论据,我们也会无条件地相信,即使这些论据是不好的。

我们本能的偏见会造成一种后果,即我们对于令自己感到舒适的场景和想法的执着,即使事实已经多次证明我们是错误的。事实上,慰藉式思维"赋予"我们一种不可思议的"能力",让我们对实际情况说"不",甚至唯心地将它们过滤掉。看到婚礼和婚姻,我们自然而然地愿意将其视作神圣、幸福且浪漫的事情,与此同时十分高效地忘记了一个事实,即西方社会的离婚率普遍都很高。当我们结婚的时候,或者参加亲戚朋友婚礼的时候,很少会费心思去展望一下未来,动心思去考虑婚后生活的鸡毛蒜皮和背信弃义。当我们想到假期时,脑海里通常出现的是一段轻松愉快的时光,而忘记了假期经常也是劳累的、令人大失所望的。许多人心思敏感,常常回忆起少年时代,仿佛那是一段充满光辉的时光,尽管他们还必须滤掉记忆中那些艰难的时刻。大部分人心中都有一幅自画像,认为自己具有诸如大公无私等众多美德,同时却将自己日常生活中的嫉妒心、报复心以及吝啬一股脑儿全忘记了。慰藉式思维正是认知扭曲的原因。对认知扭曲的广泛研究表明，它会使我们过高估计自己获得幸福和成功的机会。我们容易忽视统计数据，想当然地认为自己是幸运的例外。

当按照理想评判事物的时候——按照我们所希望的和我们认为是可能的那样——我们可以暂且称其为一种"认可式思维"（positives Denken）。极有可能，我们内心深处明明知道这是在欺骗自己，但还是不愿意走到另一面——在那一面我们需要做出"认知上的努力"；在那一面，我们会感到痛苦。真理通常会引发不适，因为我们不得不重组对世界的认识。当我们接受了新的认识，与此同时也失去了我们辛辛苦苦搭建起来的稳定架构。真理通常也伴随着痛苦。有时痛苦甚至也预示着真理，因为痛苦正是来源于我们对于事物的心理预期以及我们的理想同现实之间的差距。当现实与我们的理想不符时，我们就得对理想画一个问号。但是谁又愿意简简单单地放弃能给人以慰藉的虚幻呢？最终，我们的大脑本能地选择逃避痛苦。因此，大脑也就本能地逃避了真理。

幻想是我们的一种保护罩，让我们精疲力竭的大脑与现实保持距离。从这个意义上讲，慰藉式思维出色地完成了它的任务：帮助我们赶走了前进道路上的对抗，直到我们真的再也无法掌握其他东西。在它的帮助下，我们逃避现实，在思想上编造出现实中不存在的一切。当我们不得不直面真理时，慰藉式思维也能让事情变得更简单，因为它能为我们提供形形色色的有镇痛功效的概念。

然而，尼采所展示的求真式思维是应对现实的更好的工具，因为它不回避任何问题，也不依赖于希望。因此，思考者拥有的能量更加集中，可以更好地应对某种特定的场景。如果我们能够担负由这种思维带来的强烈的自我责任感，就会看到，这种思维方式能够直面多么困难的境遇。慰藉式思维最大的问题是，到最后它会让我们的精神变得十分脆弱。这种思维不习惯面对现实，如果它真的不得不面对，那么它的反应就只有震惊。

许多人对于他们和亲戚朋友的关系抱有一种理想主义的想象。比如，人们总是认为，亲戚朋友永远不会背弃自己。但是当恋人和别人有染，或者自己的母亲没有尽到母亲应尽的义务时，这种理想就会破灭，人们会感到有如五雷轰顶。当然，现实中凡是最终破灭的理想，肯定都是错误的幻想，而最终展现的不过是已经存在的真理罢了。如果我们满脑子都是慰藉式思维，那么我们当然没办法承受这一切。

这种思维方式也让我们更容易做出错误判断。如果我们真正理解了，在这种思维模式下，我们想要听到的真理才是唯一的真理，这一切就没有什么好奇怪的了。当人们咬定某种特定形式的真理的时候，区分正确和错误就几乎成了不可能的事情。我们经常会试着解决一个问题，或者找到一个答案，但在我们内心，对于自己想听到什么和不愿听到什么，其实早已埋下了预期。我们一定要认清的一点是，我们的大脑总是盼望"找到"能让它实现"认知简化"的那个答案。因此，熟悉、舒适、保险、轻松、自洽的方向，才是大脑最喜欢的。简而言之，大脑总是喜欢能让人有个好心情的方向。而对于其他的可能性，诸如让它感到费力的、陌生的、震惊的，通常都会被它严词拒绝。原因很简单，这些东西"对于我来说是不对的"——当然，这个原因也是站不住脚的。那些能让我们产生温暖的、积极的感受的事物，通常看上去似乎也是真实的——这个原因也是站不住脚的。这不仅涉及做决策，也涉及我们用怎样的方式来接受概念和理念。既然一切由追求舒适安逸而产生的认知扭曲，最终都会让我们吃到苦头，那么我们每次在做决策之前，不妨扪心自问：我更喜欢哪种"真理"？为什么我已经悄悄地有了一个倾向？为什么我会立刻选择这个方向？当我们尽可能地抛弃这种偏好时，就已经为做出一个实事求是的决策奠定了更好的基础了。

尼采如何能够战胜寻求安宁的需求

成为尼采肯定是一件特别不舒服的事情。早在 20 多岁的时候，这位年轻的哲学家就每天都和疾病做着斗争。搅扰他最频繁的敌人要数偏头痛了，它每到晚上就发作，有时候会持续 3 天之久，尼采因此寝食难安，甚至呕吐不止。偏头痛耗尽了他的精力，也让他成为其他疾病的易感者。如果我们试着去理解尼采作为一个成年人的各种行为，就必须把他每日和病魔搏斗的经历考虑进去。我们可以想象得出他每日不知疲倦的写作过程：几乎失明一般，每日被严重的偏头痛折磨得精疲力竭，还不得不重振精神，笔耕不辍。是的，他的确承受了极大的压力，同时实现了不断征服自我的理想。病魔带来的痛苦仿佛马上就要消失了，但随即又不断反复发作，直到最终能用那句名言来总结他的这段经历："杀不死我的，会使我变得更强大。"[19]

人们或许会期待着，这样一种苦痛会通过他的笔头体现出来，至少他的文字会显得痛苦和悲观，但是现实恰恰相反。他写道："正是在我的生命力最低迷的那几年，我停止成为一名悲观主义者。自我康复的本能禁止了我贫穷和沮丧的哲学。"[20] 恰恰是在他身体状况最差的那几年，他最终放弃了慰藉式思维。那可谓是他最危险的一次思想实验。他克服阻碍，只为从内心最深处引出对生活最终的认同。

"永恒轮回"（die ewige Wiederkehr）这一概念——或者说幻想也好——是尼采思想最锋利的边缘，他总是用其衡量自己精神的强度和自由度，还有他对于生活的热爱度。简单来说，他认为如果不存在外界现实，那么人们熟悉的物质生活就会像一个封闭的圆圈一样，永远运转下去。这个圆圈是折不断的，因此生活就会一再以相同的形式和经历不断重复。这就意味着，此刻的生活，我们一定还将无数次地重复经历。他写道："你现在所过的生活，和业已度过的生活，没有什么是新鲜的，你生活中的所有苦痛、欢愉、想法和叹息，以及一切难以言表的、大大小小的事物，都一定会再次经历……存在，这一永恒的沙漏，将会永远重复翻转。"[21]

"你还想要再次、无数次经历它吗？"对尼采而言，这个问题的意义重大，它是所有逃避和慰藉的终结。如果他对此明确地说"是"，那么这就意味着，阻挡在他与生活之间的最小的抵抗，也已经不复存在。他将其称为"人所能达到的最高肯定的公式"[22]。

这也是他哲学奋斗生涯的顶峰。现在只剩下一个现实，即物质生活没有界限地铺展开来，它没有最终目标，没有定数。人类在此刻是孤独的，只有人才能赋予它意义。

如果我们准备好，愿意一遍又一遍地过这样的生活，这就意味着我们停止了对于喜悦的无尽追求和对于苦痛的逃避。因为生活的喜悦会永远重复，我们也必须一遍又一遍地经历苦痛。也就是说，生活本身不得不一次又一次拥抱最难以忍受的时刻，人们休想在能够镇痛的想法中躲避一时。

这样的思维当然是特别坚强的，因为它不惧苦痛。它热爱生活，并不是因为生活是美好的，或者将来某一天（无论是眼前还是远方）生活会变得美好。这种爱赋予了生活一种神圣性，这种神圣性"剽窃"了所谓的"彼岸世界"。不同于慰藉式思维中的世界，这样的思维即使在希望和慰藉完全缺席的状态下，也能找到一种新的幸福、意义、美好和美丽。永恒轮回的想法只可能来源于一种思维，即放弃了渴望内心宁静的那种思维。

从中，我们能看出尼采更深层的思维架构中最惊人的映照：一种孜孜不倦的动力，一种持续渴望和热忱的状态。有些人会把这种孜孜不倦消极地视为不安分守己，但尼采把它等同于一种实实在在的、健康的生活节奏。它在思维上的秉性符合自然进化的活力，它不断地想要战胜已存在的事物，破坏性的力量和建设性的力量之间的斗争也在不断发展着。自然界的进程似乎没有终点、没有停歇、没有宁静祥和。尼采的思维正是对自然的完美复制，就像人类思维层面的进化。

我们甚至可以这么说，生命本身的思想——如果真存在的话，或许就是这样的。他的思想就像一种自然的力量——像火山、雷暴和地震的力量。当然，对于欧洲的浪漫主义者而言，或者在追求内心平静和慰藉的希腊的斯多亚学派①和其他哲学家看来，这并不是自然。按照达尔文对自然的断定，自然是一个热闹的竞技场，各方力量在其中角逐，都想扩大自己的势力范围，向上茁壮生长。同样，有些思想家曾经想把人类的思想置于一个完全和睦融洽的状态，在这种状态下，所有的意志和所有冲突的力量都被化解掉了，一团和气。对于尼采而言，人类的思想并非一定要彼此和谐相处。如他所写，纷争不和是精神的食粮。他的思想拥有一种与生俱来的渴望，即渴望不断发展，渴望在充满创造性的生命之河中长存，渴望总是保持积极的状态。因为积极主动对他而言，就是时刻保持清醒和活力。

"是的！我知道我从何而来！"尼采在一首诗中写道，"像烈焰一般，从不满足，将我自己耗尽。我握住的都是光，留下的全是煤。毫无疑问，我是烈焰。"[23] 对于这样充满激情的思维，放弃人类最大的一个希望——希望在生命那令人疲惫的旅程中退却，龟缩到一个可以抚慰疲惫身心的地方——并不是什么难事。

这也就是为什么大部分人的内心是分裂的：他们一方面怀揣着

---

① 英语为 Stoicism，又译作"斯多葛学派"或"画廊学派"，古希腊和罗马帝国时期的思想流派，由哲学家芝诺创立，秉持泛神物质一元论，强调神、自然与人为一体。——译者注

生命不息、奋斗不止的想法，而另一方面又沉湎于对宁静和放松的幻想之中。尼采的思想并不是这样割裂的。对他来说，内心的平静就意味着接纳这个现实：生命旅途中没有停靠站。他独特的精神世界让他能够在激荡的湍流中以某种方式放松下来。然而，不仅生命旅途中没有停靠站，思想也必须不断前行。显然，尼采的这种思维永远不会满足于一个终点——一个宣称拥有完美知识和终极信念的地方，在那里激情只会逐渐熄灭。相反，正像生命本身一样，尼采的这种思维总会不断把各种自我满足的死硬态度撇在身后，摧毁他自己旧有的习惯和范式，因为唯有这样他才能不断重塑自己，不至于走向末路。

  如果你想追随这种思维模式，那么可以先试一试找到自己思想中对慰藉和逃避的幻想，这些都将你与生活的真实面目隔离开。这些自以为是和幻想似乎能给我们力量，但在现实中却削弱了我们的理解力和应对现实生活中真正挑战的能力。看看吧，生活中有多少这样的事情，你相信它不是因为它是真实的，而是因为它能给予你安慰；看看吧，你有多少想要逃避现实的想法。真的有一种幻想中的世界供你栖身躲藏吗？你是不是想到过退却，梦想在平静安稳中一成不变？那么请试着放弃这些虚妄的梦想吧，试一试。当你放弃了所有幻想、一切慰藉的想象，不再希望彻底放松时，你的思想会发生什么变化呢？还记得在你的日常生活中，某些特别紧张的代表性时刻吗？或许，彼时你脑海中会闪过一丝念头，你再也受不了这种紧绷的生活了，想要去远方，在那里你可以最终彻底放松身心。但是现在回想一下，那些时刻不过是生活中很正常的一部分。如果当时你能够在压力中释放自己,将它放在生命长河中看待,那么你的思维会更加高效、清晰——同时你也缓解了压力。

我们的思想天生就像一条河流一样,奔流不息——这绝非偶然。毕竟这也和生活的节奏很相似。假如你的思想不抗拒这种节奏,又会怎样呢?很可能,你就会开始体会到激情和狂喜,就像当年尼采在他的脑海中感受到的一样。

芭芭拉·麦克林托克

有机式思维
——特立独行的玉米粒

1950年,著名的分子生物学家乔舒亚·莱德伯格探访了芭芭拉·麦克林托克的实验室,回去后评论道:"我的天啊,这个女人要么是疯子,要么就是个天才。"[1]在科学历史中,人们很少会想到麦克林托克。然而,这位引起了20世纪生物学最伟大革命的女科学家的性格如此不同寻常,以至于人们不难理解,为什么莱德伯格分不清她是疯子还是天才。芭芭拉·麦克林托克似乎能赋予"特立独行"这个概念以一个新的意义,并且真正体现了"独特":除了她的体貌和性别,她的私人关系、科学架构和研究方法都和公认的不一样。她太不寻常,以至于她的传记作家伊芙琳·福克斯·凯勒都承认:人们很难知道,麦克林托克的一生究竟能以何种方式引起公众的兴趣。凯勒说,她太与众不同、太反常了,她的思想太难以被人理解和接受,人们很难把她作为榜样来效仿。

早在童年时代,她就对所有女性化的东西感到畏惧。很早,她就意识到自己是一个"为女生所不为"[2]的姑娘。她反抗强加在她的性别上的界限,强烈要求享受和男人一样的自由,希望可以追求自己的个人爱好。她衣着中性,一生都执着地留着短发。小时候,她对于和男孩子(后来是男人)发展个人关系没有任何兴趣,对感情或身体上的亲近也从来都没有过强烈的需求。因此她也无法理解,为什么人们要结婚。对于她那个年代女性趋之若鹜的事物,她都毫无兴趣。但不要认为她想要变成男性。实际上,麦克林托克根本不想将她的女性气质视作一种特质。每次当女权主义者们试图将她捧为对抗男权世界的旗手的时候,她都感到震惊不已(尽管她确实特别反感对她性别的限制)。她想要的不在于此,而在于超越性别。她说,如果人们把自己当作一个人来认识,而不是作为男人或女人,性别这个问题干脆就消失了。

但是,她并不是简单地想摆脱自己的女性特质。她真正想要的,其实是摆脱身体的感觉。"我的身体一直是个累赘,我不得不拖着它到处游走。"[3]她曾经说过,"我总是希望能够作为一名中立的观察者来取代'我'的这个出发点。我周围的人都熟悉'我'。"一切横亘在她和她的科学热忱之间的阻隔,一切削弱她观察能力的东西,她都想摆脱,就好像她可以摘掉妨碍影响力的有色眼镜。甚至她的名字,本来也是属于外界旁观她的人的。所以她有时候甚至做得出忘掉自己名字的事情。大学的时候,有一次她参加地质学的毕业考试——她酷爱地质学,早已对考试迫不及待,主考官在考试一开始就提醒所有考生,把自己的名字写到试卷第一页。可她没有听从指导,而是立刻兴高采烈地投入答题之中。但是当她答题完毕,想把名字写上去的时候,竟然记不得自己的名字了。

要是问问边上的同学,自己叫什么名字,那岂不是太尴尬了?于是她就干脆一动不动地坐着等,直到想起了自己的名字。20分钟尴尬的等待过去,她终于想起来了。

对于她来说,最大的幸运是彻底沉浸在和她的兴趣爱好合二为一的状态中。有一次,在一场舞会中,她担任爵士乐队的演奏员。她十分确定自己在演奏过程中睡着了。一曲结束,她"醒了",问萨克斯手自己是否睡着了。萨克斯手回答,她表演得很正常。这种似乎丧失清醒意识并完全沉浸其中的状态,在她的科学工作中一次又一次地出现。

陷入一种和研究对象融为一体的状态中,这是她具备的一种令人惊诧的能力。孩提时代,当她做自己最喜欢的事情——独自坐在一边全身心陷入沉思的时候,她的妈妈都被吓到了。后来当她成为一名科学家并从事研究工作的时候,这种浸入式的沉思就是她工作的动力。麦克林托克的工作和生活方式与大部分人对自己的计划都不一样。她宣称,她在自己的职业规划上没有花过一点儿心思。她只是做她想做的,从来没有那种感觉,即仿佛不得不推着某些事情向前发展,或者致力于某一特定事情。她没有预设自己的道路,也没有职业上的特别的野心——有段时间她甚至失业了,一时失去了责任感。有一次,她需要驱车行驶一段漫长而危险的路程,别人提醒她注意安全。但她唯一的担心却在于,假如她因路遇车祸而身亡,自己前一段时间研究的问题将无果而终。"我就是对我做的事情感到很有兴趣,总是迫不及待一早便起床开始研究。"[4]她如此描述她孩童般的浸入式的沉思能力。

麦克林托克一生大部分时间都踽踽独行——身体上、情感上和精神上皆是如此。她沉着冷静地对抗世俗的期待，这种独立性成了她的标志。本性使她拥有一个自由的灵魂，恪守自己坚定的准则，不去迎合其他人的想法。她从来没有跟随科学范式，也几乎完全不受自己周围环境的影响。以自己的方式找到答案的过程让她感到幸福。只有这时她才感到有一种责任感。

有趣的是，正是因为没有了关系、性别、责任、事业和范式的羁绊，她的思维才轻装上阵，使她在遗传学上取得了一番惊人的成就。

我的朋友们——染色体

麦克林托克一生的故事和遗传学的历史是牢不可分的。作为一门新兴科学，遗传学在20世纪初开始逐渐有了眉目。在某种程度上，她与遗传学就像是对彼此都至关重要的同路人：麦克林托克踏入遗传学大门的时间很早，不仅参与了这门学科的创立，甚至塑造了它。今天的人们很难想象，遗传学这门根基稳定、毋庸置疑的科学，在20世纪初不过是一个关于遗传的抽象概念。尽管格雷戈尔·孟德尔的论文在19世纪末再次受到关注，但"遗传学"这个概念直到1905年才被创造出来，而"基因（遗传因子）"这个词也直到1909年才作为固定的概念为公众接受。即使在那时，针对这个词，人们在生物体中也还没有找到明确的对应物质。它顶多是一种抽象的描述，人们想用它来合理地解释先天性状如何从上一代传递给下一代。

麦克林托克刚刚涉猎遗传学的时候，还不过是一名年轻且富有热情的科学家，这一领域的历史和她的年龄也不相上下。遗传学和她共同成长。关于果蝇染色体和基因的一系列研究最终证实了她和遗传学的关系。在这些研究成果的基础上，遗传学家终于能够确定孟德尔遗传学的物理基础。其结果就是催生了细胞遗传学（Zytogenetik）：一门将对染色体可见结构的研究和遗传学结合起来的科学。

伴随着这门科学激动人心、生机勃勃的大发展，麦克林托克也逐渐崭露头角。她思维敏捷，善于把实际的亲身所见和自己精神上的洞察力相结合。在二三十岁的时候，她就已经远远超过了她的老师们，在细胞遗传学上取得了史无前例的成就。她的第一项突破是搞清楚了如何鉴定玉米染色体——如何区分细胞中一个染色体组的各个部分。她在短短几天内就熟练掌握了这项工作，这引发了她的领导的不满，因为他从事这项研究已经很久了。麦克林托克所做的不止于此：她进一步发展了现有技术，使得自己可以在遗传物质的分裂和复制循环中观察到每一个染色体。在那时，人们可以观察并计算染色体，但那其实还是"一堆染色体"，人们还做不到把每一个染色体单独分开。现在麦克林托克发现，她可以给每一个染色体分配各自的身份。每一个染色体都得到了一个标记，借此人们可以追踪它的整个生命周期。她发现，每个染色体都有独特的形态特征——自己独有的长度、形状和结构。这些特征是关键标志，可以帮助人们绘制尚未得到研究的遗传区域的图谱。玉米的遗传特征在显微镜下变得清晰可见，麦克林托克也因此确立了自己在细胞遗传学研究者中佼佼者的地位。

到了1927年，麦克林托克仅仅25岁，就获得了博士学位。正是从那时起，她心中的愿望成熟起来，即想要展示出共同遗传的基因组是如何被特定染色体所携带的。尽管这样的思考对于她那个时代的科研很重要——人们需要研究出染色体和遗传系统之间的关系——但她完全是只身一人便开始了大胆尝试。这绝非易事，至少看上去她需要帮助。她那个时代的遗传学家有两类：一类是植物育种的专家，他们除了忙着育种，其他什么都不做；另一类是染色体研究专家。两者的工作彼此没有重叠，甚至是在不同的地方开展研究。麦克林托克对这种研究现状感到很震惊，坚持将两个领域的研究能力集于自己一人身上。她一往无前，希望逐一探索她的研究对象，使之个性化。正如她想识别每一个单一的染色体一样，她也想观察在玉米地这个自然环境中，每一株玉米的状态。玉米遗传学是一项艰难的工作，为了避免高温，她每天早起，终日研究。麦克林托克想要把肉眼观察的可能性和显微镜下的微观研究相结合——既在宏观上把有机体视作一个整体，也在微观上从最细微的结构研究它。

1931年，当她成功确立了染色体在遗传学中的基础性地位时，她的声望也达到了顶峰。这是经典遗传学链条中缺失的一环。她发现了其他所有人都弃之不理的异常现象，这特别明显地体现了她独特的思维方式。她靠着直觉找到了其中普遍性规律的线索。

有一天,当她穿过一片玉米地的时候,发现了一些既有显性基因又有隐性基因的植物,它们拥有杂色的叶子。秋天的时候,她在一本翻印的书籍中发现了对这种叶子上出现斑纹现象的描述。一段小的染色体似乎是这个现象的原因,即某些基因片段"丢失了"。凭着直觉,麦克林托克立刻理解了,这一定与一段"环状染色体"有关。当然,当时麦克林托克和她的同事们还不知道是否真的存在这样的染色体。但是她信心满满,立刻坐下来给其他的遗传学家致信讨论此事。很快,她又培育了一批相似的植物。当这批植物成熟到可供解剖研究的时候,她激动得双手颤抖。她把标本放在实验室的显微镜下,的的确确看到了她预测的"环状染色体"。她喜出望外,也感到如释重负。

她当时还不知道"环状染色体"到底是否存在,怎么就对一个现象如此确信呢?她说,"逻辑"于她而言是最有说服力的。"逻辑是很明确的……在这种情况下,必然的事情是我们要着手处理一个明确清晰的难题,而不是一个司空见惯的课题。更确切地说,它提供了能够拼起整幅拼图的图块。这样人们就可以从全局的高度去看待问题。(孤立地来看)在这个或那个阶段发生的事情没有意义,要把事情放在整体框架内看待。只有这样,人们才能获得对全局情况的了解。"[5]

麦克林托克有能力在全局的高度获得对一个有机体的整体感知,然后再专门研究其中"反常的"部分——这个能力是很不寻常的。遗传学家马库斯·罗兹曾对她说过:"我特别诧异,你是怎么做到在显微镜下观察一个细胞时,看到这么多的细节?"[6]她回答说:"当我观察一个细胞的时候,我会'钻'进去,环顾四周。"[7]她其实也说不清自己看到了什么,尽管如此,她还是在不借助那些生物化学的专业术语的情况下就成功地进行了形象且有效的描述。这就好像她自己可以直接和鲜活的细胞进行生动的交流一样。

在许多人看来,麦克林托克在那个时代是一个老派的科学家。当时的整个生物学领域都已经和观察以及实验渐行渐远,因此,她的同事们经常取笑她的理论,他们认为那不够科学。她自己所描述的认知方式,总让人想起自然主义的传统——当时存在的一种将生命的各个组成部分孤立看待的趋势,她对此是坚决反对的。她认为有机体的染色体和基因是从属于有机体的。就像她在自己的哲学和方法论中所表现出的独立性一样,她的目光总是在显微镜下和"生机勃勃"的物体之间切换。她所认为重要的东西与她周围科学家所设想的并不相称:她对那些想要破译基因组的科学家表示怀疑,因为她认为基因组是不可破译的。那就像一种符号,就如同在物理学领域,人们也运用符号一样。她也反对遗传学家对于定量分析的热情。她抱怨道,那些科学家总是沉迷于用数字表达一切,因此他们经常会忽略许多东西。她自己的研究方法是,观察一颗特立独行的玉米粒,并试着理解它。她有一种感觉:她那些痴迷于数字的同事会经常忽略这颗不同寻常的玉米粒。

这构成了麦克林托克思维中极为重要的一个元素,我们可以称之为"有机的":她始终坚持直接和研究对象交流。这样,一些异常现象才不会被忽视或者冷落在一边。但对她而言异常并不存在,我们认为是有机体表现出的异常行为,在她看来就是指向一个更高级、更复杂规则的暗示，只不过现在还没被我们所理解。麦克林托克认为，最微小的细节中隐藏着开启一个更大整体的钥匙；个体现象暗示了一个更伟大的规律。通过观察与现存模型不相符的某个错乱个体，人们可以完善现存模型，将新的认知融入其中。

事物即使不符合我们的理论也是存在着合理原因的。有机式思维时刻准备放弃某条理论，以便获得对现实更宏大的理解。它的反面就是疏远式思维，其主要通过从外部观察事物，借助数字和统计数据、泛化的规律和理论模型来理解事物，这种思维最讨厌例外。它喜欢自己的模型和理论甚于现实，有时甚至会为了规避一起个案而放弃现实。麦克林托克的观点与之相反，她的思维是有机的，随着时间的推移，她的成就也达到了令人惊讶的高度。她会随便在一片田地中漫步，当观察那些植物的时候就已经能够准确预感到它们在显微镜下的细胞核会是什么样子。她对植物的某些特定猜测也总是正确的。她唯一有意识的行为是观察"源自隐性细胞的那些细微条纹"[8]，用她的话说，剩下的就是"下意识地思考"[9]它们。她不用开启自己有意识的、理性的思维。她仅通过观察，就能理解这些植物。

为何麦克林托克的有机式思维有如此能力？当人们请求她分析一下链孢霉①的时候，她的有机式思维展现了其特别显著的一面。在那之前，所有对染色体鉴定的尝试都无果而终。她在两个月的时间里便取得了令人难以相信的进步。但我们特别感兴趣的是，

---

① 链孢霉（Neurospora），一种感染烘焙食物的红色霉菌。——译者注

她在这期间都遭遇了哪些困难。在经历了3天的研究之后,她确定自己并没有取得进步。她感到非常失落,意识到自己必须以某种方式去"获得一些灵感"[10],于是选择出去散步。她走到一条两侧种着高大桉树的林荫大道上,坐在道旁的长凳上哭了一场。但她的大脑还是在"聚精会神、下意识地"[11]思索着。半个小时之后,她突然跳了起来,知道该如何解开这个难题,于是迅速跑回实验室。正如她后来自己描述的那样,坐在大树下的这段时间,使得她发生了一些改变,让她看得更清楚。之前混乱无序的地方,现在她可以从中轻易辨识出染色体了:"我有一种感觉,我研究染色体的时间越长,它们就变得越大。突然,我不再是置身事外,而是处于这个系统内部——我变成了细胞的一部分。我甚至可以认出染色体的结构……这一切让我大吃一惊,因为我真觉得自己置身其中,它们变成了我的朋友。"[12]当她在精神上摆正了位置,她的"肉眼"会看得更多、更好。换句话说,她的双眼变成了一个完美的、清晰的反射镜。

科学家常常为自己有能力区分主体和客体而感到自豪。离得越远,人们越会想当然地认为自己的研究更加科学。但对麦克林托克而言,她的一些重大突破正来自她将两者结合起来,让客体变成主体。她轻描淡写地说:"我不再在那里了。"[13]她自我意识里的那个"我"消失了,随之消失的还有一切可能干扰认知的事物。她在认知和植物之间,架起了一条直接沟通的通道。在某种程度上,思维调整了自己以适应植物的语言,而不是诉诸自己限制性的语言。在这里,麦克林托克渴望排除外部因素隔离的强烈愿望再次显现，如那些来自姓名、性别和身体的隔离。忘我的状态使得她的思维变得透明，也充分反映事物的真实性，就像一部照相机所做的只是记录，而非过滤。基于这个原因，"观察"的艺术就是她科学研究和经验的核心。如果你看不到，那原因一定是你自己挡住了自己。

有机式思维拥有善于倾听的品质。它被获得深层次知识的愿望所驱动，紧随其后的才是逻辑或客观的知识。因此它并不把其他事物视为干扰——就像当我们想要发展一段新的感情时，便准备好了完全接纳另一个人，包括他/她的缺点。这种思维不关心理论或教条，因为这些东西只会干扰观察的动态过程。如果它想学习，就会把目光投向被研究对象。新的认知往往源于被研究对象，仿佛是从其身上生长出来的，研究者自身的思考就像事物的一部分和延续。眼睛和思维结合成了研究者感知研究对象的额外的能力。

当然，这与我们日常生活的思考关系不大。"思考"这个概念本身，对我们而言似乎是"亲近"这个概念的反义词，更何况是"亲密无间"。"亲近"似乎属于情感领域，当我们谈论"思考"时，想到的是从外部去观察——人们观察、研究、分门别类、解读。在思考的过程中，被研究对象自然而然地让观察者意识到：观察者想要按部就班地让一切有条理，想要将鲜活的事物划归为死板的概念，使其在任何情况下都服从观察者自己的定义和普遍化规律。因此，疏远式思维当然无法容忍异常和例外。它希望维系事物处于掌控之中的状态，厌恶突然出现的扰动。它认为这些扰动会打乱它辛辛苦苦构建出来的普遍性规律。

麦克林托克拥有的这种独特的思维方式，让她取得了一连串令人惊叹的成功。但是随着时间的推移，它也变成了一道不可逾越的鸿沟，将她和科学世界隔绝开来，时间长达 30 多年之久。正是这种能力，使她专注研究那些例外，而非普遍性规律；让她成了一个特立独行的人——就像那颗不被他人注意到的、特殊的玉米粒。

玉米会说话

1944 年，麦克林托克在玉米中发现了某种趋势，重新融合了基因图谱。她发现了一种稳定的不稳定模式：每一株幼苗都会呈现一种典型的突变率，这种突变率会在这株植物的生命周期中保持不变。假如在一株植物刚开始生长时，突变的细胞并不多，那么它在一生之中都会保持不变。突变并不会随机、偶然地发生，肯定存在着一种恒定不变的因素引发了这一现象。麦克林托克知道，植物中的某些东西控制着突变的程度。研究突变，人们会发现是突变造成了细胞的分化，细胞突变也绝非偶然随机。可见，基因一定也是被一种其他未知的因素所控制的。

不仅如此，某些呈现条纹的组织切片，其突变程度与它的本体植物的突变程度不一样。既然每个组织切片都由相同个体的细胞生长而成，这又怎么可能呢？为什么两个姐妹细胞能够产生两种根据不同模式生长而成的双胞胎切片呢？麦克林托克感觉到，这里有她必须继续深究的线索，于是她立刻全神贯注地投入了进去。"一个细胞丢失了什么,另一个细胞获得了什么"[14],这个问题一直萦绕在她的脑海中。她苦苦探索植物生命中的某个导致两种细胞分化的时间点,以解释为什么一个有机体中会出现不同类型的组织。在这一研究中,决定性的问题是一个有机体如何获得不同的形态。她花了两年的时间研究,但仍然没有结果。但是,她的有机式思维却不断为她提供研究材料,让她很享受这一过程——"它在每一步都会告诉我,下一步是什么"[15]。

麦克林托克坚持不懈的研究最终取得了巨大成功:她发现了转座现象(Transposition)。当染色体的一部分离开自己原来的位置,转移到一个新的位置时,转座现象就发生了。这一次,她又是在观察某些植物的特殊现象时发现了这一点:一株植物的果核原本应该是没有颜色的,但是现在却清晰地出现了部分染色现象。负责抑制颜色形成的显性遗传因子以某种神秘的方式丢失了,而且这种现象似乎还遵循着某种有序的频率和规则。现在,麦克林托克可以去寻找这种规律的遗传起源了。这可没那么简单:她在试图定位一个她怀疑可能存在的因子;就算它存在,也只能通过其他遗传因子的丢失显现出来。

麦克林托克称这一控制突变的因子为"Ac 基因"①。这一因子正是她脑海中那个问题——"一个细胞丢失了什么,另一个细胞获得了什么"[16]的答案。Ac 基因会变换它在染色体上的位置。这听上去有些不可思议,然而人们首先在 Ac 基因原先的位置发现了它,

---

① 也叫"激活因子 Ac",英文为"Activator"。——译者注

紧接着又在另一个地方再次发现它。转座现象的假设似乎得到了验证：一切都逐渐融合成一个相对简洁的规律。

当麦克林托克于1951年提出转座现象时就已经很清楚，她的思维和她同事的不太一样。她满心期待自己过去的辉煌成就能让人们更相信她这次的发现。但事与愿违：回应她的，起初是死一般的寂静，然后是窃窃私语，有人开始嘲笑，随之而来的便是批评。她一遍又一遍地解释，但毫无效果。更严重的是，人们开始取笑她，宣称她疯了，再也不邀请她出席报告会。一个设计缜密、证据充分的模型怎么就被粗暴地拒绝了呢？这个问题的答案为我们提供了理解麦克林托克思维的另一条线索。

第一个原因显而易见：麦克林托克试图通过一种植物来描述一个体系，这个体系陪伴她生活并工作了6年之久，而她也在近乎与世隔绝的特殊状况下研究这种植物近30年。她比任何人都更了解玉米。假如一位生物学家没有像她那样一遍又一遍地和玉米进行直接的"交流"，就不可能跟上麦克林托克的思路。更糟糕的是，她所表达的语言，部分听上去就好像她的论点缺乏合理的论据，似乎她用一种全景式的视角从细胞内部去观察。她的视野仿佛拥有一个额外的维度，而这个额外的维度使她能够感知染色体在它的生命周期中发生了什么。

当然，还有一个更严重的原因影响着人们对她的看法。在那时，科学研究的方法正在发生转变：生物学正在从一门观察科学和实验科学向分子动力学转变。最细小的生物化学微粒取代了有生命的有机体，像麦克林托克这种还总是探寻生命的复杂性和神秘性的老派科学家不得不让位了。

分子生物学的成功创造了一种井然有序的愿景。在这种愿景中,人们总是乐意优先使用简洁的模型来解释生命的复杂性,因此,像转座现象这样的情况不仅没有立锥之地,而且还会添乱。人们总是追求毫无例外的简洁模型,事实上确实有一段时间,人们仿佛已经基本上探清了生命的秘密,只剩下一小部分基础性问题还有待解决。1944年发表的一篇论文宣告DNA(脱氧核糖核酸)是遗传的物质性基础。这有点儿像牛顿宇宙的那个时代,那时机械原理完美运转着。它的信徒们似乎从它那里得到了对所有规律细致入微的解释。人们掌握着一个全方位的解释,这一解释对最小、最简单的有机体和更复杂的生命形式皆同样有效。但是,科学的历史似乎总是这样:科学家们早早地欢庆,认为已经彻底理解了他们所研究的领域,但其实一切尚未尘埃落定。越来越多令人不安的不正常现象不断出现,这显然使那个简洁的模型越来越复杂。

麦克林托克的研究和生物学上这一令人激动的新发展几乎同步进行。她的生物学是属于另一个世界的,她的发现超越了她的时代,明显暗示了同时代生物学家所建构的模型中的错误之处。占统治地位的观点认为,所有信息都来源于DNA,并且不会改变。换句话说:DNA给细胞发出指令,指挥着整个有机体的生长发育。没有人愿意接受细胞的DNA在某些特定条件下可以重组的事实。这个想法本身就令人不悦:它意味着基因还依赖别的因子,这些信息还有可能回流到它们那里。相反,生物学家想要的是静态的、易于理解的DNA。然而麦克林托克的研究展现了一个活跃的、令人捉摸不透的系统：不仅仅是DNA在影响着细胞，细胞中的某些因子也可能影响DNA①。基因并不仅是安安静静地待在那里一动不动，而是可以自发地从一边移动到另一边，甚至从一条染色体移动到另一条染色体，并在此过程中不断带来新的影响，改变基因的排列顺序。在这里，我们再次清楚地看到，麦克林托克的有机式思维如何通过跟踪被研究对象最奇特的异常现象而辨别出一个理论模型中的错误。

即使在20世纪，这种认为基因作为一个单位，像珍珠项链上的一颗颗珍珠一般整齐排列的观点都已经逐渐瓦解，为什么麦克林托克的转座理论依旧被拒之门外？麦克林托克认为问题出在生物学家身上，他们总是固守自己的信条，对活跃的有机体无动于衷，因此他们固执地坚持自己想要的答案。麦克林托克持不同观点，她认为："生命体可以做出各种各样神奇的事情。它能够胜任任何事情，我们能做的，它也能做得更好、更高效、更神奇……最终，人们会在某个时刻发现，它包括所有原先仅存在于设想中的机制——虽然这听上去还是很奇怪……如果一个实验或者研究对象让我们觉得，某些事情可能是这样或那样，我们就应该承认这种可能性，不要认为这些结果是例外的、异常的，甚至是什么肮脏的东西。"[17]

---

① 染色体包括DNA和蛋白质，基因是DNA上具有遗传效应的片段，一条染色体上有一个DNA分子，有诸多基因，基因在染色体上呈线性排列。——译者注

麦克林托克知道，如果人们仔细观察，就会发现生命体不仅展现一种机制，甚至还有多种自发的机制，并以此来调整基因。正是因为有了这些机制，细胞才能在正确的时间点准确地生产出它所需要的东西。麦克林托克认为，其他生物学家根本不允许她的实验结果为她辩护。她知道，他们想从研究对象那里得到什么，假如他们得到了与之相左或者额外的信息，他们的疏远式思维就会立刻拒绝接受。她笃信的信条给予她无声的指令，使得她能够用新鲜的视角看待这些数据。这些隐含的预设下意识地制造了一种阻隔，将可以想象的和不可想象的事物分隔开来。陌生的事物逐渐变得不可想象，人们忘记了，即使是理论和模型也不是一成不变的。

麦克林托克的研究一遍又一遍地教导她，这个遗传机器比常规教条所允许的更加灵活多变。当她研究大肠杆菌（E.Coli）的一个染色体异常问题的时候，注意到一小部分 DNA 片段似乎是从细菌染色体的其他区域迁移过来的。很显然，这些片段事实上可以开启或关闭基因。不久之后，人们在沙门氏菌中又发现了一个更具戏剧性的基因转移的例子。在沙门氏菌里，基因似乎可以随心所欲地移动。虽然这在几年前对科学家们而言还几乎是不可想象的，但现在却完全合乎逻辑，这些细菌自己发展出的这样一种机制，使得它们的适应能力明显增强。这些可以移动的遗传因子让人们喜出望外，人们称它们为"跳跃基因"。当然，问题马上就来了：更高级的生命体也会发生这种转座现象吗？

正是在那一刻，麦克林托克的研究——虽然之前被人冷落在一边，甚至备受嘲笑——得到了重视。她在玉米那里发现的证据曾经证明有一种因子起着控制作用，甚至可以像基因那样，时间精确地进行调节控制。现在，人们相信她发现的现象并非异常，而是生命进程中一个正常的部分。异常现象是开启人们理解更高级规则的钥匙，而基因的移动性只是进化过程中增强适应能力的一种方式。事实上，在哺乳动物中，人们观察到转座现象也会发生。虽然麦克林托克认为，转座现象意味着遗传的变化从来不是偶然发生的，而是生物体面对环境压力的一种反应，但是转座现象对基因组织和进化的意义仍然饱受争议。但毫无争议的是，麦克林托克在现代生物学历史上拥有了举足轻重的地位。1983年，她获得了诺贝尔生理学或医学奖。转座现象，起初只是来自麦克林托克个人的一个奇怪的设想，现在已经成为新兴的生物学中对于生长和遗传都十分重要的一个因素了。

为什么我们喜欢快速做出判断

虽然我们都是普通人，但可以这么说：我们都是理论家。当一位理论家观察某个现象的时候，经常喜欢将其一般化，并通过明确的分类、清晰的判断和模型来理解它。当一位理论家遇到了可能与其理论相悖的异常现象时，他会试图把这些新信息纳入现有理论中，而不是让理论去适应新情况。如果额外的信息能够完美地适应现有理论，那么这些信息会受到理论家们的热烈欢迎。事实上，我们不一直都是这样行事的吗？

扪心自问：当你获得新的信息，而它们却可能与你的固定思维相矛盾时，你会认为它们干扰了你的理解吗？当一个泛化的结论受到威胁时，人们会自动感觉到极度不适。我们到底该拿这个全新的视角怎么办？我们现在要重新调整自己的世界观吗？可我们的世界观这么多年来是很完美的，而且不断被我们的经验和知识所丰富。我们会下意识地确保自己的判断和自己看待世界的视角不受干扰，这是因为：每一条新的信息都被巧妙地改造了，改造后的新信息反过来又强化了我们的理论。否则人们就干脆拒绝这些新信息，给它们打上不可信、站不住脚或者未经证实的标签。

允许那些闯入我们生活的新细节代替那些定义明确的观点、生活方式和习惯是很不寻常的。我们习惯继续维持在我们这里似乎行之有效的评估体系。例如，某个过去被视为敌对的国家，现如今却由于某些利益原因而被重新看待。假如我们接受这一情况，那么我们的政治判断标准一定会受到破坏，而我们不得不建立起新的评价体系。当我们遇到一个全新的、极具说服力的、但与我们极度矛盾的观点，甚至这种观点要求我们开始一种新的生活方式时，我们一定会感到不知所措，这种情况可能会激发我们对现实设想的怀疑。它传递了一个信号，即我们在生活中所参照的一些模式是僵化的、不健全的。在这种严峻时刻，人们会倾向于主观想象的真相，而非事实。只有当事实符合我们主观想象的真相时，我们的思维才会接受这一事实。

新信息造成的干扰是我们泛化规律的敌人。这里举两个受到广泛研究的认知错误,它们反映了我们的思维习惯于过早得出结论——"轻率概括"(Hasty Generalization)或"不当概化"(Faulty Generalization)。"轻率概括"是指人们仅凭借有局限性的经验就发展出一套理论和模型,然后得出一个并没有考虑所有变量的结论,同时声称自己可以整体地描述某一现象。"轻率概括"的诱惑性极大,那些产生于一个样本较小的测试组的统计数据就是一个很好的例子,比如,研究人员希望仅从这些屈指可数的数据中就得出关于整个人口的结论。就个人层面而言,也会经常发生类似的情况,比如当张三看到关于政治腐败的新闻时,他就会很容易得出一个泛化的结论,即政治家基本上都是腐化堕落的,不值得相信;再比如,假如李四总是被他的朋友们坑骗,他就会倾向于认为,世界上不存在真正的友谊;又比如王五认识一个终日饱食、游手好闲的大懒汉,而且他还依赖着失业救济金的福利生活,那么王五就会偏向于把他的这一印象扩大到对其他社会福利救济对象的判断上。这种认识上的倾向性也被叫作"孤立事实的谬误"——基于单一事实而得出的错误结论。"不当概化"在引发错误结论的道路上走得更远。无知者或者种族主义者甚至会得出这样的结论,即某些国家的民众在基因上是劣等的,或者穷人的穷困潦倒就是由他们自己造成的。在这种情况下,一切可能会危害这种泛化结论的信息,都被蓄意地忽略掉了。

我们对泛化结论印象深刻,因为它能给予我们安全感。特殊情况和个例不利于迅速形成观点,在精神方面,它们显然需要更多的努力和注意力。因为我们缺乏足够的时间或者精力,所以我们需要很快地做出判断。每一种观点——无论是政治观点,抑或是判断如何与人相处——在某种程度上都属于"轻率概括"。形成一种观点意味着必须忽视无数的干扰性细节,以便人们能够做出坚决的判断。因此,观点从来都不能"一碗水端平",因为在它们之中隐藏着一种倾向,即拒绝其他存在潜在威胁的新信息。人们不想过分关注许多微小烦琐的细节,而希望掌握着事物发展变化的规律。回忆一下,在你的日常生活中,你是否有时候也会把一些事物搁置在一边,因为没有精力和兴趣从头到尾把这些事物思考一遍?有什么比怀疑和疑惑更让人精疲力竭的呢?

　　理想状况看上去似乎有些不同:当我们已经得出自己的结论时,这时突然出现了一些微小的、烦人的细节。如果我们用欢迎的态度对待这些可能性,就会因此变得更加明智。由于能考虑更多细节,因此我们脑海中的图景就会变得更加全面,我们的判断也会更加开放、更加包容、更加实事求是。当然,这意味着我们需要彻底改变思维方式:我们不能再把特殊情况归为一个已知的普遍性法则的一部分——我们必须真听、真看、真思考这些特例是如何改变现有法则的。在统计性思维(statistisches Denken)占主导地位的时代,这一切通常并不简单。例如,许多人会把每一名同性恋都当作具有这种性取向的代表;再比如,人们认为,每一位单身母亲都会遇到单亲家庭的问题。但是,这就如同一块岩石可以展示整个宇宙的历史,一个人的精神世界足以揭示人类潜意识中最根本的秘密——这种新的思维方式引领我们下沉到一个微观的层面。深入其中,便能理解其中的奥妙。

统计性思维是疏远式思维的一个主要组成部分。虽然疏远式思维有其用武之地，但疏远意味着无法真正准确地看清特殊情况本质的危险。

我们的大脑不断进行着密集的训练，用统计数字和预言预判形成看待世界的观点。真实当然不能仅仅通过数字就被表现出来。真实的生活是复杂多样的，由许多个体因素组成，不是一组数据就能涵盖的。虽然我们肯定也需要普遍化的模型来应对现实，但是我们不应该被这些模型束缚住手脚，因为它们会让我们看待生活的视角变得片面主观、僵化教条。如果我们非要把现实中活生生的数字硬塞进统计数据中，那么结果势必会造成水土不服。麦克林托克的思维方式告诉我们，统计数字固然意味着精确度，但一组异常的统计数字至少同样会让我们的认识理解有所收获。

人们在认知上习惯泛化，而这会在许多方面妨碍我们实事求是地看待这个极其复杂、生机盎然的世界。常规的思维方式将世界看作一个静止且明确的景象。因此，当我们观察一个特定现象时，首先看到的只是自己想象的投射。当理解力运转的时候，我们首先想到的是自己司空见惯的常识，之后才是特例，而恰恰是特例会令泛化的一般性规律失效，或者至少动摇它的稳定性。一个典型的例子就是，提到哲学家，人们首先想到他们是与世隔绝、不谙世事的。一个可以充当反例的人就是汉娜·阿伦特，她深入研究与她那个时代极为相关的政治问题，因此变得极具影响力。

每个在现实生活中出现的异常情况，都可能会打乱事物的发展轨迹。对于这种干扰，如果我们总能保持高度警觉，那不失为针对认知的一种很好的练习。一场突发的疾病就是一个很好的例子。假如你意识到自己总是自动陷入一种心理习惯之中，即把生病的身体状态仅仅当作一种干扰，就应该问问自己：我的思维到底有什么缺陷，以至于我会把这种状况视作一种干扰？或许，当你在病中心烦意乱地休养的时候，忽略了疾病终将会消失，生活依然会照旧；或许，疾病其实是一个重要的信号，提示你需要重新审视自己的生活方式。

你也可以试一试，观察某一事物一段时间，先不要为了满足自己而迅速形成一个观点，而是首先从所有角度观察这一事物。你可能会发现，自己一时无法立刻形成观点，而只是看到真实的现实。当形成观点的脚步慢下来，那人们就有可能注意到一些情理之中、意料之外的观点，而不是只看到自己想看到的（比如依稀已知的）模型和现实。人们还会从布满镜子的大厅里走出来，不再只看到自己身影的映像，而是认识到自己可以在精神上反映其他事物。你可以想象，这就像人们在一个物体前面摆上一台照相机。它不会自己发出声音，也不会出现干扰。人们可以学会冷眼旁观自己的偏好和预设，从而认识到这些偏好和预设会不知不觉地决定我们可以看到什么，甚至我们想要看到什么。其结果不一定是完美的，因为所谓的完美结果有时只是选择性看到的，但是人们通过这样的练习可以大大扩展自己的视野。

植物不是塑料做成的

麦克林托克特殊的科学方法,即她的"纯粹的观察",在物理学"观察者效应"的时代背景下变得很有趣。"观察者效应"这个概念描述的是,纯粹的观察行为也会改变被观察的对象。这与麦克林托克最初的想法不谋而合,即人们看到得越少,就越能作为一名观察者而存在。观察者没能像一面完美无瑕的镜子一样反映现实,反而将画面扭曲。换句话说:如果人们把自己的法则掺杂其中,那么将永远无法揭示自然的法则。

麦克林托克解释说,为了将观察者从画面中清除出去,人们就需要尽可能地多花时间,平心静气地去倾听"研究对象对你说了什么",并且时刻准备着"它来到你身边"[18]。麦克林托克研究的是有机体,而有机体的生长过程天生就较为缓慢——大自然每年也只能让人们收获两季玉米。尽管如此,这对于她而言仍然有些快。仅仅一季玉米对于她分析自己所看到的一切就已经绰绰有余了。

她说,有机体可不是一块塑料。一个有机体是作为一个整体在运转和交流的。如果将被研究的有机体分解,只研究它的一部分,那么人们将永远不可能完整地了解它。如果想完整地了解有机体,人们就必须变得虚怀若谷。麦克林托克认为,只有这样,人们才能获得惊人的知识。

麦克林托克的思维宽容度要高于大部分人的。她从来没有忘记植物是活生生的东西,而我们大部分人早已对植物习以为常。她可以注意到植物的感情、植物对触摸的反应,所有这些信号都无法量化,也容易被一扫而过地忽略掉。"假如你在一个温暖的夏日沿着一条街走下去,"她曾经这么描述,"你可以看到郁金香的叶子如何转动,以便让它的叶片总是面朝太阳……事实上,它在有限的生存空间里,可以充分伸展腿脚,令人惊叹!"[19]

在麦克林托克看来,追求精确的科学性思维会排斥生动的事物,而生动性对于充分理解生命十分重要。对她而言,研究对象是独立存在的主体。"有机体"这个词就像一个密码——它不仅仅是一株植物或者一只动物,还是一种生命体的名字。事实上,从麦克林托克的研究方法来看,这种认识似乎对她特别重要,她认为自然界中有一种基本的统一性在统治着一切。"在两个物体之间,人们不可能划出一道分割线。通常情况下,虽然这些分割线并不是真实的,但我们还是喜欢进行这样人为的细分。"

人们普遍认为,科学总会给我们一个终极"真相"。麦克林托克认为,仅仅依靠科学的方法,并不能带来"真正的理解"。科学没有为麦克林托克式的基本统一性预留空间,它为我们所展现的大自然在某种程度上也是割裂的。相应地,科学虽然可以解答问题的某些方面,但是它永远不可能完整地解决这个问题。

或许我们应该把缓慢的观察也当作形成判断的一部分。某些被广泛接受的认知错误带来的是仓促的结论,欲速则不达,因此我们应该放弃这种快速的满足感,慢慢形成成熟的判断。如果你抽出时间慢慢思考,让一个难题的所有方面都慢慢浮出水面,容忍某个还没有答案的难题在你的脑海中存在一段时间,那么或许这个难题最终会不攻自破。

西格蒙德·弗洛伊德

挖掘者
——烤焦的布丁的秘密

无论我们是否意识到,我们其实都在说着"弗洛伊德语"。我们理所当然地运用着"压抑""投射""神经衰弱""同胞竞争障碍"等词。当一位历史学家说,我们正处于一个"自我陶醉的时代"时,他也不消再解释自己所言为何物。即使是流行文化也喜欢这种语言:人们观看一档电视节目、一部情景喜剧或者纪录片时,一定会遇到几个属于"弗洛伊德语"的专有概念。正如心理学教授苏珊·克劳斯所写,在专业层面,西格蒙德·弗洛伊德对于心理学领域的意义,就像牛顿对于物理学的一样。他关于潜意识的想法构成了后世理论的基础,而后世理论就在他的原理基础上加以构建。毫无争议的是,他的想法极大地影响了我们如何看待自己。尽管他毫无疑问是有史以来最著名的心理学家,但我们的文化在看待他这个人时总是带着一些矛盾情绪——而"矛盾情绪"这个词,恰恰又是他提出的一个概念。

直到今天,弗洛伊德仍然像百年前那样备受争议。人们叫他"天才"，也称他为"现代性精神最重要的塑造者"。毒舌者给他打上"误入歧途的心理学家"，以及独裁者、骗子、撒谎者的标识，简而言之，他是招摇撞骗的江湖医生。另一位20世纪标志性的人物，查尔斯·达尔文，他的著作《物种起源》（*On the Origin of Species*）很快便赢得了一众狂热的读者，而且直到今日人们从根本上也不质疑他——尽管他就人类起源提出了一个颇具挑衅性的观点。但是弗洛伊德的情况就没这么简单了：他关于人类天性的颠覆性的、令人不安的、非传统的理论，从一开始就引发了一片惊恐。最显著的是，在1910年德国汉堡举行的神经和精神病学者大会上，威廉·怀格兰特教授曾说，弗洛伊德的理论并不属于科学会议的范畴，而应该由警察来解决。

各方对弗洛伊德的理论争论不休且意见相差甚远，很难达成一致共识。而且后世研究也得出了一些令人困惑的结论。比如，西摩·费希尔和罗杰·格林贝格在1977和1996年曾经宣称，弗洛伊德的某些概念，包括著名的"俄狄浦斯情结"，都得到了实证研究证据的支持。丹尼尔·卡尼曼揭示了，弗洛伊德关于潜意识联想中符号和隐喻作用的发现也能通过实验得到证实。但也有人反对，称弗洛伊德的想法让心理学和精神病学至少倒退了50年之久。当获得诺贝尔奖的神经科学家埃里克·坎德尔宣称，精神分析法[①]仍然是心理学上最有说服力、理智上最令人满意的观点时，

[①] 英语为Psychoanalysis，德语为Psychoanalyse，习惯译作"精神分析"，而非"心理分析"。在国内，"精神"和"心理"经常混用。——译者注

仍然有不少人批评道，精神分析法并不属于科学，顶多就是一种艺术形式，甚至有人认为它是欺诈骗局。正所谓：一切仍旧没有盖棺定论。

但这种争论是怎么在情感上变了色的呢？有没有可能，激烈的指责背后，还潜藏着更深层次的抗拒呢？诚然，无论是就他的理论还是就他的性格而言，弗洛伊德并非完美无缺。但是，历史上几乎所有的天才不都是这样吗？是否有可能，存在一个潜意识的原因——或者人们不敢言明的精神分析的原因，基于这个原因，弗洛伊德已经确定要成为一名探寻人类内心世界的名垂千古却又备受争议的发现者呢？

只有小部分人知道，这位踏入性的禁区王国的极不寻常的研究者，在这条路上走的每一步都如履薄冰。他关于"力比多"①的言论，对他自己造成的心理冲击丝毫不比对他的读者造成的小，毕竟他还是资产阶级的小市民。但他仍然把这些视为他的一种命运，即"搅动沉睡的世界"¹。他的精神分析法是资产阶级小市民社会中一切虚伪、伪善和客套搪塞的仇敌。也难怪会有那么多人义愤填膺地抵制他的言论。

弗洛伊德就像一面无情的镜子，我们从中看到了人类心灵可怕的一面。而这或许也是弗洛伊德被视作一个既被承认又被拒绝的

---

① 德语为 Libido，意思是"性力"，由弗洛伊德提出，泛指一切身体器官的快感，指人或某些动物见到、摸到、想到或听到与性相关的事物或声音时，有一种兴奋的感官刺激，不能自制，从而尝试发生性行为。一些强迫的性冲动有很多是与暴力、性相关的。——译者注

混合体的原因。就像我们的文化因自我形象受到摧毁而复仇一样，文明的人类再也不能自持精神健康、理性可控且道德纯良。在弗洛伊德看来，所谓的健康人和神经症患者之间并没有本质上的区别，只是每个人的神经症的程度不同罢了。他推倒了"正常的"和"精神错乱的"人群之间的隔墙，让正常人所潜藏的精神错乱暴露无遗。他让我们所有人都变成了一种在心理上可被参透的生物，而我们拥有的内心世界如此神秘，以至于我们自己都把它深藏起来。我们变成了鬼鬼祟祟的骗子——希望抹去自己的梦境、口误和那些稍纵即逝的想法，因为我们会在这些时候暴露自己。

不仅如此，弗洛伊德还把人纯粹看作一种非理性的、由潜意识的驱动力所决定的存在。而人不自知的是，这种驱动力只是在表面上给人一种感觉，仿佛人的一切决定都是自己冷静思考的结果。突然，一个可控的自我不存在了，弗洛伊德向人类展示了一个暗黑而陌生的世界，这个世界不为人所控，反而人类一生之中都在无意识地被这个世界所操控。弗洛伊德明确地为自己设立了一个目标，即以"清醒的方式和非理性的恶魔斗争"[2]。这种"清醒的方式"在毫不留情地探索那些潜藏的力量。这样一来，人们就很容易理解弗洛伊德打破孩童在性欲上是纯洁的这一神话所造成的震惊效果，也能理解一个健康的孩童竟然渴望父亲死亡所引发的惊骇；而妇女抗拒对"阴茎嫉妒"（Penisneid）的痴迷，也是可以理解的。当然，对于我们竟然对父母怀有性爱方面的色情情绪这一事实，我们那饱读诗书的理智自然是无法忍受的。弗洛伊德坚定地认为，孩童和成年人一样，无论是正常的还是精神错乱的，从出生起潜意识里基本上就具有了扭曲的弑杀性。弗洛伊德把我们每个人的心理都当作他实验的小白鼠，用他那"灵魂显微镜"最为精准地审视我们。他摧毁了我们最固若金汤的防御墙，许多人永远都不会原谅他。

对于西格蒙德·弗洛伊德来说，每一个正常人都内心分裂地生活着，这是活在一个文明社会所必须付出的代价。当文明宣判我们的某些愿望是虚假且需要被禁止的那一刻，我们的精神世界就被割裂成不同的碎片了。可以这么说，文明（或称"文化""教养"）创造了潜意识。突然间，为了试图满足文明对自己的种种要求，我们不得不将大部分的欲望抛弃到自己不希望再看到的黑暗地窖之中。这就是压抑的时刻，也是许多愿望在表层之下扭曲变形的转折点。弗洛伊德认为，自此我们的内心便分裂了：我们不能脱离文明为我们设置的边界而生存，但与此同时也变得永远不再自由。

这种发展所带来的必然结果就是，人类必须学会拒绝委身于某些激情和愿望。无论这些激情和愿望是多么急切，但为了维系社会和谐，或者仅仅为了成为一名受人尊敬的公民，人们也要拒绝。由于害怕不受约束的行为，现实世界不得不将人类的原始冲动打上亵渎和不道德的烙印。任何男人都不应该感到在性上被他的母亲或女儿所诱惑，任何女孩也不应盼着她的母亲早点儿过世。但是弗洛伊德认为，在我们的内心深处，这些愿望仍然在暗流涌动，且坚不可摧。拒绝它们会导致精神、情绪和身体上的混乱：色情的磁极成为一种恐惧，不必要的需求表现为一种"症状"。压抑可能会很痛苦，但是深究这些内心的秘密也令人不那么舒服。因此，弗洛伊德深入了解了人类最隐秘的念头，但也成为一个不讨好的英雄。

失落城市的挖掘者

弗洛伊德的革命始于一位细心而令人意外的听众。约瑟夫·布罗伊尔医生——弗洛伊德的导师和同事，他是第一个认识到倾听可以对他的病人产生治疗效果的人。这还要归功于年轻的伯莎·帕彭海姆①。这位病人后来被布罗伊尔称作"安娜·O小姐"，她因这个化名被世人所记住，也是第一个接受精神分析法治疗的病人。更重要的是，她的故事也意味着对精神疾病的治疗手段的真正革命开始了。在帕彭海姆的父亲身患重病，最后医治无效故去之后，帕彭海姆也患上了特殊的病症。后来在最严重的时候，她甚至表现出两种极为不同的人格，其中的一种人格竟然完全不受控制。

无意之中，布罗伊尔和他那位聪慧的病人开始了一段治疗，后来帕彭海姆称这种治疗方式为"话疗"（Sprechkur）。事实证明，谈话对她有净化心灵的作用，能够让她那些重要的回忆和强烈的情感浮出水面，而此前这些回忆和情感是她正常的"自己"不记

---

① 帕彭海姆还是德国犹太女权主义者和社会工作者先驱。有人认为，在接受治疗的过程中，她并没有被治愈，而是产生了对布罗伊尔的移情。她后来成了一名出色的作家，撰写小说和剧本，并创立了德国犹太妇女联合会。她于1936年去世，终身未嫁。——译者注

得或者无法启齿的。此外，他们还发现，在她的症状背后，隐藏的是她不得不压抑的残存的情感和冲动。这位医生和这位年轻的女士第一次发现了编织出人类心灵世界的网络，这张混乱无章的网络中充满了非理性的和难以理解的各种联系。这就像一只一头雾水的蜘蛛，自己编织出了一张复杂的大网，却迷失其中。他们兴奋地发现，如果人们完全理解了这些不必要的联系，这张网络就会因某种原因而自我破裂。

这种认识是在一个大环境中产生的，当时心理障碍中的精神因素总是被忽略。人们只有意识到这一点，才能正确评估这一认识的重要性。当时的人都认为，精神上的事情都是与身体、神经系统和大脑紧密联系的。"神经症"这个概念源于希腊语"神经"。倾听一位患癔症的妇女喃喃自语，在当时本身就已经够有革命色彩了。之后发生的一件特别的事情，让布罗伊尔大吃一惊，以至于他放弃了这一病例，把伯莎移交给了另一位同事治疗。

有一天晚上，虽然当时伯莎所有的病症似乎都可控，但人们还是把布罗伊尔叫到了这位少女边上。这位医生困惑地发现他的这位患者腹痛。询问之后，她答道："这是我从我的'布博士'（意指"布罗伊尔"）那里得到的孩子。"

西格蒙德·弗洛伊德后来说过，在那一刻，布罗伊尔手里其实正握着一把钥匙。不知是出于不能还是不愿利用，他丢掉了这把钥匙。认识到癔症的症状是某些心灵创伤的反映是一回事儿，将伯莎的癔症和她的性根源联系起来又是另一回事儿。布罗伊尔第一次遇到"移情"（Übertragung）的现象，他一定受到了极大的刺激：病人将她对某人的某种情感，比如与父母的矛盾关系，或者性欲方面的感受，转移到了医生身上。

弗洛伊德哪来的勇气，敢于接受布罗伊尔放弃的任务？而且他还要一探心灵世界最深的地方。对于弗洛伊德而言，任何对于是否要踏入人类精神世界黑暗地带的犹豫，都无异于战场上懦夫的临阵脱逃。不仅如此，当布罗伊尔面对最基本的真理（这个真理是他唾手可得的，但同时也是惊世骇俗的）而退却的时候，弗洛伊德看到的是心理上的抗拒——一方是人类有意识的理解力，它对抗的是一位分析师极其敏锐的目光。在弗洛伊德看来，布罗伊尔对性的理性拒绝，是非理性的：布罗伊尔有意识的理解力已经陷入了强烈的心理动荡之中，他选择了退出并且努力为自己的理由辩护。对于弗洛伊德而言，人类有意识的自我反省永远都只是一场表演，就像企业的作秀，顾客只看到了能够吸引他们的东西。

弗洛伊德不仅保持了镇定，甚至还设计了一套规则：他的病人要对他知无不言，言无不尽——无论那些想法是多么轻浮或者毫无意义。他曾经写道，"神经症患者从来都不是在胡说八道"[3]。即使一位病人突然谈起一些看似无关的主题，甚至是一些技术性的或者无聊的话题，弗洛伊德也会立刻认真倾听。如果一位病人沉默不语，弗洛伊德就会询问他脑海中在想些什么，如果得到的答案是"什么都没想"，那他绝不会接受。

在1892年前后，弗洛伊德的坚持终于有了结果，自由联想的技术逐渐成形。弗洛伊德放弃了在社会上有更好接受度的催眠疗法，他认识到，毫无保留的谈话对于他的调查性工作是一个更有效的工具。这些接受分析的谈话人对他而言不仅仅是精神错乱的病人,更是他的老师。他使倾听不仅成为一种技巧,更成为一种理解病人逐步为他绘制的图谱的手段和途径。我们想象中的弗洛伊德是一位面无表情、沉默的心理分析师,但实际上,那时的他与这一形象相差甚远。作为一名聆听者,他是十分活跃的,甚至具有攻击性。他快速而又批判性地阐释他的病人的陈词,深入钻研,意图找到心理病痛更深的一面。他总是在寻找表述上的跳跃和断层。他是如此"纠缠不休",以至于他最初的一名病人,范妮·莫泽女爵曾经厌烦地要求道,他"不应该总是问这个、那个是从哪儿来的,而应该让我自己说出我要讲的话"[4]。

通过仔细倾听他的第一位病人,弗洛伊德了解到,某些最琐碎的念头即便是稍纵即逝,也能把他引到灵魂的黑暗一面,那里潜伏着这些念头的秘密动机。有这样一个案例,有一位名叫"露西·R小姐"的患者曾经到他那里寻求治疗。她最显著的症状是,她总是被一种印象折磨着,总感觉自己闻到了烤焦的布丁味,而与此相伴的是她沮丧消极的压抑感。经过9周的治疗,弗洛伊德成功根治了这一症状。弗洛伊德并没有把这种感官上的错觉当作无关紧要的事情,而一路追踪到了这一问题的根源。他清楚:如果一种特定的气味会带来一种特定的感觉,那么这里一定有一个真正的、重要的原因。他猜对了,露西·R小姐曾经是一位英语家庭教师,受雇于一位富有的鳏夫,还要负责照顾他的孩子们。她悄悄地爱上了她的雇主。当她意识到他对自己的示爱无动于衷的时候,便决定辞职。但这也意味着,她不得不和她深深爱着的这些孩子断了联系。就在她思忖着这一令人心痛的损失的时候,她把布丁烤焦了。

这些职业生涯中的早期遭遇使得弗洛伊德确信,他无法用传统的医学方法探究精神障碍的本质。他把优先权赋予了精神世界,人类心灵首次获得了独立的地位,变成自己的世界。他的努力——沿着布罗伊尔的方向迈出的第一步,获得了回报,弗洛伊德找到了灵感,开始认真倾听他的患者。正如弗洛伊德的传记作家欧内斯特·琼斯所写,拜弗洛伊德所赐,真正的精神分析学问世了。

揭露式思维

能够在奇特神秘的精神世界之中取得如此突破,需要感谢一种思维方式,我们称之为"揭露式思维"(das entlarvende Denken)。而与之相反的常规思维方式是表面式思维(das oberflächliche Denken),它无法深入真正的心灵深处。原因很简单:它只能接受浮现在理解力表面的、可直观表达的事物,认为这才是真实的。在某种意义上,这是一种严格的唯物主义方法,也就是只有那些可以直观感受得到的事物才是真实存在的。这种思维从不质疑隐藏在显而易见的陈述背后的力量,从不花费半点儿心思一探幕后真相,而只关注于表面现象。

相反,揭露式思维总是希望深入一个存在于表象之下的更深的层面。这种思维方式更多地让人想到考古学家,而不是心理学家。

事实上,弗洛伊德也确实把心理研究比作考古挖掘一座失落的城市。警觉的考古学家凭着一种特殊的直觉在土地上走来走去,总是猜想在他的脚下埋藏着一整个世界。弗洛伊德说,研究癔症的学者就像一位发现者,他偶然遇到了一座被遗弃的城市的断壁残垣。他发现了墙壁、梁柱和文字模糊的牌匾,通过挖掘整理,再加上一点点运气,这些石头就会向他"开口说话"。压抑的过程会在病人的心中创造出这样一个被掩埋的世界,但是为了掩盖过去的残迹,病人只会向心理分析师展现一个由他建造的美丽新城市。这时,心理分析师就必须变成心灵世界的考古学家。

因此,弗洛伊德喜欢在业余时间阅读关于考古的书籍胜于阅读心理学研究,他作为激情满满的业余爱好者长期关注考古挖掘,这就一点儿也不稀奇了。他进行心理分析的那个房间里摆满了古希腊、古罗马和古埃及的古董。一位拜访他位于维也纳贝格巷19号的工作室的病人发现,这里更像是一间考古学家的办公室,而不是一间医生的诊室。在一封写给友人的信中,弗洛伊德将自己此前成功完成的一件分析案例,比喻成海因里希·施里曼发掘特洛伊古城的壮举:在弗洛伊德的帮助下,一位病人将一幅"深埋于所有幻象底下的""源自很久以前的"场景挖掘了出来,"在这个场景中,其余所有谜团都水落石出……这就好像施里曼又发现了传说中的那座特洛伊古城"[5]。还有一次,他的分析得出了一个并不完整的结果,他将这一情形比喻成一位考古学者"幸运地将虽然残缺但也无可估量的长埋于地下的古代遗迹公之于天下"[6]。

揭露式思维涉及一个核心准则:那些总是浮现在意识表面的东

西，不过是另一件事物的替代品或者掩饰物。因此，那些显而易见的思想、情感和行为仅仅是需要人们仔细解读的符号。人们可以清楚地发现，这一准则是如何贯穿弗洛伊德所获得的无数发现之中的。时至今日，这些发现还在备受争议的探讨之中：恐惧代替性兴奋，这是对压抑的性需求扭曲的表达；对雪茄上瘾代替（像每一种瘾一样）手瘾；如果梦到了飞行，这个梦就代替了孩子被父母举高抛向空中的兴奋；梦到一根折断的铅笔，象征着阳痿和对阳痿的恐惧。对揭露式思维而言，心灵世界中不存在巧合。一件无论看上去多么随机的事情，只不过是无数因果联系的网络中的一个节点，这些联系的源头相去甚远、数量可观，其相互之间的作用也极为复杂，以至于人们无法轻易解释。尽管这些思想就像演杂技，拥有近乎不可能的跳跃性，甚至无视一切理性的思维方式，但它却让弗洛伊德感到追踪那些奇怪的、错综复杂的思想变得容易。

只有揭露式思维还可以发现这些失落的城市那稍纵即逝的蛛丝马迹。它揪住那些容易被表面式思维漏掉或忽视的记号，就像前文提到的烤焦的布丁的味道。正如弗洛伊德所言，揭露式思维甚至对于精密性和复杂性，对于"精神本性的伟大艺术作品"[7]都怀有某种赞美。表面式思维不能深入潜意识的复杂世界，即使它深入其中，也一定会迷失在由联系构成的无穷无尽的灌木丛中，而这些联系就构成了精神模型的非理性理智。

即使没有窝在心理治疗师的沙发里或者自我尝试进行心理分析，人们也可以接触到自身联想的网络。你可以自己做一个思想实验。首先随便想一个对象，比如一座城市的名字、身体的一部分或者一种自然现象，然后体会一下对应这个对象，你有哪些感受、情感、画面或者想法——即使这种联想的关联性有些荒谬也无所谓。此时，不断对你联想到的东西提问，如"这又让我想到了什么呢"（这是揭露式思维会提出的典型问题），你很快就会看到，大脑总会产生新的想法。一个由联系组成的无尽的、费解的网络就此诞生，这些联系有时是有意义的，有时是荒谬的，偶尔甚至两者兼具。大脑通过联想自动编制了自己的网络，在我们没有意识到的时候，我们的思想便已受其影响了。要知道，每当你想到一个特定物体，注视身体的某个特定部分，或者想起一座城市时，脑海中就会立即出现一连串无意识的联想。因此，一连串思想就常常充满了联系，显得杂乱无章，以至于我们回忆不起来某个想法到底是从何而来的。

　　表面式思维对于这种刨根问底的联想过程根本没有兴趣，对于它而言，一个最终的结果就足够了，即最终展现出来的对于现实世界的理解，它认为这一结果就是真实的。这种思维方式很容易让人高兴地相信自己的理性想法，即便是别人虚伪的言行，他也会信以为真。要理解表面式思维的巨大诱惑也不是什么难事，毕竟使用揭露式思维是有高昂代价的，你会因此完全失去自己的天真与单纯。当你看清那么多人（包括你自己），不断地文过饰非，你的脑海中或许会浮现出那句话：无知是福。

哪有什么奇怪的梦

在无数病人坐在弗洛伊德那张著名的沙发上接受治疗之前,还有一位特别重要的病人,弗洛伊德曾经一遍又一遍地不断用他的揭露式思维审视这位病人:弗洛伊德自己。尽管他质疑过进行真正的自我分析的可能性,但他还是屈服于这一彻底而缜密的检查。直到30岁的时候,他才开始详尽而敏锐地搜索他自己记忆中的一鳞半爪,即那些潜藏的愿望和感受。他自己本身就为他提供了更广泛的信息来源。弗洛伊德逐渐成形的心理分析能力也焦急地催促他去探索他和他的病人共有的那些症状。

当他的父亲于1896年去世的时候,弗洛伊德不能自已:他还得分析自己悲痛的过程。他一边让自己远离这种丧忧,一边收集支持他理论的研究资料。在那段悲痛的日子里,揭露式思维让弗洛伊德能够透过悲痛的现象,深究所谓的"幸存者罪恶感"这种心理——这是人们哀悼逝者时通常会出现的一种自责。

弗洛伊德充满热情地收集着他自己都有些印象模糊的梦境、回忆、口误、笔误和自己诗句的只言片语,或者他已经忘记了的病人的名字。他把这一切作为在自由联想中追踪一个想法到另一个想法的辅助工具。他曾经做过一个梦,在梦中他的老导师交给他一个奇怪的任务——剖开他自己的下腹部。他意识到,这就是自我剖析的象征。1897年,他预感到有些重要的事情将要发生。他细细体会着,写道:"上帝知道,从玩偶的躯壳里会钻出怎样的一头牲畜。"[8] 几天之后,他取得了突破:他的压抑终于解除了。他淹没在童年回忆和禁忌欲望之中,感觉仿佛被硬拽进了自己的往昔经历之中,同时在脑海中风驰电掣地构建起各种联系。

弗洛伊德挖出了自己心中那座失落的城市,并从中发现了许多自己最根本的想法。通过回忆孩童时期对自己母亲的热恋,以及对父亲的嫉妒,他提出恋母情结(俄狄浦斯情结或恋母弑父情结)是人类童年时代的一个普遍现象。从这一刻起,弗洛伊德的潜意识向他敞开了大门,他也因此揭示了更多普遍性原理,比如潜意识里的负罪感,以及梦产生的复杂机制。

梦对于弗洛伊德而言,是特别可靠的信息源,也是"通往潜意识的国王大道"。梦似乎是从地下世界的最底层萌发出来的,因此也是特别令人费解的。每一个梦,即使再荒诞不经、支离破碎,在揭露式思维那敏锐的审视目光中也会原形毕露,暴露出意义丰富的精神架构。人们形容弗洛伊德的目光如显微镜一般,它放大了那些不可见的世界,而这些世界原本是被有意识且肤浅的理解力所忽视的。当来自地下世界的暗示浮出水面时,它们就像外星来客一样,总会带来一些关于更深层次真相的信息。

弗洛伊德认为,人们如果想要领会梦的意义,就必须讲梦的语言。尽管梦境就像随意堆砌的故事,但其本身还是有隐藏的秩序和规则的。梦的解释者现在要扮演古文字学家、翻译家和密电破译员三重角色,必须将梦境中隐藏的想法和梦的准确内容相互比较。面对两种不同语言对同一件事情的不同描述,他必须用相同的方式对待其内容。但是,为了能够读懂看似无意义的谜团,他首先要做的就是不要对梦境的荒诞性大惊小怪。他必须认识到，梦境虽然可能看上去荒诞不经，但是自有其荒诞的逻辑。弗洛伊德在这里再一次遵循着揭露式思维最基本的准则：一切表面浮现的事物，都代表着一个更深层次的联系。弗洛伊德意识到，在梦境之中，想法会以画面的形式呈现，抽象的主意会变成具体的场景。人们通过逐渐将每一幅画面用音节和词汇代替，"石头就开始说话了"。一切变得明朗起来，梦于是变成了清晰信息的载体。

弗洛伊德的揭露式思维在他对梦的解释中是贯穿始终的：关于自我分析的这一部分痛苦的梦，弗洛伊德在他的著作《梦的解析》（*Die Traumdeutung*）中用了15页的篇幅极为详尽地描述并解释了一番。但即使他把梦中的每一个元素都追溯到青年时代或者更久的时间之前，弗洛伊德也觉得这些阐释不够完全。他说，他可以在这个梦上花费更多的时间，"汲取更多的启发，并且探讨他提出的新谜语"[9]。对于弗洛伊德而言，人们永远不可能穷尽地解释一个梦；联想构成的网络缠绕得过于紧密，以至于人们无法真正完全解开这些谜团。

梦境于他是最好的准绳，但是他的揭露式思维在日常口误和朴素的机智对话中，找到了通往心灵偏远地域的桥梁。我们写错了一个熟悉的名字，忘记了一首喜爱的诗歌，将某件物品以神秘的方式放错地方，甚至是忘记在妻子生日时像往年那样送她一束鲜花——所有这些都是需要解密的信息。它们全部都暗示着某些人自己不可能承认的愿望或者恐惧。弗洛伊德通过科学地观察这些看上去毫无缘由并且无法解释的现象，又证明了揭露式思维另一个重要的特征：每一个似是而非的随机性，都是通向人类心灵更深层、更隐秘的规律的门户。

1897 年，弗洛伊德在拜访柏林期间，没能找到他需要的一个地址，于是从那时起，他的兴趣转移到了从理论上研究"失误"的关联性。他的分析揭示了由复杂的压抑和联想构成的一整个网络。在修改《梦的解析》的手稿时，他给一位朋友写信称，尽管他花费了不少心血，可是这篇手稿还是有"2467 个错误"。弗洛伊德确信，他不可能随意就编出这样有零有整的数字，于是开始分析。这个例子再次表明，对弗洛伊德而言，每一个思想、语言或者行为上的错误都像一个光滑平面上的缝隙，人们可以透过它窥见潜意识的海洋。

我们的非理性

我们认为自己有多理性？我们必须常常说服自己，相信自己是完全理性的，这样我们的行动才有意义。如果我们总是质疑自己的动机，就可能变得不知所措，最终一事无成。最近的研究似乎证明了一个坏消息，那就是弗洛伊德早在一个多世纪以前就已经表明的：我们是极端非理性的生物。

心理学教授亚历克斯·托多罗夫在他对人类感知的研究中发现，我们对他人的第一印象竟然能产生惊人的模板。托多罗夫给他的学生迅速地展示了一些男人面孔的照片，让学生凭此判断这些人的性格、能力以及自己对他们的好感。这些面孔并不是随机抽选的：所有都是参与一场政治竞选的政治家的肖像。他的学生当然并不知道这一背景。托多罗夫将竞选结果以及他的学生给出的能力评判进行了对比，然后得出了一个惊人的结果：在近70%的政治竞选中，那些面孔在能力评判中获得较高分的人通常就是获胜者。这说明，那些认为自己已经对竞选者进行过深思熟虑的选民在做出决定时最终通常还是以一种非理性的评估为基础，而这种评估则是在他们心中快速自动地发酵生成的。

科学家丹尼尔·卡尼曼也认为，如果一个人对某个项目持乐观态度，那么很可能是因为这个项目负责人让他想起了自己的妹妹；我们不喜欢某人，很可能是因为这个人模模糊糊地让我们想起了自己的压抑。判断通常会快速地被这种潜意识里事先产生的感受所决定。当然，如果有人质问这种判断的原因，那么我们通常会找到一个解释。紧接着，我们就会更加相信自己的判断，并认为自己是三思过的。

而引发我们某种见解、让我们选择某一方向的真正原因，通常和我们事后给的那个解释毫无关系。在我们的思维能力姗姗来迟之前，很多事情就已经发生了：有可能是某种深埋心中的情绪在渐渐萌芽；或者想起某段不愉快的回忆，尽管这段回忆已经遥远到甚至连我们自己都无法想象它还是一个影响因子。这些会让我们产生认为某个事物是"真实的"或者"正确的"感觉。我们视如己出的某些坚定"观点"和"信念"，有可能就是潜意识里不受限制的愿望和恐惧的结果。当然，我们的理智不愿意相信，深层次的感受和情绪可以支配理智。我们更愿相信，非理性的感受和情绪并没有染指我们自己做出的判断。然而随着对这一课题越来越多的研究，我们的自我形象——认为自己是有意识、独立地做出判断和决定的个体，就越来越站不住脚。

在读到这篇文章的时候，快速的情绪反应会在这一刻评判文章的真实性，还会成为连贯性判断的基础。卡尼曼曾经说过，我们会凭借情绪化的态度来判断诸如被辐射过的红肉、核能、文身或者摩托车的优点和危险。他认为，我们做出判断的理解力更多地扮演了潜意识情绪的辩护人，而非批判者。我们在搜寻信息和论据的时候，会不知不觉地将自己限制在那些和自己相信的事物相符的信息上。当同某些事物产生情感联系时，我们会先得出结论，之后再去寻找支持这个结论的论据。

弗洛伊德对人与人之间争执的理性和理智解释不屑一顾。他曾经发现，在因意见不同而分道扬镳的友谊之中，"科学差异并不是那么重要，通常是先由另外一种形式的不当言论、嫉妒、报复心造成了敌意，之后才是科学差异"[10]。当然，如果我们思考得很肤浅，就只会将第一眼看到的东西认为是真实的。我们将自己的认识完全建立在别人的一面之词之上，而不质疑他的动机。如果有人说，他是因为某个原因而发怒的，我们就会轻易接受这个说法。同时，当我们提出自己的托词的时候，也期待着对方相同的反应。这也就是为什么即使是理性的解释甚至是清楚的证据也不能平息争吵，因为争执并不是因理性的原因而起的。对于一个在激情和完全不同的动机驱使下的非理性系统，我们不能靠理性说服它。事实上，争吵裹挟着越多的情绪,就越可能夹带着潜意识动机。

尽管我们不愿意承认,但其实我们更多的是"情感者",而非思考者。一开始,我们对某一事物产生某种感觉,之后才会考虑一番。想象一下,你是由三个层次组成的:一个是最深层、最原始的一层,由感受和本能组成;另一个是中间一层,由情绪组成;最上一层才是由思考组成。你感知、认识某件事物时,是严格按照以下顺序做出反应的:本能、情绪、思考。感知的最原始形式是首先做出反应,但它会经常披着理性思考的伪装。它只会偶尔施舍给思考一点儿可怜的空间,而且还要让思考证明非理性的感受和情绪是正确的。假如某人第一眼就排斥我们,这很可能并非其本意。但我们随后会给这种反应加上某种听上去很合理的解释。通常,我们还会寻找更多的证据来验证第一判断。这就使再次改变观点变得难上加难:我们就是不喜欢这个人。有研究表明,法官在做出缓刑判决的时候也会遇到相同的情况,当他们饿了、累了的时候,就会更不耐烦地进行判决。在此期间他们的感受压过了他们的理性判断能力。当然,你完全能够想到,当这些法官面对针对他们判决的质询时,一定能够说出一个完全合理的理由。

在揭露式思维的帮助下,我们可以更容易地注意到秘密影响着我们判断的非理性想法。这种情况可能会发生在:当我们在逻辑上为自己的一个观点辩护的同时发现还存在其他的可能性时,比如我们试图掩盖的一种潜伏着的紧张情绪;或者当我们在一场讨论中试图隐藏自己"不文明的"愿望时,比如某种暴力冲动或者色情画面。这些原始天性就像烦人的蚊蝇一样,我们试图把它们轰走，但是它们却总会像接收到了某种指令，以高度紧张的形式出现或者非理性地突然爆发，不断地在某些时候死灰复燃。这让我们感到不悦：似乎理性思考和情绪反应彼此平行不相交。如果情绪反应产生一个效果，理性思考就是束手无策的，只能选择压抑。每一个清醒的人都认识到，他不应该受到冒犯或者产生嫉妒心。可惜，我们强烈的情绪反应似乎并没有特别在意这一认识。

揭露式思维似乎是唯一一种能够真正理解心情和感受的思维方式。它就像一条架在理性和非理性语言之间的桥梁，可以渗透到我们本性之中那个令人费解和蒙昧的部分，研究其中"疯狂的逻辑"。但前提是，我们不再否认我们的非理性，不再死守"理性人"这一自我形象。这可以打开通往一个全新世界的大门，让我们质疑那些立即做出的反应。或许，在某些情况下，我们做出的更多的是情绪反应，而非理性反应。或者在我们的一个坚定的观点（比如某个政治观点或者影评）背后，隐藏的实则是源自我们孩童时期的一些联想。如果我们注意到这些更深层次的驱动力，那么面对所谓的理智思考优雅地编织的那些故事，我们一定会合理地给它打上一个大问号。

精神力量比心理世界更强大

虽然弗洛伊德从来没有直接承认过，但从他终生与友人的书信中，我们可以看到，他认为还有另一种潜意识，即积极的潜意识。

这种不同的潜意识很显然是他最重要的知识和创造性成果的源泉。在一些场合下他解释过，这种积极的潜意识"在最底一层"[11]发挥作用，或者"秘密地有序向前"[12]行进。当弗洛伊德准备完成一项写作任务的时候，他会等待素材从他的潜意识中浮现出来，之后便会体验到一种分娩式的痛苦。虽然弗洛伊德在文章中将潜意识看作神经症的主要源头，但他自己似乎还有一段更深刻的经历：仿佛弗洛伊德自己拥有的意识和潜意识之间的关系异于常人。对弗洛伊德而言，所谓"自我"中的这个概念只是冰山一角，是真实的"自我"中最浅薄的一层，只在被我们感知通常忽略的诸多层次中占很小的部分。我们完全可以将其比作人类的消化过程：我们吃一个苹果，随后我们体内会发生漫长、复杂的消化过程，而这一过程并不是在有意识思维的控制下发生的。人们可以这样认为，弗洛伊德的"自我"感受到了更伟大的经历，他觉得他的"自我"就像深不可测的深海。他的有意识思维就像深海表面的波浪，是海洋深处诸多巨大的潜意识暗流行为的结果。

你现在或许认为，弗洛伊德一定已经从中得出了一个结论，即人们是受自己未知的"自我"摆布的。但是事实恰恰相反：弗洛伊德坚信，开启真正的自我控制的钥匙就摆在这里。

弗洛伊德所有发现的背后都贯穿着这样一个信念，即人类的心理遵循着自己隐藏的法则和规律。他是第一个试图清晰描绘人类潜意识的结构和活力的人。他对意识、前意识和无意识这三个层次做了区分，并描绘了"本我""自我""超我"之间永恒的冲突。这种分类可能并不完善，但他的这种对"精神世界未知的遥远边疆"¹³ 的描绘仍然是一个大胆的尝试。心理就像一个狂野的内心世界，它像太阳系和生态系统一样都遵循着某些明显的法则。

然而，这也暗示了更广泛的一个结论：如果人们把心理当作一个在科学上可以理解的系统，那么可以赋予它一个新的规则秩序。如果理解了混乱的心理，我们就能将其据为己有。弗洛伊德似乎做到了这一点。如果我们能足够清楚地看到自己的心理，如果"内心世界的房屋"和那配有卧室、储藏间和地下室的"现实世界的房屋"一样清晰可见，那么我们一定能完美地将其收拾妥当。这种内部秩序并不是压抑的结果，而是敏锐透彻的自我认知的自然结果。我们压抑的只是自己所害怕的事物。我们只对那些自己不能同其打交道的事物感到害怕。当我们能够理解了，就再也不用担心内在的混乱了。正如弗洛伊德在他最成功的几个案例中所展示的那样，有时候甚至只是承认某些感受，就足以产生治愈效果了。

在弗洛伊德的私人生活中，他一次又一次展示了持续的自我分析如何令他能够掌控自己的心理。迦太基的统帅汉尼拔是他崇拜的英雄之一，但是弗洛伊德自己渴望的是另一种形式的胜利：对"自我"的掌控。他希望利用他的力比多——他狂热的情绪和无限的精力，完成他的毕生使命，实现对自我的控制。他将其称为"通过升华来克服"：通过一种方式来改善自己的直觉天性，把力比多变成创造力、求知欲和博爱。最终，他的揭露式思维一直深入到他的心灵世界最黑暗的区域，通过一种影响深远的秩序达成控制的结果。或许，正是因为这种内在的力量，他能够在生命弥留之际，以一种高贵的方式告别：因为身患癌症，病痛折磨下的弗洛伊德恳求他的医生——舒尔医生帮他一把。当看到弗洛伊德带着尊严而毫无自怜自艾地直面死亡的时候，舒尔的眼泪止不住了。舒尔后来说，他从来没见过一个人像弗洛伊德这样逝去。

我们大部分人都很清楚应该保持房间整洁——这做起来不难。但是，我们的内心生活看上去是什么样的呢？我们能不能一样地好好打理呢？大部分人会定期清理房间里堆积的垃圾，但却不会对脑海中闪过的种种念头进行分类。但是，即使是多余的、毫无意义的想法也会耗费内心的能量。你可以尝试观察一下，每天在你的头脑中充斥着多少毫无建设性目的的想法。想象一下，如果你的理解力能够免受这些毫无意义的想法的干扰，那它能如何发挥作用。很显然，如果你的大脑中有更多的条理，你就可以清晰地思考，清醒地做出决定。为了做到这点，你可以开始培养这样的意识，看看自己的哪些想法是不必要的压舱石——对于这种观察，人们不需要进行心理学研究或者进行弗洛伊德式的自我分析。集中注意力就足够了，因为我们内心世界的过度活跃是有其原因的：我们对自己的了解，仍然远远少于我们想象的那样。

列奥纳多·达·芬奇

从各个视角思考
——生活是一件未完成的艺术品

谈到达·芬奇，就要先谈到他那幅著名的油画《蒙娜丽莎》（Mona Lisa）——这似乎已经是约定俗成的。这幅油画就像他留给后世的一个谜团，画中那位没有眉毛的女士看上去人畜无害，安迪·沃霍尔把画中肖像做成了波普艺术的重要元素，美国前总统约翰·F.肯尼迪也曾邀请该画抵美展览。如果今天你去法国旅游，在卢浮宫里和其他50余名游客一起挤在这幅油画前面（事实上，这幅画作出奇地小，作为一个标志性的旅游打卡项目，它过于不起眼），那么你可能会不禁发问：这幅画到底有什么可让人大惊小怪的？运气好的话，你才能独自站在这幅画前驻足观看一会儿。当你再多花点儿时间观赏这位身着黑衣的女士（没人知道她的准确身份）时，或许会发觉，她散发着一种特殊的吸引力。你是不是认为，就是因为这幅画太著名了，所以人们才要一睹为快？或者有没有可能，她的目光和神秘的微笑给来访者提出了一些他们不知道答案的问题？有可能这就是为什么这幅画如此著名，为什么她那抹浅浅的微笑被人们研究了成百上千次。这就好像是500多年前那位意大利文艺复兴时期的艺术家在这幅油画中设下了一个谜团，而现在的人们试图找到答案。然而，直到现在也没有人能够做到。

外科医生兼作家伦纳德·史莱因在他的作品《列奥纳多的大脑》（*Leonardo's Brain*）中给出了一个微小却很精练的提示。史莱因对列奥纳多·达·芬奇的遗体进行了脑部扫描。他得出结论：达·芬奇对细微的人类表情有一种特殊的理解力。史莱因认为，达·芬奇知道一个人的脸部由两部分组成，这两部分只是看上去对称，其实分别由各自相对的大脑半球控制。对大部分人而言，右半边脸由更理性的左脑所控制。因此，你能更好地、有意识地控制你的右半边脸。相反，左半边脸的可控性更弱一些，它也就更容易透露出人类内心的感受。这些微妙的信号通常会被人们在正常的谈话交流中忽略掉。史莱因认为，达·芬奇有一种直觉，能够很好地理解这些细微之处。史莱因相信，蒙娜丽莎的微笑之所以看上去有些含糊不清，是因为达·芬奇强调突出了她的右半边脸，而让左半边脸隐藏在阴影里。其他一些研究者确信，蒙娜丽莎的眼睛部分和她的嘴并不相称。凭借某种特殊的绘画技术，达·芬奇使得观赏者只有在观看她整个面部的时候，才能看出她在微笑。这让人有些摸不着头脑：如果我们死死盯住她的嘴，想验证一下她是不是真的在微笑，就会突然觉得她面无表情。达·芬奇赋予了这幅画作一种令人困惑的深度，它远远超越了一幅单纯的画像。我们能从这张面孔中看出一些东西，而这些东西我们并没有有意识地领悟透彻。

　　隐藏在阴影中的左半边脸，暴露在光亮中的右半边脸，特殊的表情：这些只是小细节，是达·芬奇毕生事业的一个小侧面。但这是他对人、事以及世界的视角如此特别的第一个迹象。人们一直认为，达·芬奇首先是一位极其杰出的观察者。他能想到将蒙娜丽莎的左半边脸置于阴影之中，而这与他细致入微的觉察力有很大关系。在他留给后人的笔记本中，人们也能发现大量相同的觉察力。比如，达·芬奇在笔记中提到了水面之下的水是如何流动的，蜻蜓的翅膀是如何运动的："蜻蜓有 4 个翅膀，当前面一对翅膀抬起的时候，后边一对翅膀会沉下去。但是，每对翅膀都必须能够承受这个小动物的全部重量。"[1] 英国的艺术史学家肯尼斯·克拉克认为，达·芬奇那"异常敏锐的目光"[2] 看到的东西，只有在慢动作镜头被发明之后，才能被我们大多数人所理解。别人只看到了"嗡嗡"作响的运动，而达·芬奇却将每一个动作区分出来。

　　达·芬奇确实比别人更好地做到了字面意义上的"见微知著"。然而，仅仅这些还不足以令人满意地解释，这位意大利艺术家如何在他并不算长的一生中（他终年 67 岁）创作出这样一幅伟大的作品。他的许多作品遗失了，还有许多尚未完工（尽管听上去有些奇怪，但他确实没想彻底完工）。摆在我们面前的那些作品就已经足够令人叹为观止了。其中主要包括大约 15 幅画作，以及前文所提到的他的笔记本，里面囊括了数千幅他用镜像体符号准确而奇特地绘制的图样。我们真的不明白，一个人如何才能拥有如此广泛的天赋。他不仅仅是一位创作出世界上最著名的艺术品的天才画家和雕塑家,还是一位极其好奇且博闻强识的天才科学家。无论是质还是量,他的天才创造成果都是宏伟可观的。他是数学家、地理学家、制图家、植物学家、音乐家、建筑家、解剖学家、机械师、工程师和自然哲学家。他设计过汽车、降落伞、潜艇,在对蜻蜓飞行的观察基础之上,他还发明了现代直升机的雏形。凭借这些,他在历史上的特殊地位无人能比。

某些阴谋论者就达·芬奇的作品编制了自己的一套想法,即使我们不想遵循这些阴谋论者的足迹,但还是必须实话实说:研究他的作品,人们不知何时总会无可避免地陷入神秘主义的领域。原因很简单,因为他创造出了一些东西,而我们并不清楚他究竟是依据何种能力创造出来的。他绘制的地图就是一个很好的例子。瓦伦蒂诺公爵切萨雷·博尔吉亚[①]曾经聘请达·芬奇创作一幅伊莫拉城的地图。这幅地图本身就是一件艺术品,时至今日仍被印在装饰画和明信片上。这幅地图极富细节,显示出达·芬奇精湛的技艺——伊莫拉城的每一栋房屋和每一条街道都在图上清晰可见。不仅如此,这幅地图呈现的城市是从1000米以上的高空俯视的效果。后来的一些地图,达·芬奇更是选取了更高的一个视角。他究竟是如何做到的?他或许是第一位绘制了符合现代高空摄影效果的地图的制图师——那个时代可没有相应的数据和测量设备供他

---

① 切萨雷·博尔吉亚(Cesare Borgia),1475—1507,教皇亚历山大六世的私生子,瓦伦蒂诺公爵,伊莫拉、佩鲁贾、比萨等地的征服者,能征善战,臭名昭著但又极富魅力。马基雅维利以他为原型写下《君主论》。——译者注

使用。在达·芬奇的时代，人们主要靠脚来丈量距离，地图上通常还配有龙和城堡作为装饰。达·芬奇逼真的高空摄影视角仿佛时空穿越——就像中世纪的厨房突然出现了一台胶囊咖啡机。

我们这些普通人面对这样一位全才时会感到无助，那些"正常的"天才也如是。或许，这就是为什么人类对他的反应如此激烈。围绕着达·芬奇的作品，各种各样的谣言纷纷而起，人们翻遍他的画作，想要找到一些隐藏的符号和信息，有些人甚至私下传说他是外星人。但是，即使没有这些玄妙的解释，有一点似乎也是清楚的，即达·芬奇大脑中发生的一切，是我们这些凡夫俗子无法企及的。但真的是这样的吗？诚然，创作出《蒙娜丽莎》这幅杰作自然与达·芬奇的天赋有关。但如果我们没有被他的作品吓住，就会看到在某些点上，我们也能找到通往他的思维方式的途径。达·芬奇虽然自嘲为"没有修养的人"，但这位"粗鄙之人"的特殊之处就在于他那极其灵活的目光。

无缝衔接

许多人天资聪颖，但大部分人还是朝着一个定义相当明确的方向向世人施展他们的天赋。无论是凡夫俗子还是天才，皆如是。虽然人类历史上从来不缺杰出的艺术家和科学家，但事实上，他们之中还从来没有能够在艺术和科学两个领域兼得的人。歌德的《色彩学》（*Farbenlehre*）逊色于他的《浮士德》（*Faust*），爱因斯坦在历史上也并不是作为小提琴演奏家而闻名的。这是有原因的，通常情况下，一个人突出的天赋或者是在艺术方向，或者是在科学方向。但达·芬奇不是这样。"在我们已知的人类历史中，还没有其他的个体，能够像这位来自芬奇①的充满好奇心却没有教养的乡下小男孩（他是位私生子）一样，在艺术和科学领域同时出尽风头。"史莱因这样写道。

作为一名私生子，达·芬奇既没有受过正规的学校教育，也没有上过大学。在今天看来，这种不公平的待遇给他带来了一定的劣势，但更多地赋予了他决定性的优势。学院派的知识很容易造成狭隘的观点，让人为时过早地形成对某些问题的观点。达·芬奇拥有相对纯净的目光，他固然受教育有限，但这也使得他的好奇心能够无拘无束地充盈在天地之间，而不必拘泥于区分"重要"和"不重要"的方面，不必先入为主地设立优先项。他就像一个在路边捡到一块奇石的孩童，在脑海中翻来覆去地把玩着现实世界的不同侧面。通往他的思维方式的关键就在于此：他不仅聪明，而且将自己的智慧运用到他所遇到的一切事物上，永不停歇。他的一句名言说得恰到好处："艺无止境，唯人弃之。"②虽然达·芬奇的诸多作品不及他的那些伟大的油画著名，但我们也能从中摘取一个简单的例子来说明，如他的解剖素描。

1489 年，时年 37 岁的达·芬奇成功搞到了一些人类头骨。上

---

① 芬奇（Vinci），是意大利托斯卡纳的一个小镇。——译者注

② Art is never finished, only abandoned.

天还真是垂怜他，因为他长久以来都渴望研究解剖，并绘制出人体结构。在孩童时代，他把死蜥蜴和其他野生动物拿回自己的房间进行解剖。后来，他还解剖过一些较大的动物。然而，要想得到人类遗体并非易事。在那时，除医生以外的人解剖人类遗体是违法的行为。达·芬奇想要自己解剖人类遗体的愿望来源于他的艺术动机。他想要撰写一本书，书中要囊括一名画家必须知道的所有知识。按照他的逻辑，如果不能准确了解人体是如何运转的，那么人们就画不出正确的人体——毕竟，他知道人的内部决定着外部体形。因此他写道，"画家必须要熟知解剖学"[3]。

我们能够想到，人们当时对人体结构的研究并不透彻。在今天看来，那时关于人体功能的设想还很模糊，直到文艺复兴时期依然如此。这位艺术家想要从知识的荒漠中得出自己的结论，就必须亲自查验，甚至不惜以身试法。他曾一度给盗墓者钱，让他们给他搞到人类遗体。

达·芬奇的解剖学研究持续了数十年。多年来，他解剖了30余具尸体，剥皮拆骨，撬开头颅。他那工程师的眼光将人体珍视为高度发达的"机器"。他写道："即使人类的精神才智能通过诸多发明和各种工具而接近相同的目标，但永远也不可能创造出比自然更美丽、更简洁的发明。"他永远是那个来自乡下的孩子，对大自然充满了钦佩之情，对直接观察的尊重甚于一切："知识是经验的孩子。"

在他的那个时代，冷冻遗体还是不可能做到的事情，他的研究带来了严重的后果：解剖工作只能在夜里昏暗的烛光下进行，尸体的恶臭味一定令人作呕。达·芬奇记录下来：尸体很容易腐烂，以至于研究无法深入进行。他的工作场景想必是很可怕的，但是这却没有在他的画纸上留下任何痕迹。他展现了一个探求和谐的人的视角，最终确实找到了这种和谐。他用细腻的笔触描绘了自己对人体结构的研究，甚至使它们几乎以三维立体的形式跃然纸上。其结果就是精确的解剖图像和精美的美术素描的结合。这些兼具科学性和艺术性的杰作在数百年间始终是最精确的人体结构素描。

多视角式思维

对于这项工作，达·芬奇发展出了一种特殊的绘画技术，这也点明了他的思维的核心准则。达·芬奇似乎有一种思想上的天赋，这能够让他不只从一个固定的视角看待世界。他思考的方式是多视角的。文艺复兴时期，艺术家们创造了透视画法，但是还没有哪位艺术家像达·芬奇一样，肯花费相当多的时间去研究它。在达·芬奇的笔记中，他详细地描写了为了符合透视画法的规则，一位画家应该如何把一幅画中的每一个元素成比例地联系起来，以及如何处理阴影。他不仅仅是一位完美主义者，这背后还隐藏着更深的意义。他把玩着视角，以便展现一个物体的不同角度。就像他在《蒙娜丽莎》这幅作品中不仅希望展现人物的外在形象，还想加入她更深层表情的细微色彩层次，他不满足于从一个单一的角度去展示肌肉、骨骼或者器官。他清楚，观察一个物体的时候，如果只从一个特定的视角出发,就永远不可能抓住事物的本质。人们必须同时考虑并展示出其他可能的视角。只有这样,观察者才能接近事物的真相。达·芬奇通过完善分解图①解决了这一问题。他在同一张画纸上反复画身体的一个部分,每次都选择不同的角度,比如从剖面、横面和斜上面来画头骨。这样就能同时从不同角度观察一个物体。这就好比动态影像能够比静态照片更好地展现一个人一样,达·芬奇同时从多视角获得的事物真相要比从单一视角获得的事物真相更合理。

我们日常的思维方式并不是多维的,我们大部分人(包括杰出的思想家)思考问题的方式更多的是一维的(也称"线性的")。人们会自动地(通常还是无意识地)倾向于将自己的视角缩减至一个特定的方向。这是经济节约的,至少看上去也是高效的——谁能有精力用同样的热情对待所有的可能性呢?一维式思维符合当今时代追求高效率的精神,或许也是符合人类自然天性的。假设你在大街上随便和一个人攀谈起来,他可能会说,他对待生活的方式是更理性、更精打细算的,或者更感性、更凭直觉的,换言之,更像"科学家"或者更像"艺术家"。相反,达·芬奇似乎并非如此。因此,当他精确地绘制人体的肌肉和肌腱的解剖结构的时候,他的观察和实验(今天的人们或许会称之为"自然科学")可以和他的艺术无缝衔接。从他关于绘画艺术的论文中人们发现,他

---

① 完善分解图(Explosionszeichnung),一种多视角的绘图,将一个物体的每个零件分解并展现出来。

把他的艺术视为一种科学。"达·芬奇在其工作中将科学和艺术相结合的方法展示了一种全新形式的意识觉悟。"[4] 艺术史学家迈克尔·拉德温如此评价道。或许，这也解释了为什么达·芬奇对探求知识具有无穷无尽的渴望：他永无止境地渴望了解新鲜事物，永远在考虑更深层次和更多的观点。艺术和科学并不是彼此对立的，而是描绘同一现实的不同可能性。

眼花缭乱的复杂性

达·芬奇多视角式思维的另一个例子也是来自他对人体结构的研究——《维特鲁威人》。这是一个很著名的例子，以至于时至今日，仍有数百万人要把这件作品印在他们随身携带的包上。它是达·芬奇的一幅素描作品，画上是一个直立的裸体男人，看上去像双重曝光的照片，同时展现了两种不同的身体姿态。意大利的1欧元硬币背面印的就是它。在开始研究人体头骨结构之后，他花了大约1年的时间完成了这幅作品。这幅用钢笔和墨水绘制的素描作品是对比例的研究，其中展示了人体各部分之间完美的数学比例关系。《维特鲁威人》虽然完全变成了达·芬奇的象征，但其实并非他的原创。这幅作品的理念建立在古罗马建筑家兼工程师维特鲁威的描述的基础之上。在公元前1世纪，维特鲁威除了在城市规划和材料学方面成就斐然外，还提出了"匀称躯体"的理论。他认为，一个成年男子伸展双臂的躯体可以同时被嵌入到一个正方形和一个圆形的几何结构之中。维特鲁威认为，肚脐是人体的中心点。一个人平躺在地上，在他的肚脐上放置圆规的原点，可以绘制出一个能触碰到他手指尖和脚趾尖的圆。正方形的边长是人直立时头顶到脚掌的距离，同时也是双臂平展时的长度。然而，维特鲁威并没有把他的理论描述绘制出来——后世的画家们接过了这个任务。同达·芬奇优雅的版本相比，其他画家的作品几无建树。只有达·芬奇做到了，他创作的这幅独特的作品展现了和谐的比例结构，人体能够完美嵌入圆形和正方形之中。达·芬奇在画中将正方形的中心点放在了人体的胯部——和圆形中心点不一样的位置。其结果就是一个在几何上具有完美比例的人体形象，仿佛以一种抽象的形式完全符合了人体结构。达·芬奇将正方形和圆形叠放在一起，而非将其分别画在两张不同的纸上，这又进一步强化了这幅画作的效果。通过这种方式，他还为这幅画作加入了另一个维度的元素：时间。《维特鲁威人》展现的是两个时间上的视角，人物形象就像动画一样，在两个身体姿态之间跳跃。只有习惯了将一个物体的不同视角融为一体去考虑的人，才能想到这样的点子。

　　碰巧的是，他最为人所惊叹的作品之一的创作完成之日，就是它开始被破坏之时。达·芬奇耗费了 3 年多的时间，在米兰的圣马利亚·德烈·格拉契修道院北墙上（这里后来被用作修道院的餐厅），绘制了足有 40 平方米的壁画——《最后的晚餐》。在这项创作中，他就像一位发明家，放弃了传统的湿壁画技法——将颜料涂抹在潮湿的墙壁灰泥上，这种技法的缺点就在于画家必须快速作画。达·芬奇另辟蹊径，尝试了另一种更符合自己工作风格的方法——他喜欢慢工出细活。他直接在干燥的墙壁上作画,别出心裁地使用了一种混合了蛋黄和亚麻油的颜料。这样一来,他就能对这幅画斟酌再三,并不断修改完善。1498 年,《蒙娜丽莎》之后最著名的画作终于完工了。达·芬奇还在世的时候,这幅作品就引起了巨大的轰动,艺术爱好者和好奇的人们不惜长途跋涉来一睹它的真容。当时的法国国王弗朗索瓦一世甚至希望拆掉整面墙,将其运到法国。但是,很快人们就发现,达·芬奇的新技法是一个毁灭性的错误。潮湿的墙壁吸收了颜料,接踵而至的是褪色、开裂和破碎。早在 1550 年,最早的达·芬奇传记作家乔治·瓦萨里就只能在修道院的餐厅墙壁上看到"污渍一团"[5]了。几个世纪以来,这幅画作被不断修复,但部分修复的细致程度并不高。我们要感谢后世无数仰慕者所创作的众多仿品,让我们直到今天还能看到这幅作品的样貌。

由于诸多原因,《最后的晚餐》是一幅令人着迷的画作。我们再一次看到了达·芬奇在透视技法上的精湛技艺。在《最后的晚餐》中,达·芬奇展示的不仅仅是他对透视画法的娴熟掌握,他甚至精确地让视角发生了扭曲。他对艺术所做的贡献是开创性的。《最后的晚餐》背后藏满了经过准确计算的透视"错误"。达·芬奇知道,进入修道院餐厅的人需要从下往上观赏这幅画作。他想要达到一种效果,即让观赏者觉得自己仿佛是在平视这幅画。因此,在作画的时候他故意扭曲了视角。耶稣的体型是他同桌人的 1.5 倍大小。画中人物落座的长桌被缩短了——总共有 13 位用餐者坐在桌旁,但桌子的长度只够为其中 11 人提供位置。甚至这幅画的背景也隐藏着一个透视上的技巧:乍一看,画中的房间仿佛是长方形的，但其实它是向后收缩的。这幅画看上去就像自然空间的延伸。

　　值得一提的是，《最后的晚餐》不仅"耍"了几何透视上的小把戏，它还特别复杂，提供了看似无限可能的观点和意义，甚至也为阴谋论留出了空间。其中最著名的要数丹·布朗的全球畅销书《达·芬奇密码》(*Das Sakrileg*)了。靠近来观察这幅画就会发现，对于这看似清楚的场景中到底发生了什么，谁也说不清楚。是在这一刻，耶稣对他的门徒们宣布"你们其中有一个人将背叛我"，还是基督教的祝圣仪式正在此刻进行？这幅画作给两种观点都提供了素材佐证，人们得出这样一个结论——两者都对。过去和将来这两个时间层面的事情在同一时刻发生。有些人阐释称，他们甚至在这幅画作中看到了未来的元素：耶稣的双脚以一种显得极不自然的方式（他后来被钉在十字架上时的姿势）交叉着放在桌子下面。艺术史学家列奥·施坦伯格称这幅画为"浓缩意义的奇迹"。他在《最后的晚餐》中看到了达·芬奇的"一种高智商风格，一直以来的不兼容性得到了统一，不同时间间隔被迅速地可视化，矛盾变成了奇迹般的和谐"。施坦伯格确信，达·芬奇就是故意如此作画，有可能就是没有清晰的（也可以说是"一维的"）阐释。

　　人们可以在《最后的晚餐》上消磨许多时间。这幅画作初看上去好像只是对一个著名的《圣经》故事的高明呈现，但正逐渐像《蒙娜丽莎》那样，变成一个谜团。

讨人喜欢的新眼镜？

保加利亚新闻记者玛利亚·波波娃认为，"达·芬奇非凡创造力的源泉，就是他能获得不同的思维方式的能力"。那么，我们又该如何从中获得关于我们自己思维方式的领悟呢？为了找到答案，我们应该瞧一瞧达·芬奇的脑袋——就是字面意思，看一看他的大脑。

我们观察世界的方式，到底是以一种更理性的线性角度，还是以一种感性和情绪化的角度呢？我们究竟是研究生物学还是表演舞蹈？这些都会体现在我们大脑的构成及其对待世界的方式方法上。从科学上讲，这些倾向性是与左脑还是右脑占优势地位密不可分的。这种半球模型简单化地解释了大脑的工作原理，给左脑和右脑清晰地划分了不同的任务领域。因此，左脑是理性、分析性和语言性过程的专家，右脑则负责创造性和情感性过程。这一模型被认为过时了，因为人们现今不能再这么程式化地解释事物了——左右大脑同时参与了理性、情感和语言的过程。这种泾渭分明的划分并不存在。不过，确实存在某些人倾向于使用大脑的某个区域从事某些活动的现象。上文的模型依然还有一定的用武之地，毕竟它能够说明某些存在的倾向以及某种性格状态。奥努尔·贡特昆教授在波鸿鲁尔大学从事大脑半球间的协作研究，他认为："鉴于不同的组成成分和能力，大脑的两个半球中隐藏着不同的性格特点。"[6]这些性格特点构成了自我形象，从而决定了我们以何种方式应对生活中遇到的万事万物。这就像一副眼镜，牢牢地卡在我们的头上。我们很少能遇到有转换视角能力的人，就像一个人可以自由换戴不同的眼镜。似乎达·芬奇可以准确地做到这一点。

  关于这种相互关系，史莱因提到了一些特别有趣的现象，这是他从达·芬奇的笔记、文章以及对其性格的描写中得出的。大脑的结构和两个半球在功能上分工的情况，取决于性别、左/右撇以及性偏好等因素。最典型的要数那些男性、异性恋、右撇子的大脑。有这些特征的人，大部分由左脑占主导地位。有趣的是，左撇子的大脑不仅仅说明他们是右撇子的反面，同时说明他们的大脑更具对称性。女性和同性恋者也如此。此外，神经学家桑德拉·维特尔森发现，作为连接左右脑的桥梁的胼胝体（corpus callosum），除了负责信息交换，还会抑制大脑的其中一半，这种趋势在左撇子和男同性恋者中体现得更为明显。当然，这一结果并非对每个人都适用的坚若磐石的绝对事实，而只是一个一般化的结论。研究表明，其呈正态分布的特点具有统计学意义。它适用于绝大部分人群，但是并非所有。虽然有其局限性，但这一特点恰恰适用于达·芬奇：他是左撇子（当然，他可以熟练地使用两只手），会在自己的笔记本上从右往左书写镜像体文字。此外，有人据此还认为，达·芬奇有可能是同性恋，其理由是：他终生未婚，没有子嗣，在笔记中也从未谈及过女性。女性对他而言，只是其艺术创作中视觉上很有意思的素材。青年时代，他曾经被捕入狱，因为人们指控他有同性恋的行为——当时这还是一种犯罪行为。他的同性恋倾向，他惯用左手的习惯，以及他所写的镜像体文字，都暗示了达·芬奇的大脑同一般人相比更具对称性，大脑的两个半球可能彼此具有更强的连接性。史莱因还举出了另一个证据，即达·芬奇特别喜欢隐喻和谜语。"这些现象发生的原因，明确说明了他的胼胝体纤维赋予了他左右脑更强的连接性。"右脑可以理解隐喻、肢体语言、幽默和语音语调等事物。换言之，左右脑协同合作是十分有必要的。达·芬奇可以毫不费力地使用大量隐喻和图像进行交流。

我们可以形容这种大脑是对称的或者是平衡的，再或者是雌雄同体的。因为一般来讲，和左脑有关的那些特性，如理性、分析能力及计算能力，通常是和男性气质相提并论的，而右脑的创造力和情感特性与女性气质相关。塑造多视角式思维结构的问题就在于："所有的文化都教育男人要'阳刚'，要轻视并且压抑他们性格中被文化视作'阴柔'的部分。而对于女人，则正相反。富于创造性的个体们在一定程度上摆脱了这样一种呆板的性别刻板印象。"心理学家米哈里·希斯赞特米哈伊在他的《创造力：心流与创新心理学》（*Creativity: Flow and the Psychology of Discovery and Invention*）一书中写道。这是他和他的团队在采访了91位极富创造力的人士之后得出的结论。测试中，希斯赞特米哈伊宣称，富有创造力的姑娘们在行为举止上会显得比其他女孩更霸气、更咄咄逼人一些，而富有创造力的小伙子会比别的男孩更敏感、攻击性更弱一些——这引人注目的特点屡试不爽。"对于一个在心理上雌雄同体的人而言，他们实际上做出反应的可能性是翻倍的。他们和世界互动的方式是丰富多彩、花样繁多的。这也难怪，富有创造力的个体不仅更有可能拥有自己性别的种种优点，还具备另一个性别的优点。"

有趣的是，雌雄同体性在达·芬奇的画作和草图上比比皆是。蒙娜丽莎、施洗者圣约翰、《最后的晚餐》中年轻的圣约翰——很难准确定义他们的性别。如果仅仅把达·芬奇的思维方式归因为心理上的雌雄同体，那么我们难免会不必要地弱化达·芬奇身上艺术家和发明家的特点。

有些专家相信，大脑的两个半球不仅拥有各自的能力专长，甚至还有自己的意识。英国精神病学家伊恩·麦吉尔克里斯就是其中之一，他在《大师和他的特使》（*The Master and his Emissary*）一书中谈到，胼胝体最重要的功能或许不仅仅是在两个大脑半球之间实现信息交换，还可以抑制一个大脑半球。这很重要，因为两个大脑半球的意识（或称"视角"）虽能相互取长补短，但是彼此之间也会产生矛盾。麦吉尔克里斯的理论认为，我们生活在一个左脑意识占主导地位的时代，并用抽象的、理性的、一般化的思维对待这个世界。与此同时，右脑创造出一种世界观，在这种世界观中事物是不断变化、永无止境的。达·芬奇的多才多艺或许就是大脑两个半球的视角和能力完美融合的结果。他是一位发明了战争机器的和平主义者，一位富有同情心的素食主义者。他会在集市上买小鸟并将它们放生，但还会兴奋异常地解剖动物。我们可以认为这是无意为之的行为，但是也能将其视为一个男人的能力，即接受不同的视角，并能使之合理化。他知道，单一视角的观点看法永远不可能是普遍有效的。许多人认为，正是因为此，达·芬奇才变得如此富有创造力。

　　左/右撇、同/异性恋、男/女性——这些都是我们几乎不可能改变的特性，也是我们绝大多数时候不愿改变的特性。但我们真的能像麦吉尔克里斯所言，可以打破左脑的统治地位，可以让我们的思维和视角变得似乎更具对称性吗？这些问题还没有最终答案。但是已经有许多证据表明这似乎是有可能的。和已有认知不同的是，我们的大脑即使发育成熟，也并非冥顽不化的，在我们一生之中它都是在变化的。无论我们是研究物理学、跳肚皮舞、画油画还是读这本书，我们所经历和学到的一切都会对大脑的结构产生影响。一旦我们意识到我们的大脑有可能在世界观和人生观上产生两种看似完全不同的观点，拥有两种相互对立且每一种都完美有效的思维方式（在一个人身上的两种独立的具有觉悟天性的统一），就会改变我们的观点：我们可以变得对我们感知认识的各个角度更有意识，其中的某些角度在通常情况下会被我们认为是无关紧要的而被搁置在一边。一个更喜欢感性化视角的人，也可以在理性化思维方式上做得很好。相反，一个被逻辑主导的人，如果乐意接纳一些非理性的、多愁善感的观点，对自己也是大有裨益的。一开始，这或许显得有些不自然，甚至让人感觉不舒服——毕竟，我们在这期间会质疑属于我们自我形象的东西。但最终，一个灵活的、创造性的思维会脱颖而出。这并不是要我们毫无观点，而是要我们更好地充分利用自己感知认识的多种可能性。每一个一成不变的视角其实最终都将会枯竭。

达·芬奇——模糊了界线的人

艺术史学家肯尼斯·克拉克评价达·芬奇为"历史上上下求索的人中最孜孜不倦的一位"[7]。当我们认识到达·芬奇是一位多视角的思考者后就会明白,为什么他的探索之路从未停歇:只要还存在需要阐明的角度,他就永远不会满足——总会有新的知识。

但是,这种思维方式似乎有更广阔的背景。达·芬奇似乎有一种意识上的统一性——这并非故弄玄虚,而是作为在理智和情感上对事物之间联系具有亲身经历的感知认识。在他的一个笔记本中,他为"完美精神的发展原则"[8]写过如下的说明:

> **研究艺术的科学。**
> **研究科学的艺术。**
> **发展出你自己的感官知觉——首先学会观看。**
> **认识到万物皆相连。**

这四点揭示了达·芬奇多视角式思维背后蕴藏着怎样的思想态度。艺术和科学对他而言就像一枚硬币的两面,彼此是不可分割的。它们也因此能够毫不费力地融入他的工作之中。他在反复出现的相似、连接之处和范式中看到了事物的联系。他认识到,人们扔进水中的石头会激起一圈圈涟漪,就像声波一样。多视角或许意味着,人们需要一直从不同角度看待现实,但又不必在各个角度之间划上一条界线。或许这也就是为什么达·芬奇从不整理他的笔记。他可能在他的某个笔记本里随便记了一笔，几年之后又突然迸发灵感，在同一页潦草地写上几笔。他的这种风格快把后世的一众研究者逼疯了，但是对于他的思维方式而言，这完全合乎逻辑：他对分类不感兴趣，写下的每一个灵感、每一个观察，都与他记录下来的其他想法有关系。他著名的"晕涂法"（Sfumato-Technik）就形象地体现了这种模糊的界线（此外，这还是他对透视画法做出的另一个艺术创新的贡献）。他之前的艺术家会用黑色的线条勾勒出背景之中的人物，之后再完成人物的绘制。达·芬奇宣称，人物的轮廓既不是身体的一部分，也不是其周围空间的一部分——他在绘制人物的时候，会让人物与周围环境的界线模糊。

如果你想亲自试验一下多视角式思维，那或许可以试着质疑一下你的视角是符合"女性特质"还是"男性特质"。这在今天听上去似乎再也不惊世骇俗了，因为性别之间的界线早已变得比以前更模糊（这或许会让达·芬奇感到欣慰）。然而，精神学家可以作证，一直以来的性别认同还是不可撼动的。如果你试着挑衅一下又会怎样呢？请扪心自问，你看待世界的方式受"男性"或者"女性"视角的影响有多大，试试换副"眼镜"戴一下。你的感觉认知又会发生怎样的改变？你看待现实的角度是不是比以前更多了，或者变得不一样了呢？

你可以试着对这种转换视角的游戏进行举一反三——如果你是一位"无肉不欢"的饕餮客，就可以试着用严格的素食主义者的视角审视一下自己，再或者换一个你完全陌生的政治观点。你甚至可以尝试做得更多，不仅是从理智的角度出发看待其他观点。通常情况下，我们只接受我们有好感的观点。但是，暂时让自己冷静一下，暂时从肉食动物的角度换到严格素食者（或者反过来）的角度思考，感受一下这一视角。你不必为此走进一家餐厅点相应的菜品，这一切你坐在家里的沙发上就能完成。在某些方面，你的大脑和你的身体没有什么区别：如果它活动不多，或者总是做相同的动作，就会变得僵化、不灵活；如果人们学会接受陌生的、不寻常的视角，我们的大脑就仿佛是在做体操，思维也会变得更富有弹性和创造性。

苏格拉底

哲学的情人
——不惧虚无

长久以来,人们对这位古希腊哲学家总是抱有热情,但同时也有困惑和愤怒。在苏格拉底逝世近 2500 年后的今天,情况也和古代雅典时别无两样。尽管当时的雅典人曾经和有血有肉的活的苏格拉底打过交道,对他暴跳如雷,将他捧上神坛,但是现代学者却在一个根本性的问题上产生了分歧:历史上的苏格拉底到底是谁?他到底在教授些什么?因为这位以哲学家的身份而名垂千古的男人,使得他之前的所有思想家都被称作"前苏格拉底学派",可他却并没有为后世写下他学说中的只言片语。责任并不在于他,因为苏格拉底就是一个活生生的存在,他总是在不断追问,思索一个又一个的意义。苏格拉底在对话录《斐多篇》[①]中说,文字和绘画相似,"因为其产物只是逼真而已,如果你问它们问题,它们

[①] 《斐多篇》(Phaidros),由柏拉图所著,对话是托名苏格拉底同信徒斐多进行的。主题是修辞学和辩证法的关系。——译者注

就会保持高贵的沉默"[1]。一旦写下来,词语就失去了力量,从而僵化于纸面之上。这一态度已经充分显示了苏格拉底的思维方式。

但是,我们在研究这一思维方式之前,必须先研究一下"苏格拉底式的问题",也就是关于苏格拉底的理念和柏拉图所记录的苏格拉底的理念之间的界线。柏拉图是苏格拉底赫赫有名的学生,记录了他的老师的诸多教诲。尽管另外两位与苏格拉底同时代的名人——喜剧作家阿里斯托芬和古典政治家、作家色诺芬也描写过苏格拉底,但两人都没有柏拉图多产。与此同时,柏拉图记录的苏格拉底的谈话和对话,就其哲学性而言也较阿里斯托芬和色诺芬记录的要丰富得多。这些谈话和对话中,隐藏着苏格拉底精神遗产中最璀璨的思想片段。问题就在于:柏拉图仅仅是实事求是地记录下他的老师的思想,还是利用了苏格拉底的形象来为他自己的理论背书?许多人认为,柏拉图用这种方式剽窃了老师的思想。如果这种观点成立,那么这就不仅为出处之间的矛盾提供了合理解释,也为柏拉图记录的苏格拉底那些前后不一的表述提供了解释。在本章中这一点很重要,因为我们想要深入了解苏格拉底的思维方式,而不是如苏格拉底传记作家保罗·约翰逊轻蔑形容为"杂种"(Platsoc)[2]的思维方式。

首先要说明一点:数百年来,研究者就这一点争论不休,但也从来没有达成共识。每个人都可以自己回答这一问题。我们可以把自己归到这样一个阵营,即认为在柏拉图记录的苏格拉底式早期对话中可以看到"真实的"苏格拉底。约翰逊写道,一开始,"柏拉图还是无辜的,他相当着迷于苏格拉底的思想和方法",还能

"准确地复述呈现它们"³。但之后,柏拉图就把他老师的形象当作提线木偶加以利用,借此来传播他自己的想法,特别是他的"理型论"①。为了从文字中筛选出真正的苏格拉底,我们只需要研究柏拉图早期的作品。这种研究方法存在争议,因为柏拉图的作品的时间顺序并不足够清晰。其他人通过将柏拉图的作品和其他出处的作品加以对比,以寻找"真正的"苏格拉底。在阿里斯托芬和色诺芬那里没有出现而在柏拉图那里出现的内容就要被打上问号。这种方法很容易理解,但也有缺点:柏拉图、色诺芬和阿里斯托芬的文章之间相互重叠的地方特别少。还有人认为,"理型论"纯粹是柏拉图的,"真正的"苏格拉底从来没有支持过这一理论。但是,苏格拉底早期被公认的"真正的"那些对话中,就已经有过对这些想法的暗示了。

相反,如果我们把柏拉图文章中每一句以苏格拉底之名讲出的话都当作苏格拉底式真实的名言的话,那么其中所呈现的苏格拉底的形象就会变得相当复杂。这样的苏格拉底是一位激进的思考者,现代某些哲学课堂上将他的理论当作僵化的思想这一点,一定会被他大加嘲笑。色诺芬在他的第三本著作《回忆苏格拉底》(*Memorabilia*)中写道,苏格拉底强调,一个人的性格特性会"通过他的表情和肢体动作展现出来,或者是在站立的时候,或者是在行动的时候"⁴。

---

① 理型论(theory of Forms,或 theory of Ideas),西方哲学对于本体论与知识论的一种观点,由柏拉图提出。——译者注

如果他所言无误，即人们可以通过外在迹象推断出一个人的本性，那么苏格拉底的面孔和肢体能让我们得出这样一个结论，那就是这个人非常令人难以捉摸。他的同侪将他描绘为一个面目相当可憎的人。他总是光着脚走来走去，不喜欢洗澡，即使在寒冬腊月也只披着一件薄薄的斗篷。与此同时，他又是一个让外界印象深刻的人物。古罗马哲学家兼演讲家西塞罗这样描写他：他在古希腊的体育馆里锻炼身体，从不没必要地提高声调，而且声音富有韵律感。当他在极少情况下发怒的时候，他说话的声音就更轻了。他酒量不小，却不会失态，人们从他的脸上总能看出沉着冷静。是的，苏格拉底就是一个完全令人糊涂的现象级人物。即使是他的理论，也极富恼人的矛盾性。在一段对话中，他可以令人心服口服地捍卫某一立场，而其目的仅仅是在下一场对话中提出这一立场的反面。他似乎否定人类具有真正智慧的一切可能性，可随后又提出清晰的哲学思想。同那个时代的精神相符的是，他也醉心于美好少年的肉欲，但却从不涉足其间。他明显具有一些神秘特性：他会同内心的一个声音、他的守护神对话。他有时候就伫立在那里，凝望着虚无缥缈。

　　同一位哲学家的形象相比，简化版的苏格拉底简直是过于苍白。他是一位总在怀疑的理性主义者和道德主义者，一位充满逻辑的思考者，一位没有神秘色彩、没有色情爱好的虔诚者。无疑，一位具有如此多样性的哲学家是吸引人的，他的形象更容易被操控，从而符合人们对于一位哲学家的西方式想象。但是，苏格拉底并不是今天的人们所想象的那种哲学家。他生活在一个类似文艺复兴的氛围中,哲学、科学、诗歌以及神秘主义彼此交融,取长补短,进而共同形成一个整体图景。我们必须把他放在这样一种背景之下去审视,而我们今天的分类是人为的,这对于他来讲太过于狭隘。苏格拉底在某一特定时刻的行为举止,还和与他相关的那些人有关。桑德森·贝克在他的《孔子和苏格拉底》(Confucius and Socrates)一书中写道:"苏格拉底……在几个小时,甚至在至少 25 年,又或许在 40 多年时间的每一天中,显然讲授并探讨了很多话题。他几乎没有或者根本就没有提出自己的学说理论,只是想通过一个又一个问题,从别人的心中引出真理。鉴于此,很有可能与不同的人探讨过许多不同的话题。这些渴求智力和形成自己价值观的人,确实能从与他的接触中获得千差万别的哲学思想。"[5]

因此,我们对于"苏格拉底式的问题"的立场如下:我们在字面上接受柏拉图所言并基于此得出结论,即他的作品中所描绘的苏格拉底是可信的。苏格拉底的形象和思想中看似矛盾的地方又是如何与他的思维方式相符的呢?接下来我们将做展示。

真理的"接生婆"

苏格拉底为自己研究哲学挑选了一块不寻常的地方。他并不在威严的、凉爽的厅堂之上探讨哲学,而是在雅典脉动的心脏——阿哥拉①。在这片几乎是四边形的广场上，众神享有他们的宫殿，政治制度将它们的实体设立于此，矗立的雕像讲述着英雄的故事，生活在这里喃喃低语。人们要想在此讨论交流，就必须提高嗓门。希腊的烈日炙烤着大地，人群摩肩接踵，空气中弥漫着汗臭味。阿哥拉还是一座集市，一个聚会的地方。日复一日，雅典的市民们聚集在这里，交流闲话八卦，购买海鲜、无花果和面包。就是在这里，苏格拉底赤裸着双脚在嘈杂和炎热中躲来躲去，用他的问题将雅典人从一成不变的生活中拽了出来。历史学家贝塔尼·休斯写道，苏格拉底"可怕得难以捉摸"[6]。苏格拉底会突然跳到一位茫然无知的路人面前，用一个基本的哲学问题吓他一跳："最好的人啊，作为一位来自最伟大的因智慧和力量而闻名的城市的雅典人，你为什么不因为想要得到金钱而羞耻……不要为了理智和真理担心，不要担心你那处于最好状态的灵魂。"[7]

色诺芬和苏格拉底就是以这种方式相识的。苏格拉底青睐的观众是青年人，而年轻的色诺芬一定是入了苏格拉底这位哲学家的法眼。苏格拉底走到他面前，一开口便漫不经心地问在哪里可以买到某些生活用品。随即，他又完全出人意料地问道："那么，一个坚强无畏、品行端正的人看上去是什么样的呢？"我们不能对色诺芬求全责备，他被彻底搞糊涂了。这时，苏格拉底提议道，

---

① 阿哥拉（Agora），泛指市集、广场，特指古希腊、古罗马城市中的经济、社交和文化中心，是市民探讨哲学、政治，以及相互结识的地方。最著名的阿哥拉是雅典阿哥拉。——译者注

这位小伙子应该加入他的队伍，进一步探求问题的答案。

这是苏格拉底的典型做法。他把自己比喻成牛虻，能够让一匹高贵却懒散的骏马兴奋起来。他想要将人们从日常喧嚣中拯救出来，想让他们睁开双眼。毕竟他们太过于坦然地接受生活，而没有对它刨根问底。有些时候，他也会因此冒犯别人，这毫不稀奇。我们可以这么说，他有时候就是广场上一个相当烦人的家伙。尽管如此，还是有许多人认为这位赤脚哲学家和同时代的其他思考者截然不同，他有一种神秘的吸引力。因为苏格拉底展现了哲学与现实生活的关联性。西塞罗后来写到苏格拉底的时候表示，他是第一位"将哲学从云端召唤下来，带到城市之中，带进千家万户，置于必需品的位置的人，他直接研究那些与人类生活、习俗、善恶有关的事物"[8]。

在那个时代，雅典城里有两派哲学家：一派教导人们应该思考哪些内容，另一派教导人们应该如何思考。苏格拉底显然属于后者。他不是一位传授智慧的教师，也不向其他人解释世界。他对预先设置的那些概念没有兴趣，而是追问一切，包括他自己的一些观点。他将自己视为"接生婆"，帮助他人"分娩"出属于自己的智慧。苏格拉底在与旁人的对话中实践着这种叫作"助产术"（Mäeutik）的启发式问答教学法。他很少只是给听众做一番关于某一主题的简单演讲，通常会提出诸如"什么是公平""什么是真理""什么是勇气"之类的问题。他并非以教师的面孔出现，而是以学生的姿态假托希望受到别人的教导。这会让他的交谈对象感觉良好，从而引导他们向他解释世界。他们并不知道自己所参与的是什么。苏格拉底通过不断友善地提问——有时甚至还为自己的"幼稚"道歉，让对方自己意识到臆想的知识不过是假象。

这位令人迷惑的哲学家从来不会让自己被一个脱口而出或者显而易见的回答敷衍过去。他会问个不停，直到从对方前后矛盾的思想中证明对方的释义或者观点是错误的，或者是未加思索的，又或者是只在某些特定情况下才成立的。用这种方式，苏格拉底打击了对方支持自己论断的自信心，让他们看到自己的回答无论听上去多么美妙，其实都是空洞无物的。与苏格拉底对话之后，人们会觉得自己似乎什么都不知道。

当然，苏格拉底这样做的目的绝非装腔作势，或者让对方因自己的愚蠢而出丑。真是那样的话，他也绝不会收获一众追随者。

如果我们追踪苏格拉底的对话中体现的认知过程就会看到，苏格拉底希望向他的听众展示怎样的思维模式。他带领他们远离一种自信思维，而走向直接思维。自信思维中隐藏着一种傲慢，而苏格拉底想要揭露的正是这种不假思索、理所当然的事情。这些事情在我们的生活中时常发生，比如我们认为自己知道什么是爱情，什么是公平，什么是真理或者勇气。"但是，我们怎么知道某些事情是公平的呢？"苏格拉底会这么问，"这又是谁给我们灌输的呢？"事实上，我们虽然运用这些概念，但并没有真正了解它们的含义。只是因为这些概念的意思似乎是很明显的，我们就认为没有必要过分追问。每当我们认为自己知道的知识比实际知道的要多（这几乎总会发生）时，就是自信思维在捣鬼了。相反，直接思维意味着，不要把一切事物都当作理所应当、显而易见的。它建立在这样一种设想之上，即我们认为自己可以（且必须）对世上所要思考的事物刨根问底。不亲自研究的人只是生活在一个充满着各种模糊想象的大杂烩之中，人云亦云。我们也可以说这种思维是敢于冒险的，因为它总是带领我们踏上一段不确定的旅程。

苏格拉底那句最著名的名言"我知道我不知道"的出现并非偶然。几千年来，这句话令人们痴迷。它其实有某种讽刺的意味，因为这根本不是苏格拉底的原话。这句似是而非的名言出自柏拉图的《申辩篇》（*Apologie*），它记述了一位叫作凯勒丰的雅典人告诉苏格拉底，他从德尔斐（Delphi，希腊古城）的神谕中得知，没有人比苏格拉底更智慧。"神祇到底是什么意思？它想暗示些什么？我自己还是很自觉地认识到，我既不过于智慧，也不稍逊于智慧。"苏格拉底自己也很诧异。书中写道，苏格拉底以他的方式开始探究神谕。他曾经同一位公认贤明的雅典政治家交谈："在同他的谈话中，我感觉这个人……大部分时候显得很有智慧，但实际上并不智慧。然后我就试图告诉他，尽管他认为自己很聪明，但事实并非如此。就这样，他对我怀恨在心……就因为对于我不知道的东西，我也不会相信我已经知道了，所以似乎我比他更有智慧一点点而已。"[9]

苏格拉底绝不是在强调，他一无所知。他的"不知道"（Nicht-Wissen）是对以下这一事实的觉悟，即人类本质上是有边界的，有些事物，本就是没有人可以知道的。一位鞋匠熟悉凉鞋，一位演讲家通晓雄辩，但这些都是专业知识。在苏格拉底看来，已经掌握的知识总是僵化的、一成不变的。这并不是智慧。智慧是永远不能记录、背诵下来的。智慧在某一个神奇时刻突然产生，在这一刻，心灵才智突然拓宽开来，为新的认识和领悟腾出空间。但这一瞬间总是稍纵即逝的。人们今天对于"爱"有了一些理解，但到了第二天就必须再次从头试着去理解它。

这也是苏格拉底自己不写作的原因。否则，人们就会把他的解释当作深思熟虑的智慧而口口相传。但这绝非他的本意。他想要传授的并不是内容，而是思考的策略。毕竟，他本人时刻准备着一遍又一遍地去质疑自己的知识，刨根问底，甚至不惜站到对立面。苏格拉底教导道：如果有谁认为自己已经理解一切，那他一定比那些意识到自己的知识有局限的人要愚蠢。矛盾的是，"不知道"是一种更高级形式的智慧。

在柏拉图的作品《阿尔基比亚德上篇》(*Alkibiades I*)中，我们看到苏格拉底试图向他的爱徒传授这种思维方式。阿尔基比阿德斯是一位富有而高贵的雅典人，那时他尚不足 20 岁，样貌英俊但同时也傲慢且自命不凡。他认为自己极富政治天赋，应该参与制定有关战争与和平的决策。为了开启自己的政治生涯，他想要作为一名演讲家在公民大会前抛头露面。苏格拉底训斥了这位年轻人一番，将他驳得体无完肤。苏格拉底运用了三种典型的苏格拉底式手段：讽刺、逻辑和幼稚的问题。苏格拉底用讽刺展现了阿尔基比阿德斯言论中隐藏的狂妄和肤浅。通过逻辑，苏格拉底又让阿尔基比阿德斯的回答中的种种矛盾暴露无遗。他还有意通过幼稚的问题来展露阿尔基比阿德斯自我评价中的那些显而易见的缺点。凭此，他质问阿尔基比阿德斯到底想怎样在雅典的公民大会上出谋献策——是探讨关于卫生健康的问题，还是探讨造船的艺术？如果是的话，那么或许医生和造船工程师更有资格发言，因为他们是这些领域的专家。阿尔基比阿德斯是什么专家呢？阿尔基比阿德斯不得不承认，他其实还没有学过什么能让他有资格参与治国理政的本事。接下来，苏格拉底让阿尔基比阿德斯给正义和非正义下个定义——毫无疑问，这是一位未来的政治家需要具备的基本知识。这位年轻人承认，他其实还没有思考过这些。他只是简单利用这些概念，并没有对它们有过任何思忖。不仅如此，他自己也求师无门，因为确实也没人真正清楚这些到底意味着什么。雅典人可能认为某一场战争是公平正义的，但他们的敌人却气愤地认为雅典人是不公平的。在苏格拉底接连追问之下，阿尔基比阿德斯语无伦次，陷入这些矛盾的定义之中，这位在对话开始前信心满满的年轻人终于完全迷惘了。"众神啊！哦，苏格拉底，我不知道我在说些什么，我只感到晕头转向。似乎你问了我一个问题，紧接着又有另一个问题。"[10]

阿尔基比阿德斯在这一刻的经历用古希腊语讲，叫作"aporía"，哲学上称之为"疑难"，即不知所措、绝望。疑难是直接思维的一个重要的组成部分。它是指在某个瞬间，自己坚信的关于某些事物的信念崩溃了。思维大厦轰然倒塌，人们站在满是烟尘的废墟之上茫然四顾，发现空无一物。苏格拉底认为这一刻非常重要，因为此时，人们才真正开始思考。自信思维拥有光鲜的门面，但这栋晃动的大厦却隐藏着未经核实的臆想和前后矛盾的信息。只有当它倒塌了，一条通往独立、创造和洞察思维的通途才能变得一马平川。

在这场对话结束之时，阿尔基比阿德斯的自信心已经所剩无几,他站在苏格拉底面前就像一个刚刚开蒙的孩童。这正是这位哲学家想要把他带到的境地。苏格拉底向阿尔基比阿德斯解释道,谁如果想统治别人,就必须先能够统治自己。为此,他必须学会直接思维。首先,如果想要有能力追问到生活的最基本面,那么人们就要牢牢把握住生活。苏格拉底认为,只有在属于自己的认知理解的基础之上,人们才能真正地自由行动。一个人如果不能够认识自己,那么他就不过是一个奴隶。他接着解释,这不仅适用于阿尔基比阿德斯,也适用于他自己,以及其他任何人。知道那些融会贯通的或者毋庸置疑的知识会产生自信思维,而"不知道"则是另一种形式的智慧,可以防止人变得泛概念化。直接思维并非一种纯粹的解构性过程,它的目的不是推倒一切我们坚信的东西,从而使得人们放荡地在人生道路上随波逐流。解构只是实现直接认识的一个前提。其核心就是时刻准备对自己知道的东西刨根问底,承认自己已获得的知识是有局限性的。毕竟只有经历这一过程,我们自己才能"生产出"真正的知识。现在我们可以理解,为什么苏格拉底自许为"接生婆"了。

自我认知是对心灵的呵护

苏格拉底是一位直接思考者,基本上不满足于重复使用别人的思想。他要亲自探求事物根源,因为对他而言,"一个未经审视的人生不值得过"[11]——他习惯于这么说。他挑选的手段就是对话,他把对话当作载着自己和谈话对象一起探寻真理的坐骑。他最为看重他这匹坐骑的特性,他同时也是语言大师,这两点是具有一致性的。

乍一看,他和他的同侪是一条阵线上的,因为公元前5世纪的雅典人都热衷于雄辩术。其中有很大一部分原因源于政治:这座古老城邦实行直接民主,每一位自由公民都可以在公民大会上登台亮相,要求获得自己的发言权。关键在于,听众们并非由政治家组成,而是由政治的门外汉组成。凭着一段精心编排、令人信服、声情并茂的演讲就可以在这里得到最好的分数,说服力就等于切切实实的政治分量。谁要想赢得影响力,就一定要成为一名诡辩家,钻研演讲的艺术,成为个中翘楚。因此,诡辩家们认为,演讲内容的重要性不及其外在的表现形式。一位出色的演说家,对于他一无所知的事物也能做一段演讲,而且还要比这一领域中那些不善言辞的专业人士更具说服力。这些诡辩家把演讲的艺术变成了权谋的手段和欺骗的面纱,并使其日臻完善,以此使自己在政坛游刃有余。

苏格拉底对于语言的态度与之截然相反。如果把苏格拉底比作营养学家,那么那些诡辩家就像食物造型师。他以自己一贯坚持的工作方法驳斥着那些更愿意制造假象,而非追求真相的所谓的老师。苏格拉底本人对于雄辩术的掌握也是炉火纯青的,这一点在《斐多篇》中就有体现。文中,苏格拉底和他的对话伙伴在一条乡间小道上散步,他即兴做了一番令人信服的演讲,内容是关于热恋的意义所在和荒唐之处——这段演讲的目的仅仅是随后再做一番动人的演说，而其内容则是与之截然相反的。他深知，无论人们如何操纵合适的辞令，都与真理毫无关联。

在《高尔吉亚篇》(*Gorgias*)中，他再一次反转了对雄辩术的定义，或者更准确地说，挖掘出了它本来的意义。他正好和那个时代伟大的演说家高尔吉亚展开了一段对话。高尔吉亚虽贵为伟大的演说艺术家，但是在苏格拉底的盘问之下，也和其他人别无二致。他开始自相矛盾，直到最后连他自己都不知道他的初衷是什么。苏格拉底利用这次谈话，展示了他对这件事情的看法：完美的雄辩术并不意味着要让言辞遮蔽真理。言辞必须引向真理。雄辩术本身毫无意义，如果不能辅佐人们探寻智慧，就只能成为纯粹的幌子。苏格拉底如果泉下有知的话，一定会赞许尼采的一句名言：每句话都是偏见（Jedes Wort ist ein Vorurteil）。[12]

由于苏格拉底极为强调不可不三思而后言，因此对概念的解释处于苏格拉底式哲学的核心位置。苏格拉底写过这样一句话，"智慧的开始就是对概念的定义"。虽然尚无法证明这句话真的是他的原创，但这句名言完美地呈现了他的观点。对于一个概念定义的努力探求，正是哲学的研究过程，也正是直接思维的过程。他的对话在大部分情况下都是从"这是什么"的问题开始的。直接思维意味着，人们对于某一问题的答案及某个概念的定义有先入为主的认识。当人们亲自探讨某一概念的定义时，直接思维才会发生。亚里士多德是柏拉图的弟子，同时也是古希腊最伟大的哲学家之一。他在区分只描述观点的名义定义（Nominaldefinition）和真实定义（Realdefinition）的差别时，就运用了直接思维。真实定义意味着某件事情到底是什么，而非人们对于这件事是怎么想的。真实定义要抓住一件事物的本质或者实质。或者用我们本章的语言来说：真实定义直接抓住了事物。如果我们能把一件事物从先入为主或者道听途说的想象中剥离出来，那么这就是与这件事物本身直接的接触，是与这件事物的灵魂（或者更现代的表达，这件事物的本质）的接触。同样，这一过程还会引导我们走向自我认知。当我们通过对话这一过程，解除"二手"知识的桎梏时，就会对"赤裸的"自我形象产生新的审视。苏格拉底在谈话中一次又一次谈到德尔斐神谕的铭文——"认识你自己"，绝不是没有道理的。探寻真理对于苏格拉底而言就是对心灵的呵护。"因为我在这里走来走去，不是为了做别的，就是为了劝说在场的老老少少，不要对你们过往的经历和财富担心，要关心你们的心灵……"[13]

在这里，苏格拉底的思维方式还具有直接的现实意义，因为对于这位哲学家而言，对（自我）认知的探求，是正确行为的唯一基础。苏格拉底认为，行为上发生错误的原因在于，我们认为自己知道某些东西，而实际上对其一无所知，但我们还是照旧行事。假如我们试着烤一块面包，即使我们并不了解烘焙，其结果似乎也没那么悲剧。但是，如果我们运用某些道德概念，却对其没有直接的了解，这就可能会引发灾难性的判断。他在同阿尔基比阿德斯的对话中，提醒这位年轻人在未来的政治生涯中要注意这种结果："你现在察觉到了吗？行为中的错误就是从这种无知中产生的，即自己不知道却还要认为自己知道。"[14] 一个涉世未深的年轻人认为他可以参与对于战争与和平的决断，这种想法的产生——在苏格拉底看来——问题并不在于他缺乏知识，而是在于他无视自己的无知。从对认知理解的探求中，苏格拉底得出了一个更高的道德标准，或称：直接的道德。一个不断扪心自问的人，会发现他并没有属于自己的道德概念。他所遵循的道德标准，仅仅是他学来的以及接收到的。但这些道德标准绝不可能成为他自己的，因此他也很容易因对其价值没有独立自主的见解而触犯这些道德标准。直接的道德是独立自主研究的结果，如果有人自己探究诸如"公平正义""良善"这类事物，他就会知道自己该如何行动。苏格拉底对人类有信心，他认为，一个人只有在没有更多了解的情况下才会犯错误。

现在我们可能会说，苏格拉底或许太过于相信人类了。每一个追问"良善"的个体，不一定非要得出一个不同的结果吧？这一点正好引领我们看一看直接思维很有意思的一个方面。如前文所说，直接思维和自信思维相反。后者以我们已掌握的信息为基础，这些信息当然总会前后矛盾，因为它们吸纳了不同的观点。我们可以打包票：人们永远不可能找到一个具有普适性的"公平正义"。但苏格拉底的看法不同，他认为，在他的思维策略的帮助下，人们可以认清某件事物（比如"良善"）的最大公约数——一个普遍的准则。

这正是理型论的基础，苏格拉底在与他的年轻同伴斐多的对话中对此有所解释（收录在同名语录《斐多篇》中）。苏格拉底与这位雅典人在乡间小路上散步——这对苏格拉底而言是很特别的举动，因为他极其不愿意离开雅典城。他说："田野和树木现在没有教给我什么，而城里的人们赐予我许多。"[15]但是斐多的陪伴，一定让苏格拉底感到很高兴。又或许周围美丽的环境给了他灵感，他在一棵悬铃木下，伴着潺潺的流水，开始给他的年轻弟子讲述一段关于灵魂的传说，这是一段充满诗意的故事：当灵魂丢掉它的翅膀，从众神的国度降临时，它就会钻进一副躯体中。那里，在大地之上，这个有了灵魂的人会下意识地回忆起那众神的国度，回忆起他自己的品质——真、善、美，以及那"真实的存在"。当这个在世间的人在一件事物或者一个人身上观察到了真、善、美时，就会在这一刻想起这些品质的最初形态——理型①。一个良善的人并非"拥有"良善，良善本身会通过这个人反映到观察者身上。"这其实是一种回忆，回忆起我们的灵魂在和神祇同游时的模样……"[16]

　　苏格拉底认为，与占有关于一件事物的信息相比，还有另一种理解这件事物的可能性。一个人要想真正认识这件事物，他就必须直接触及这件事物的本质。直接思维会引导我们认识一件事物的"理型"。当你下一次看到那些美的事物（比如落日余晖），就会意识到这一准则。对苏格拉底来说，美的事物（比如落日）、真实的事物（比如哲学）或者爱意的行为（比如男女关系）是世俗的形式，会让人想起理型国度的美好、真实和爱的本质。当我们观赏一场落日，或者感到对伴侣的爱意时，就会因此与"最极致的"美好和爱的基本理型联系在一起。直接的了解就意味着在这种关联之下，人们认识到的是一件事物最内在的本质，而非肤浅的或者视情况而定的表象形式。

---

① Idee，或称"理念"。——译者注

这样一来，直接思维的三个步骤就变得清晰了：第一步，对一件事物的表象产生自己的认知；第二步，意识到自己的无知；第三步，直接触及这一事物本身的理型（理念）。通过这一过程，人们就会接触到一种独立自主的理解力，它在这一刻醒来，从表象和偏见中解放出来，使人们不带着预设看法观察事物。

真真假假的稳定性

苏格拉底用他的一系列问题，向一种不服输的心理机制发起挑战。科学家早就知道，人类有一种过分高估自己的倾向性。这一现象被当作最常见的认知扭曲而受到广泛研究，并被称作"过度自信效应"（Overconfidence Effect）。最常见的研究方法就是询问被测试者对于某些想法和答案的正确性有多大把握。令人吃惊的是，当被测试者感到特别有把握的时候，就会经常犯错。但是这一效应的影响力远不止于此。研究得出的结果令人吃惊：在对自己知识和能力的自我评价上，我们经常会犯非常严重的错误。玛莎·T. 加布里埃尔和约瑟夫·W. 克里泰利在一项对高校学生的研究中发现，所有实验对象都对他们自己的智力给出了过高的评价，男性对象还会经常高估他们的吸引力。内布拉斯加大学的一项调查也表明，受访的教授中有94%的人评价自己的能力在平均水平之上。

乍一看，这种行为是没有意义的，甚至是危险的。事实上，研究人员也困惑了许久，对自己的过高评价怎么就成了人类行为的一个基本倾向？2011年，多米尼克·约翰逊和詹姆斯·福勒在《自然》（Nature）杂志上介绍了他们在研究过度自信效应时得到的一个很有趣的结果：通过模型计算，他们确信在特定条件下，对自己能力的过高估计能带来竞争优势。高估自己能力和力量的人，会表现得更加自信——通常也真的会因此取得成功。谈到这个，人们只会想到傲慢的商人，或者那些相貌平平却充满自信的人。但是，不仅仅是个人会高估自己，甚至国家也会这样，而这会带来灾难性的后果。约翰逊和福勒在此举了2008年金融危机和2003年伊拉克战争的例子。过度自信也会让政治家和企业家错误地判断形势，产生不切实际的预期，进而做出错误决策。难怪斯坦福大学的心理学教授斯科特·普劳斯称，过度自信效应是所有认知扭曲中最危险的一种潜在效应。

对自身的高估还有更深的一层意思。在那些自认为可靠的认知背后，隐藏了一种对于安全感的原始渴望。这是一种对于生存的需求——我们想要知道，我们在哪里。我们宁愿抱有错误的信念，也好过一无所知。谁没在一场讨论中，经历过顽固地坚持某个观点，而根本不确定自己是对是错的情形呢？对于世界的设想为我们创造了一套心理坐标系，我们在这套系统中活动。当其中遇到涉及生活的根本问题的时候，我们通常很少去质疑，而首先会认为有道理。对于某些事物，我们就是认为自己有把握。为什么？自信思维对此无解。它也不去探寻，因为怀疑总会伴随着迷惑和不安全感，它们会把一个自信满满的人转变成一个困惑的孩童。

这种思维方式的问题就在于：它仿佛能给人提供安全感，但实际上却是不稳定的。它承受不起一点儿信念的动摇，因为这会令它恐惧。它不能容忍过多的怀疑，否则它那栋安全可靠的思维大厦就会轰然崩塌。与此同时，它也能有意或无意地预感到，它那由信息和经验拼凑而成的信念，经不起严肃认真的推敲。我们的认识总是自相矛盾的。人们在学校学到的东西，并不一定和来自家庭的信息相一致，而家庭的信息又或许和邻居，或者至少是另一个国家的人们的想法相矛盾。当然，这就带来了一些根本问题：我们到底知道些什么？有没有一种想法是不会为人所左右的呢？如果我们将这一问题追究到底就会发现，原来我们知道的一切事物都是悬在半空中的。这一认识令人不适，因而我们大部分人会进行自我保护：宁愿选择坚持某些信念和准则，也不愿意将脚下的大地抽走。这一点在我们对科学的绝对信仰中也体现得淋漓尽致。我们中的大部分人并非科学家，也根本读不懂科研论文，然而我们还是倾向于相信科学研究所证明的一切事物。当搬出科学家（如前文提及的那些）作为佐证时，我们就会更容易相信过度自信效应的存在。原因很简单：我们把头深深埋进了过度自信的思维中，使得自己无条件地相信这些信息就意味着"真理"。

当然，科学研究和科学信息占据了我们生活的重要部分。但是我们也应该清楚，仅凭这些信息，我们并不能回答生活中遇到的所有问题。我们如果想知道怎样过好一生，那么肯定不能求助于科研论文。我们自然可以试一试求助于科学，但是结果可能并不会令人十分满意，因为就算我们可以从所有可能的方向（社会学、心理学、人类学等等）研究这一主题，最终也得不出一个明确的答案。如果我们想要得到对于根本性问题的答案，那么独立自主地审视认识是不可或缺的。这一能力并不会凭空具备，人们必须刻意培养这种能力。

采用直接思维的一个绝对性的前提是，人们要能够忍受困惑和无知。因此，采用这一思维方式的人们需要一些勇气。苏格拉底有勇气，他是一位无所畏惧的思考者。他完全不惧困惑，他的一些对话，特别是早期的对话，似乎一直在不停地旁逸斜出，不断深入，甚至没有结果。不知道什么时候，它就以疑难而告终。这在苏格拉底看来并不构成问题，因为他知道，只有当人们因不理解而困惑的时候，才会感到惊恐。困惑不是洪水猛兽，不会突然袭击我们的理解力，并将其逼进模糊的国度。相反，它是我们通往认知途中的一个必经阶段。实现领悟和理解并不能一蹴而就，我们还必须穿过疑难的山谷。当我们认清这一点后，困惑状态就不再可怕了。

而最吸引人的地方在于，直接思维可以创造稳定性，这可是过度自信的思维可望而不可即的。过度自信的思维总是奢望维系自己的信念。这很劳神费力，带来的是经常被人混淆为稳定的某种程度的僵化。其中隐藏着巨大的思维误差。信念并不能带来安全感，因为信念总会摇摆不定。

唯一真正的稳定性来自能够质疑生活中一切事物的能力。一个人如果不害怕困惑和"不知道"，那么即使所有的信念都崩塌，他也能笑到最后。即使失去脚下的土地，他也会发现自己还能飞翔。

学习迷恋上这种状态,就是一种能力,这也是那些不以旧信息为基础的新的认识和理解能够发生的前提。

因此,苏格拉底也能够心平气和地对待死亡:在雅典城以"误导年轻人"和"亵渎神祇"为由让他服毒自尽时,他用平日最喜欢的方式度过了最后一天。他和来访者谈论哲学问题,甚至有生以来第一次写诗。逃跑并非不可能,但是他拒绝了,因为他不想离开雅典。在最后一刻,他平静地饮下了毒药。死亡是终极的困惑,也是终极的"不知道"。但在这一刻,对于苏格拉底而言,这二者早已经是他的挚友了。

来自希腊的情人哲学家

让我们来仔细端详一下苏格拉底,看看绘画和雕塑把他描绘成什么样子——高贵的、正直的、严肃的。我们会觉得,这位哲学家是一个内心精神世界极为丰富的人,对人性化的事物毫无兴趣。这样一种想象可谓和事实相去甚远。确实,苏格拉底是一个有自制力的人,但他的内心其实燃烧着熊熊的火焰。他的对话中充满了诗意和感性,在听众中也能煽起一股他自己也无法解释的热情。"因为当我听到他的声音时,我的心怦怦跳……听到他的话,泪水涌出了我的眼眶。我还看到,同样的情况也发生在其他人身上。"[17]同时代的人这样描写道。

对于这样一个人,到底是什么唤起了这样的反应?对于这样一位哲学家，到底又是什么让他不甘心静坐宅中苦思冥想自己的问题，而把他每天"拽"出家门和人群接触？又是什么使他在对话中一次又一次地迷恋真理、追求真理，并用诗意的语言描述真理？在希腊语中，"哲学"这个词字面上是"对智慧的爱"的意思，这并不是巧合。但是这个概念并不十分确切，因为希腊语单词"Philia"描述的这种爱，是一种友谊形式的爱，而苏格拉底和智慧不仅仅是朋友。

如果我们想理解苏格拉底和智慧之间的关系，就必须读一下柏拉图的《会饮篇》（*Gastmahl*），这篇对话被公认为他的杰作。出席宴会的都是贵族，人们决定当晚不再喝醉，而是轮流做一番关于厄洛斯[①]的演讲。厄洛斯是爱欲之神，负责让人们被渴望所俘获，狂热地燃烧自己，并被彼此的欲望所吸引。苏格拉底的演讲是当晚的一个哲学上的高潮，他以一段关于他的女老师狄奥提玛的故事语惊四座。如他所言，狄奥提玛教会了他"爱的本质"。狄奥提玛教给苏格拉底的关于厄洛斯的解释很有意思，她解释道：厄洛斯是凡人对永生不朽的渴望。这一渴望促使凡人进行身体的性行为，人们通过生育子女而使自己"不朽"。狄奥提玛讲授道，还有一种更高级形式的生育和爱欲。"有一些人，他们的灵魂比肉体更热衷于生育。灵魂通过创造出与其相宜的事物，不断进行生育。但是究竟是什么与灵魂相宜呢？答案是智慧和其他所有的

[①] 厄洛斯（Eros），在希腊神话中，他是爱欲和情欲的象征，其形象是一个手持弓箭、长有翅膀的儿童。他在罗马神话中的名字更为知名，即丘比特。——译者注

美德。"[18] 哲学家的性欲会把他引向智慧。他将对某一个体对象的渴望延伸成一个普遍性的准则,从而接近智慧。狄奥提玛这样描述对美的渐进式哲学认识:哲学家认为,一个拥有完美肉体的人并不占有美,而是分享着美的原则(或称"理型")。如果他环顾四周,随着时间的推移他总会发现更包罗万象的、更高级的美的对象:美寄寓在所有美好的躯体上的本质,以及美德、行为之美和哲学认知上的精神之美。最后,他会遇到美本身。狄奥提玛认为,这一精神上的经历,这种与最初的理型融为一体,才是在爱欲上实现的最高级目标。"……由一到二,再到一切美丽的躯体,从美丽的躯体到美的渴望,从美的渴望到美的认识——直到人们认识到那种最原始的美,最终明白美的本质。"[19] 这种渴望,即厄洛斯,变成了人类和众神(理型的王国)的中间人。

苏格拉底一生都在追随着狄奥提玛的教导。于是我们也就能够理解,为什么苏格拉底似乎热切地渴望着美少年,但是却又"片叶不沾身",甚至和伟大的阿尔基比阿德斯也没有瓜葛。阿尔基比阿德斯在《会饮篇》中痛苦地抱怨过苏格拉底的冷淡。他是没机会的:苏格拉底把厄洛斯当作超越性(Transzendenz)的途径,而非满足肉体欲望的工具——就像他的老师所教导的那样。苏格拉底对于真理的热爱和崇拜超越一切,他被对真理的眷恋所深深俘获。他不是干巴巴的哲学家,在他的整体思维方式中,他就像一位哲学的情人,一位充满着对哲学的爱欲的思考者。

我们甚至可以这样说,他是在和他的对话伙伴进行着一种微妙的爱的游戏。对话就像一次性行为,随后生下了认知理解。通过不断深入地探究，他越来越接近于他的研究对象。理想情况下，他最终会直接接触到研究对象，从而产生与传统意义上的知识毫无关系的直接认识。这种直接接触以及融合，正是直接思维的爱欲本质。

每当想到一段长期的恋爱关系时，我们可能会产生一些爱欲上的回忆。在这段关系的开头，恋人们充满了对彼此的渴望——就像古希腊人所说的，被厄洛斯所俘获。一段时间过后，这种感觉就会减退，甚至完全消失。恋人们彼此似乎太过了解，以至于再也找不到最初的激情。事实上，此时的恋人们确实再也看不到对方身上未知的神秘了。我们知道对方在餐厅会点什么菜，知道对方清晨醒来的样子，不用猜就知道对方喜欢什么音乐。然而，这些信息并没有构成对方，而仅仅是我们关于对方的认识。如果由于某些原因，我们"忘记了"关于对方我们所知道的一切（比如由于某个机会和对方在一个陌生的环境下，或者两人许久未见），那么彼此便又会变得亲密无间。即使时光短暂，两人还会再次相爱。

苏格拉底的一生都在以某种形式处于热恋之中。他不断让他的思维在无知的状态下度过每一天。这样，他总像初次见面一样接触着现实世界，总会察觉到它的吸引力，从而克服了自己和事物之间的距离，直到深入最微妙的内在核心。

如果你想要遵循这样的思维模型，那么可以在某次需要做出道德决定的时候尝试一下。比如，当你不知道是否要为某个慈善目的捐款，或者是否要为某些美好的事物倾囊相助的时候，如果你向自己的 5 位朋友征求意见，肯定会得到 5 种不同的回答，因为每个人给出的答案都是建立在自己已知的看法之上的。这样一来，即使经过深思熟虑，你也永远不可能得到一个真实的看法。最终，你就会遵循那个最能打动你的答案。潜在的纠纷依然存在，因为你并没有真正想清楚，而仅仅是把其他的可能性搁置在一旁。与之相反，你可以试试运用直接思维：把你掌握的所有关于这件事情的信息和看法放在一旁。或许，把这些信息写在纸上会让你好受一些。这样做的目的是摆脱它们，不让它们在你的脑海中捣乱。当你清理掉这些多余信息后，你的大脑就彻底放空了，然后你重新审视这件事情。观察它，不要抗拒你在这一刻什么都不知道的这一事实。或许你会感觉大脑空荡荡的，或许你会做出困惑的反应，或许你还会感到不适。但是，如果你能够做到在这种状态下保持冷静，不盲目地在空洞和朦胧的感觉中寻求解决方法，你就会发现，谜团在某个时刻自己消散了。突然之间，如同凭空产生的一般，你会获得一个全新的、直接的认识。在这一刻，你仿佛经历了一场感官上的刺激，和这件事本身产生了直接的接触。在这一刻，你就像苏格拉底一样，将哲学从空中拽到了地上。

汉娜·阿伦特

积极式思维
——艾希曼的隐喻

1964年,主持人君特·高斯在他的电视节目《关于此人》(*Zur Person*)中,曾经和汉娜·阿伦特有过一段当时堪称经典的对话。这段对话始于一场很特殊的辩论:高斯坚持认为,阿伦特是一位哲学家,而阿伦特却友好地否定了他的这种观点。面对阿伦特的反驳,高斯显得有些愕然。毋庸置疑,阿伦特与德国哲学有着不解之缘,她师从马丁·海德格尔、卡尔·雅斯贝斯等哲学大家。她自己也是著名的哲学经典《极权主义的起源》(*Elemente und Ursprünge totaler Herrschaft*)和《人的境况》(*Vita activa oder Vom tätigen Leben*)的作者。她的所有作品无不在充分阐释和分析苏格拉底、康德、黑格尔和海德格尔的思想。为什么这样一位有如此成就的思想家竟然反对将自己归入哲学家的范畴呢?

对于汉娜·阿伦特而言,这种矛盾的重要性不言而喻。她不把自己视为哲学家,更希望将她的专业领域看作"政治理论"。她的这种态度是一个重要暗示,有助于人们理解她的思维方式。同高斯的对话不仅仅是给她所研究的领域下一个肤浅的定义,更是关于她对这个世界的态度,关于她对生命的基本看法,关于她的全部哲学(好吧,虽然她不愿意用这个词)。

阿伦特的老师——马丁·海德格尔对她的影响最深,两人之间的关系是我们理解阿伦特所划身份界线的一个很好的出发点。阿伦特于1924年在马堡大学初识海德格尔,两人一见如故、激动不已,并保持了4年之久的地下恋人关系。海德格尔时年35岁,已婚,而阿伦特这位犹太姑娘当时才18岁。

海德格尔不仅让阿伦特印象深刻,许多学生也慕名拥入他的课堂之中。学生们口口相传,都说在他的课上,长久以来第一次感觉到"思想……再次变得有生命力"[1]。就像阿伦特后来所说的,求知若渴的学生们觉得"有这样一位老师,人们(在他那里)或许可以学会真正的思考"[2]。在阿伦特初次邂逅这位著名的哲学家的45年之后,她这样写道:

"人们对传言趋之若鹜,想要学习真正的思考。现在人们体会到的是,思考作为一种纯粹的行为……可以变成一种激情。这种激情,与其说是控制,不如说是组织并贯穿着所有其他能力的才华。我们已经习惯了理性和激情、精神和生命的古老对立,以至于当想到一种激情式思维可以将'思考'和'生机勃勃的存在'合二为一时,我们都会感到有些陌生。"[3]

然而,"思考作为一种纯粹的行为"(在许多观点看来,这的确可能是哲学本身的定义),并非是阿伦特自己对思考的兴趣所在,这一点变得越来越明显。随着时间的推移,她对自省的哲学开始保持一个批判的态度,特别是对于海德格尔的理论。阿伦特越意识到自己特殊的思维方式,就越反感海德格尔。她看到一种明显的无动于衷,看到一种和真实世界相隔甚远的自我沉醉——"他的自私自利,他同一切与他相同的事物的彻底分离"[4],他的理论会让她与现实世界脱节。海德格尔的这种思维方式让阿伦特感到担忧。她确信,他的思维方式会让人一直思考自己,就好像自己处于一个封闭的圈子里,与世界没有任何联系。

海德格尔亲近纳粹分子,即使这与阿伦特后来的幻想破灭没有直接联系,但至少让她确信,哲学本身无论多么深刻,都不一定能引发现实世界的道德行为。阿伦特的思维方式一定是由这种哲学和行为之间的分隔所塑造的:她现在将二者视为两个不同的领域,它们之间没有桥梁相连接,正如不存在深思熟虑的行为一样。在这一对哲学恋人分道扬镳的20年后,阿伦特终于原谅了海德格尔的纳粹历史,两人重归于好,他们的友谊一直持续到1975年阿伦特去世。她先前虽然从老师那里学会了以一名纯粹的哲学家的身份去思考,但却再也没有萌生过这样去思考的想法。

1924年,青年时代的阿伦特把海德格尔视为"思想王国的无冕之王"。但是还有一些其他的影响力量在渐渐地将这位姑娘从所谓王的领地里拽了出来。她开始怀疑自己从哲学那里获得的传统想法,当然她也无法忽视海德格尔的老师——哲学家埃德蒙德·胡塞尔。胡塞尔倡导哲学界的一场和平革命,远离永远的自我沉醉(自我审视):回归到"事物本身"[5]!当她后来转到海德堡大学的时候,在那里认识了海德格尔的朋友卡尔·雅斯贝斯。雅斯贝斯以更加具体的方式方法为她打开了一扇真正的大门：在某一个合适的时刻，如果哲学研究沁入到个人的生活中，那么对哲学问题的研究就是实实在在的。[6]

阿伦特很清楚，她对纯粹的自省已然失去兴趣。她将之描述为一种对自己进行的反击式的思考，以及"在自己的灵魂深处找到思考的唯一对象"[7]。自省对她而言，就如同将人与世界分隔开来：人们失去了对世界的兴趣，聚精会神地只关注唯一的一个对象——内心的本我。在这种隔绝状态中，由于再也没有外界的干扰，思考变得"不受限制，而且再也不需要相应的行为"[8]。人们对于世界也变得无动于衷，再也不想知道"糟糕的外界"。人们恨不得一辈子都生活在这样的状态中："它（自省）以一种由客观性、开放性和最高级的吸引力构成的庄严神圣，包围着一切主观性的东西。"[9] 阿伦特确信，对于内省的倾向性是她青年时代犯的一个错误。

没有了回归自我所提供的庇护，阿伦特踏上了一条与传统哲学渐行渐远的道路。她将自己最终的转变归功于一起历史性事件，"糟糕的外界"插手了，"干扰了"她的思考，在某种程度上使她变得入世——这种状态是她从来没有想到的。

"我再也不认为，人们现在可以简单地旁观"

1936年，阿伦特有一次讲到，她在青年时代对历史和政治都不感兴趣。"要说我'来自'哪里，那就是来自德国哲学。"[10] 她这种幼稚的政治态度在20世纪的前30年逐渐产生了变化：她处在一种反学院派的情绪中，更愿意关注时下热点事件。在1930年纳粹议会的选举结果出来之后，她变得更加不理解其他哲学家——他们对于当下的那种越来越黑暗的政治形势无动于衷。但是，直到1933年的国会纵火案，一大批人被纳粹逮捕之后，阿伦特才彻底转变了自己的政治思想。

我们可以把那一年视作一个重要的时间节点，在那一刻她将哲学和行为融合成了一件事物。这从她大胆的决定——留在柏林——就能清晰地看出来。无论她那时是否思考过迁居国外，暂时躲上数月，她都清楚地认定自己再也不能袖手旁观。她将自己的住所提供出来，作为供希特勒政权的反对者逃离途中逗留的地方。她第一次因此获得一种满足感，并且再也不只是被动地思考，而是融入这个真实的世界，行动起来，反抗暴政。就在那段时间，她进入了行动的现实之中。这埋下了一颗种子，成为日后她对政治理论决定性贡献的基础。

在1933年纳粹进行非法逮捕期间，大批政治犯被扔进盖世太保（Gestapo）的地牢里，或被投入集中营中。后来在君特·高斯的电视访谈中，阿伦特向他解释称，那段时期对她而言是"一个直接的刺激，从那时起，我意识到我自己是有责任的"。她接着叙述道，这种新的责任感将她心中的每一丝无罪感都消除得一干二净。紧接着，另一个更加私人一些的冲击接踵而至，进一步加大了她与学院派思维之间的距离。"只要人们走出家门，个人的命运就和弥漫遍地的政治生活融为一体。"阿伦特震惊地发现，她所认识和熟悉的朋友们，现在竟然自愿地和纳粹合作。"这就好像你待在一个房间里，这个房间变得越来越空荡荡。我生活在一个知识分子的环境中……我可以确信的是，在知识分子之中，'一体化'①已经成为一种规则……我从来没有忘记过。我离开德国，满脑子都是这种想法：再也不要了！我再也不要搅和这些知识分子的破事了！我要和这样的一个社会断绝关系！当然，这有些夸张。"

阿伦特此前曾坚信知识分子具有道德上的优越性，而在这一刻，她那幼稚的想法彻底幻灭了。她开始探寻恶的根源，寻找在这个世界上能够促成正确判断和行为的条件。这种从哲学向政治的转变，让阿伦特在很长一段时间里都选择远离知识分子的世界。她逃往巴黎，积极反战，支持犹太复国主义。她开始不再以知识分子的角度，而是以集体化的角度去思考。她曾经一度被视为世界公民，她现在认识到："如果一个人因为自己是犹太人而受到攻击，那么他作为一个犹太人就必须捍卫自己。"犹太问题不是她自己的问题，已经从私人的问题变成了一个政治化的问题。她拒绝以自我主体作为存在中心的想法，开始以历史性的视角，将她个人的命运当作"我们"的认同意识的一部分去叙述。单一的个人只是一个共同普遍的组织结构中的一部分，一个人是通过以下这些因素被塑造的：他天生的条件，他居住的环境，他的社会圈层。阿伦特认为，人类存在的问题之缘由一定在这个共同普遍

---

① 德语为 Gleichschaltung，纳粹用语，强迫组织、机构，以及个人的思想、行为一致化。——译者注

的组织结构之中——或者换句话说,渊薮就属于政治范畴。

出于相同的原因,阿伦特秉持这样的观点,即世界上每一次真正的改变,每一次真正革命性的创新只能发生在政治领域。一项群众运动,如果脱离了政治舞台,如果它的意识形态不能被翻译成建立在现实情况基础之上的具体目标和变革建议,那么这项群众运动就是抽象且无效的。人们如果想在现实世界中有所作为,那么必须投身于政治。她一开始对于妇女运动或者犹太复国主义运动持批判态度,因为她认为这些都发生在社会领域,致力于解决社会问题。她在巴黎观察到那些法国的社会主义者积极投身于阶级斗争之中,而对于国际上的发展却无动于衷。对于犹太问题,没有什么人能帮上忙。她同样感到惊讶的是,那些犹太人拒绝从政治角度思考他们自身的利益、看待他们的共同命运:"我们还没意识到,自己也会遭遇到整个犹太民族遭受的不幸。"[11]

1937年,犹太民族的希望破灭了。许多犹太人竟然提议回到犹太人聚集区去:犹太人要从欧洲人的文化共同体中抽出身,专注于犹太文化。在犹太人的敌人不断掌握更多权力的时候,阿伦特认为这是一个戏剧性的错误反应。她认为必须在政治上明确:犹太人的复兴只能发生在一个政治语境下,发生在与威胁它的敌人的斗争之中。回到犹太聚集区的想法大错特错,因为人们没有意识到,整个欧洲都面临着被摧毁的威胁。因此,如果仅仅孤立地把犹太复国主义视为一种运动,那就太狭隘了。当其他人面对欧洲当时的态势呆若木鸡的时候,阿伦特已经在力求一个新的犹太人政治生态,并且敦促成立一支犹太人军队,以便抗击希特勒。

她甚至还为刺杀纳粹分子的刺客提供法理上的支持。

显而易见，阿伦特的思维还没有发生完全的变化，因为她内心的一些认知还和她周遭世界发生的事情毫无关系。拥有一种只发生在内心之中的认知简直太符合哲学家的愿景了。阿伦特思想的特别之处，已经在她观点转变的过程中展示得淋漓尽致，其原因正是她所经历的欧洲历史和政治的变化。她的思想被卷入现实世界的事件之中，并随着它们的变化而变化。这就是所谓的积极式思维。

积极式思维是一种高级的、入世的思维方式。这是对现实世界行为的未雨绸缪。此外，积极式思维本身就已经是一种行为了。意识到一个人有责任参与到现实世界的事件当中，这本身就已经属于思想的行为范畴。思考这种行为通常被理解为一种从现实世界抽身而出的行为——人们避开现实事件，安安静静地专注于内省。相反，拥有积极式思维的人认为自己需要承担对外部世界的责任。惬意地站在一个纯粹旁观者的位置上是绝无可能的，因为只有全身心参与到外部世界之中，才能做出正确的判断和行为。

对阿伦特而言，这种思考方式是一个工具，在它的帮助下，人们可以为自己的行为注入新的注意力。空想家做不到这点，而那些远离现实世界、沉醉于自己内心的人也体会不到这点。她的思考方式正是盲目无意识的思考方式的反面，而阿伦特的思考真谛就是全身心地入世。

汉娜·阿伦特的政治思想并不仅仅局限于今天人们所常见的政治活动之内，如议员代表着自己选民的利益，在议会里开会讨论决策。对她而言，政治是全部的公共空间，人们聚到这里做出决定并付诸行动。这里还会发生交流、辩论和对话。政治思考意味着：以一种可以在现实世界中做出判断和反应的方式去思考。

阿伦特强调，在远古的希腊，哲学和政治学是紧密不可分割的。随着时间的推移，人们把这两者分得越来越远，直到哲学变成了一种纯粹的思考，和世间万物完全隔绝。但是对她而言，下面这个问题不仅仅是哲学问题：个体通常倾向于自顾自地思考，但在这个过程中忘记了自己的责任。说得再直白一些：常规思维仿佛没有思考，就好像人们不由自主地关闭了大脑中的一些行为，即刨根问底和运筹决策。可以这么说，阿伦特希望从写天书的思想家手中把思想解放出来，并将其赋予个人，以便他们能够学会真正地、积极地运用自己的思考能力。她的政治理论正是来源于这种对于批判的特殊自觉之中。

停止思考的人

二战末期，阿伦特仍然居住在巴黎，帮助那些犹太难民和反法西斯斗士。她开始逐渐形成将思考和行为融为一体的想法。她逐渐远离政治行动，开始进行一项雄心勃勃的尝试，即在世界上创立一门新的政治科学。她的第一个成果就是她那本经典的《极权主义的起源》。该书出版之时，阿伦特还是一个来自哲学界的默默无闻的小人物，而且从来没有在历史领域或者政治理论领域写过著作。这本书受到了书评家们的一致好评，这也是她举世闻名的牛刀小试。

在《极权主义的起源》这本书里,阿伦特直面像纳粹这样的恐怖政权,研究极权控制的特点。她明确了极权主义所具有的四个要素。其一,是一种妄图解释整个人类历史进程并为它的政权和政策辩护的意识形态。其中包括关于心怀优越感的人民和永恒的敌人的种种神话。其二,是全面恐怖,就像纳粹集中营体现的那样。其三,是对人与人之间联系的摧毁。其四,是官僚机构的统治——一种所谓"无脸化"(即没有个人特征,不因个人意志而转移)的监控力量。

或许,这本书最重要的一点就是,阿伦特认识到(或者说阿伦特警告人类),这种政权赤裸裸的存在,是对所有人类极为危险的一种可能性:可能会造成政治和公共空间的彻底消失,人们再也不能彼此交流,毫无讨价还价的余地。政治,只有在一些特定的历史条件下才成为可能,而且有一种政治形态可以彻底抹杀它:首先剥夺某一部分人类群体的人性,之后是另一部分群体的。甚至在民主(政体)之中,极权主义的元素也仍然保留着它的余威。比如,为了战胜非民主的政权,人们不惜利用一切手段将民主强加于这个非民主政权之上;再比如,像20世纪50年代发生在美国的那样,假借民主价值的名义,粉饰具有爱国主义色彩的道德,点燃一场针对自由思想的运动。因此,阿伦特认为,关于极权主义元素的知识必须深深根植于人们的意识之中,这样才能防止极权主义在民主国家暗度陈仓,从而控制一切。

阿伦特意识到,在更深的层面,极权主义是一种反政治的运动,它会终结一切思想和思考。当人们没有受到外界的强迫就陷入一种行为莽撞的状态，从而阻挠政治参与的时候，极权主义也会发生。在这里，我们已经可以清晰地认识到阿伦特的积极式思维了：这种源于个体的思维方式是入世的，是有责任自觉性的，而它也正是可以勒住政治邪恶势力的重要力量。

阿伦特在第二本著作中进一步发展了"新政治科学"。她集中火力瞄准这样一个事实，即哲学并不能够为人们在这个世界上提供一个真实的、切实有效的行动可能性。她描写道，思想家们脱离现实世界，而且竟然把这种冷漠视为最高价值。自苏格拉底以来，哲学家们最主要的兴趣点就变成了怎样才能在政治的干扰中"百花丛中过，片叶不沾身"地从事自己的研究。她提出了这样一个疑问：我们该如何认真地对待"政治的东西"（das Politik）？或者换句话说，我们该如何把思想变成行动的工具？阿伦特认为，当思想和行为结合在一起时，它就能唤醒人们，让人们为了行动而去思考。这或许还可以让哲学家们的注意力回归到现实世界之中，在这个现实世界中，诸如世界大战、极权主义和核武器这些政治事件迫切需要人们的关注。

阿伦特渴望看到世界上出现一种新的行为方式。在这种愿望的驱使下，她得出一个值得注意的结论：积极生活[①]是重要的，这是

[①] 阿伦特在书中写道，"Vita activa"是一个富有传统，甚至传统过多的称谓，从苏格拉底的审判及哲学家与城邦的冲突中发展而来。在那个时代，这个词的意思是积极投身于公共政治事务的生命，在此翻译为"积极生活"。——译者注

一种积极的、政治的生活。她在这里还区分了"行动""工作(劳动)""生产"。后两者都是受限的人类行为,人们通过"工作(劳动)"和"生产"获得生活必需品,即以一种线性方式生产物品。而对于"行动"而言,只有当人们为这个世界带来新的、不可预见的事物的时候,"行动"才能产生,而在这个过程中,人们肯定需要依赖其他人。换句话说,"行动"的发生需要公共空间。在私人空间里,人们可以在物质上自给自足。但对于"行动"而言,多元化是不可或缺的,需要人与人之间彼此的关系。

阿伦特担心,这种公共空间和积极生活会逐渐丧失意义。她认为,基督教时代的公共生活已经失去了它深刻的政治意义。行动已经被削减到什么程度了呢?已经到了人们要操心每天的生活必需品的程度,自由也已经被撇到脱离现实生活的默观①维度。首先,只有在默观生活(Vita contemplativa)中,在自己的内心世界里,人们才能寻找到真相和自由。其次,公共空间和私人空间的分界线正在逐渐消失。国家就像一个大管家,照看着每一个个体的社会和经济事务。公共空间、自由空间就这样被"社会空间"所代替。

在此,我们可以再次明确一下积极式思维。阿伦特想在哲学界掀起一场革命,将人定义为一种积极的生物。她希望,当思想聚焦在行动和人类事务上的时候,可以在现实世界中引发一种新形式的行动。在她那个时代,纳粹的恶果在世界上遍地可见,似乎

---

① "默观"是基督教用语,即透过祷告和冥想,感受上帝的力量。——译者注

标志着"一切意识形态的终结"。知识分子的力量毫无用武之地。阿伦特想要赋予人类思想的行为以新的意义。

她希望,当所有道德框架都坍塌了,人们只能自己判断在这样的世界中如何做到行为端正的时候,自由的思想能成为拯救人类的最后一根稻草。她一直试图寻找一种可能性——即使其他一切都失败了,也要守护政治空间的自由。她的解决之道就是,在这个时候,要在人类的内心之中找到独一无二的、可供调遣的道德罗盘。在不参考外部准则的情况下,人们必须扪心自问,自己可以代表什么。"有些事情我就是不能做,否则的话,以后我就没脸继续活下去。"[12] 她拒绝各种形式的道德上的意识形态,敦促人们独立思考,听从自己积极式思维的指引。

这就是阿伦特的政治思考的困难之处:它总是涉及如何维护个体的思考和判断能力,因为不加思考正是万恶之源。另一方面,深思熟虑——这种人们代表自己进行对话、打量自己并由此为自己和为别人得出结论的能力——才是真正道德的唯一希望。思考能够带领人们回顾过去,让自己"进入更深的维度,直击根源,站稳脚跟,不会跟着任何可能性——所谓的时代精神、历史和诱惑——随波逐流"。[13]

阿伦特警告道,如果做不到这点,那么一定会在行动上犯错误。她在此举了一个极富争议的例子,那就是阿道夫·艾希曼,她在《纽约客》(*The New Yorker*)杂志上以系列文章的形式报道了对他的审判过程。艾希曼曾经是党卫军一级突击队大队长(相当于中校),是系统性灭绝犹太人行动的主要组织者之一。在二战期间的东欧地区，他负责大规模地将犹太人驱逐到犹太人聚居区和集中营。1960 年，以色列特工在阿根廷抓到了艾希曼。他曾经的罪行引发了全世界的关注。艾希曼被判有罪，并于 1962 年被处以绞刑。

到那个时候，阿伦特一直都将极权主义的终极罪恶视作一种普遍现象。但是艾希曼的个例让她开始直面罪恶，探寻在更深层次发挥作用并引发极权形式的力量和想法。就像所有其他报道撰写人一样，她准备好面对一个毫无人性的恶魔，但令她大吃一惊的是，事实并非如此。她在艾希曼身上看到了空虚，显然是空虚在唆使他作恶。当大部分人在迷惑地注视着极端的邪恶，并且对一个人到底怎么能做出这样的事情这一问题思索无果时，她发现艾希曼的恶不具有可以探索的深度。

阿伦特密切地观察艾希曼，最终确认她不得不重新考虑一下自己此前固有的想法——"根本的恶"，这是一种人类创造的魔鬼般的罪恶。纳粹的罪行令人发指，但人们不能仅仅将其解释为魔头和怪物所做的数百万起谋杀行径。这其中另有原因，而原因的恐怖程度或许也没轻多少，它让"语言失效了……思考也失败了"，从而造成了平庸之恶。当人们自己放弃独立的思考能力时，就有能力去作恶。

阿伦特说，每当遇到最极端形式的恶时，人们自然而然地便会想要诉诸"人类邪恶性的一般性言论"[14]，虽然我们都很清楚："在奥斯维辛，每个人都可以自己决定，是想要作善，还是作恶。"[15]但阿伦特认为，像艾希曼这样的人关闭了自己思考和行动的能力，成了没有真正动机的人。艾希曼在接受审判的过程中，也表现出根本没有独立思考的能力。他可以机械地践踏道德原则——这也表明，失去了思考，道德准则将毫无用处。他在法庭上实实在在地说明，他就是遵循别人的意志而行事，毫无悔改之意。他说，他基本上已经不是一个人了。他拒绝了一切责任，完全不受它们影响。

出于这种原因，阿伦特认为，对于艾希曼的罪行人们既不能惩罚，也不能宽恕——他不是一个人们可以原谅的人。不仅如此，考虑到艾希曼死板官僚的心态，阿伦特断定，他并不能判别是非，因此在某种意义上他还真的就不是"有罪"的。为了能判处艾希曼有罪，人们必须得理解艾希曼到底做了什么。其实他真正的罪行就在于，他放弃了思考。毫无思想的他可以杀人如麻，对他而言，成为一场运动的一分子带来的归属感远比对于一种意识形态的信仰更重要。

许多读过阿伦特系列文章的人都谴责她"冷酷无情"。但她却认为，自己终于摆脱了情感化的纠葛，因为她认为这种纠葛会妨碍人们形成良好的判断力。对她而言，一个新的政治道德应运而生，这种政治道德基于人类积极思考的能力，而只有通过积极思考，人们才能形成判断。思考是唯一一道能防止人类作恶的屏障。因此，为了做出正确的判断，人们在道德上有必要深思熟虑。但是，即使是好人对于做出判断也是有所恐惧的。他们担心，独立判断会使他们狂妄自大。阿伦特对此给出过一个尖锐的回答："如果一个人自言自语'我到底是谁，竟敢妄下结论'，那么他就已经输了。"[16]

我们是在思考还是仅仅在白日做梦？

现今，我们总能听到许多人抱怨，说自己想得"太多"。这所指的就是一种感觉，一种头脑在颤抖的感觉，一种脑海中不断循环着各种担忧、困苦、失望的感觉。总是有越来越多的人试图通过放松和冥想来缓解自己躁动不安和过于活跃的思想。确实，一个平静的精神世界听上去是人们所希望拥有的，特别是当生活过于疲惫和紧张的时候。

然而，阿伦特想要向我们传达的则恰恰相反：我们的思考还不够活跃；人们关闭了正确思考和行动的能力。如果观察一下阿伦特的思维方式，我们就会知道自己在大部分情况下并没有积极地思考，而是在白日做梦。有时候，我们在做白日梦的时候确实很努力，但是如果我们想要更清晰地思考，并且在生活中保持清醒和投入，那么白日做梦就没有一点儿价值。真正的思考作为一种自主的行为，能够使人们通过获得精神力量来了解自己，可真正的思考在大部分人的生活中都极少发生。有意思的是，近年来的研究支持了阿伦特对于人类思考行为的批判。

对于认知扭曲的研究已经证明，人的大脑其实并不喜欢进行思考。大部分时候，大脑都喜欢进入到一种节能模式。只有在没有其他选择，或者在工作中遇到难题，又或者在紧急危机必须解决的时候，人们才会动用大脑努力思考。在大多数情况下，一旦形势缓和下来，大脑就又不主动进行思考了。于是，大脑进入"自动驾驶模式",思考就会更多使用联想,并被动做出反应。

这其实很好理解:大脑明白,人们永远不可能知道下一次的危机什么时候来临,只有危机到来的那一刻大脑才会极尽所能、全神贯注。当情况不再需要这样的投入时,大脑便不会继续努力。大脑的"自动驾驶模式"完全可以应付生活中的大部分事情,人们可以不费吹灰之力地和朋友们消遣娱乐、看电视,或者考虑晚餐吃什么。认知科学上将这种"自动驾驶模式"定义为大脑倾向于进行"认知简化"。

如果你怀疑认知简化与大脑喜欢偷懒有关,那么你还真猜对了。在一定程度上,大脑会努力达到一种不费力的状态。这就像我们的身体也会自然而然地犯懒,没有兴趣去健身房挥汗如雨一样——如果你遇到这种情况,还请克制一下。当你极力调动你的思想时,会感觉仿佛在最大限度地绷紧肌肉。用不了多久,你的大脑就会给自己找一条出路,休息一下,让思维可以漫无目的地闲逛。而且,对于大脑而言,偷懒就像一种特权优待,具有很重要的意义:在偷懒的那一刻,胁迫感消失了,仿佛一切静好。因此,大脑也会把认知简化与好心情和舒适感联系在一起。

但是,当你了解到大脑还会把认知简化和"事实真理"联系起来时,就会发现事情变得复杂起来。也就是说,这会让一个简明的回答看上去仿佛是正确的回答,让一个迅速的判断看上去像是一个正确的判断。有时候,我们辨别是非,就靠着大脑的那点儿秘密的小愿望,即它不想过多思考,不想花费太多精力就能解决一件事情。研究表明,我们大部分时间是在"偷懒"模式下判断事物，而不愿利用大脑进行实事求是的深入思考和准确观察。

当你把艾希曼看作一种隐喻的时候，会感觉更加不舒服。虽然艾希曼的过错远比我们在生活中所做过的错误判断要恶劣严重、难以想象得多，但他还是像一面镜子——我们能看到一个让自己的思考沉睡的人；一个甚至将自己的无思考和无判断当作自己核心能力的人。在他的例子中，这些都引发了一个极其可怕的恶果。但是，如果先将他的极端罪行放在一边，我们或许可以诚实地得出这样一个结论，即我们身上也存在着不想过多思考的部分。

阿伦特的天才之处就在于，她并不奢望让我们所有人都成为哲学家，而是试图向我们展示，"不去思考"这种倾向性如何削弱我们的人性，如何削弱我们积极参与世界上大事小情的能力。从这个意义上讲，把思考当作一种负担，认为只要岁月静好就不用思考的想法是极其危险的。虽然在当今社会，每个人都宣称要成为独立的个体，但是阿伦特提醒我们，只有进行有意识的思考，并克服大脑尽可能少费精力的倾向性，才能让我们真正地实现独立思考。对于阿伦特而言，一个真正独立的个体是那些有意识、有激情去思考的人，而不是那些大脑运转足够良好、必要时才做出反应，或者总是做出仓促、肤浅判断的人。

展示大脑在轻松状态下做出判断，并证明这些判断是正确的不同方式——这是认知心理学一直想要做的。所谓的"判断"，在这里自然是指人们评估一件事物的对错。据这一研究领域的描述，机械式思维（automatische Denken）或者过快式思维（schnelle Denken）是最根本的错误，这也是所有认知错误的原因。阿伦特的积极式思维就是以克服这种基本的趋势作为出发点的。或许，积极的、有意识的，有时候甚至是费力的思考可以减少认知错误的发生。但是，人们又如何能做到呢？

人类大脑最顽固的一个认知错误就是"相信"（der Glaube），即一种不断重复、总是信以为真的见解或者经验。一开始的时候，它其实还是蛮有趣的，人们称之为"注意偏差"（Attentional Bias）：如果人们一次又一次地思考某一种想法，那么认知就会显著地受其影响。因此，焦虑症患者和慢性疼痛患者会觉得，那些与他们的病情有关的信息越来越多，比如愤怒或者因疼痛而扭曲的面部表情。但是，请不要仅仅因为被这些反复出现的想法所误导就去相信某些事情。"真实效应"①意味着，当人们无数次听到或者读到某些信息的时候，大脑就会倾向性地认为这些信息是真实的。一项研究表明，实验参与者如果一遍又一遍地被告知，篮球是1925年奥运会比赛项目，他们就极少会质疑这一信息。

但是，阿伦特最关切的效应其实是"从众效应"（Bandwagon, Mitläufereffekt）。简而言之，从众效应是指人们只会在别人都已经做了某件事的前提下才会去做这件事。做某件事情（相信这件事情）的人越多，就会有越多其他人一同做这件事。无论他们自己相信什么，或者掌握什么信息，都会将其忽略或者搁置一旁，而以相同的方式处理这件事。比如，当一些消费者发现某些商品

---

① 德语为Wahrheitseffekt，英语为Truth Effect或Illusory Truth Effect，也译作"真理效应"或"虚假真实效应"。——译者注

很好时，从众效应就会发生，这些商品会吸引更多的人前来，因为其他人也都认为这些商品一定很好。还有一个例子是选举：许多人选择某个党派或者候选人，是因为他们认为这个党派或候选人似乎有很大的获胜概率——较高的获胜概率并非来源于优质的竞选内容，而是源于这个党派或候选人在媒体上的表现。

  为何如此？一个重要的原因就在于我们的机械式思维。当我们的精神思想不在线的时候，机械式的思考方式很容易接纳麻醉般的不断重复。如果我们知道判断力多么容易受到重复性的影响，那么无论它正确与否，这都是一个清晰的警示：完全屈服于机械的思考体系是多么危险。这不仅适用于阿伦特所说的"平庸之恶"，也适用于某些人称为"平庸之善"的东西。

  因为即使是我们珍视的道德——比如价值和行动——也很容易堕落成为懒惰的毛病。做好事的人，通常未必经过深思熟虑。即使是诸如"爱你的邻居"这样的箴言良句，对于阿伦特所提倡的清醒的精神状态也是有反作用的。从这一意义上讲，好的思想体系和坏的思想体系没有太大区别。两者都会麻痹思想，让人放弃自主思考。

  如果人们接受某种意识形态，某种固定的道德准则，就会形成自己的观点。这与一定程度的自我意识是同步发生的：我们总是知道自己代表了什么——当然，代表的永远是"正确的"；知道自己拒绝了什么——当然，拒绝的永远是"不好的"。缺点就是，人们根本不把崭新的政治形势或者复杂的实际情况考虑进去。简而言之，人们之所以停止思考，是因为人们认为这件事情已经不用再考虑了,从而盲目地遵循自己的意识形态。有意思的是,阿伦特对意识形态是拒绝的。令她的许多学生失望的是,阿伦特拒绝在保守派和自由派之间选边站队。她甚至都不想作为一名老师去影响其他人,不想指导学生该如何思考以及如何行动。她相信,"为别人指明方向,会容易让别人停止思考"[17]。

　　当然,仅仅是简单摆脱所有意识形态是不够的。然而,许多人是这么做的,并因此一直没能做到积极思考。阿伦特教导我们,当人们放弃意识形态和外部道德概念的时候,随之而来的就是巨大的责任,因为从那一刻起,人们就必须自行决定如何做到行为正确。也就是说,人们必须培养自己的注意力,不再有固定的论断能给自己提供保护。人们必须怀疑自己对机械式思维的接纳,质疑道德上的某些习惯。人们还必须回顾自己的过去,并提出一些重要的甚至有时还具有挑衅性的问题。

　　下面这个思维实验就是积极式思维的一个很好的出发点:请把每个人的生活都想象成一个小国家,这个小国家是由这一个体所统治的。这个人所做的每一个选择和决定,都体现着他认为整个世界该如何做选择和决定的方式和方法。你在个人生活中的行为举止就像是每个人都应遵循的行为举止的范式。你的生活中有大量责任,比如,假如你知道,有超过70亿人要效仿你的行为,你又该如何行动?想象一下,你生活的每一面都充满着巨大的责任。这个思想实验能够帮助你理解阿伦特所倡导的全球责任,她希望它能够变成人类思想的第二天性。

对世界的爱

"我很晚,实际上直到最近几年,才开始真正地爱上这个世界,"阿伦特给她的导师卡尔·雅斯贝斯写道,"出于谢意,我想把我写的关于政治理论的这本书叫作《爱世界》(*Amor Mundi*)。"尽管这本书最终冠以了另外一个名字——《人的境况》。阿伦特展示了一种愿望,即用对世界的爱代替对世界的敌视和蔑视(Contemptus Mundi),以及对世俗的藐视。而这种对世界的爱就是她积极式思维的一个更深层次的动力。与深居简出以及陷入自我沉思的哲学家相反的是,阿伦特的思维从来就没有回避过现实世界。她总是直面世界,"而这世界也只有在人与人之间才能构成其多样性"[18]。在对一种集体精神的向往之下,阿伦特的思维将自己的命运只看作人类网络的一部分。阿伦特的思维从来不是一出独角戏;本质上它是一种强调关系的对话,将生活看作人与人之间发生的事情。

阿伦特很清楚,伟大的思想家很少对人与人之间的关系感兴趣。由于她特殊的思维方式,她反而相信,真理只存在于一个地方,在那里它能通过对话变得人性化。因此,她对于委员会式共和国的设想无比兴奋,认为这是唯一一种可以真正阻挡极权主义的政治形式:人们聚到一起,共同行动。她的希望并不是基于理论和概念的,也不是同人们隔绝开的,而是基于"那些不确定的、摇曳的、微弱的光亮,这光亮是被一些男人和女人……在他们的生活和作品中点亮的"。

阿伦特那"充满爱的"思想通过积极式思维表达出来,她选择承担起接受世界的责任,而不是一味逃离。当许多人把自己的思想当作内心的庇护所,以逃避残酷的现实和对世界的失望时,阿伦特却以思维空间为契机,在积极的精神生活中表达对世界的爱。从哲学的角度看,她想要展示一种可以从现实世界抽身回"思维空间"的思考,这种思考也并没有忽视或蔑视现实世界。她的最后一本未能完成的著作由此诞生了——《精神生活》(*Vom Leben des Geistes*)。

在这本书里,阿伦特让许多读者感到吃惊的是,她突然脱离政治领域,进入哲学世界。她的一生就像一个圆圈,在这里终于形成了闭环:一开始,她远离哲学,转向政治思维;之后,又开始哲学默观。如果你只是肤浅地一眼看过去,那么一定会惊讶于她的这种转变。阿伦特在这里只是简单地进行了一次伟大的尝试,并开始致力于内心的政治。她将内心世界分成三种精神活动:思维、意志和判断。她想要阐明,尽职负责的统治领导在自己的头脑中是如何产生的,这三个部分是如何像政府中的分权一样运行的。她设想,任何一种精神活动都不可以主宰另一种精神活动,每种活动都应该有自己的自由。每种活动都享有自己的内部自由是这样一种精神和谐的前提。即使是在人类的"内心精神共和国"之中,任何声音也都不应被冷漠对待。比如,她建议在思维和意志之间签订一项和平协议,这样一项协议将结束长年以来历史和哲学的争斗,因为人们似乎为了追求一个而总是必须牺牲另一个。

与自己相处是另一种形式的人类多元化,而内心的和谐是另一种形式的"对世界的爱"。

在她最后一本书中,阿伦特终于揭示了自己的思维方式:一种在人类社会中保持克制的思考。它并不是为了回避冲突或者陷入默观而不能自拔,而是为了探求意义,以便能够叙述一段有意义的故事。人们通过寻求行为的意义(即使这个意义是邪恶的),赢得了自主判断的特权。思考的作用就在于为一个好的判断力奠定基础。它一次又一次让我们准备充分,以便我们能够应对自己在日常生活中所遇到的一切。通过思考,所有观点和偏见都会暴露无遗,并被搁置一边,直到人们清空大脑中的预制体系,可以不受这种体系约束而自由地对待事物。判断力是真正的思考所孕育出的产物,也是理智真正的政治活动。但是为了发展出好的判断力,人们就不能脱离现实。与真实的、具体的世界相接触,这是一种道德上的责任。再进一步说,这也是一种出于爱的行为。

如果我们把自己的思维当作一种积极的工具,那么我们的生活又会怎样呢?这可能会带来令人惊异的好处。人类的思考是价值连城的资源,但却经常被浪费在与世界的针锋相对上,而不是被用于与事物创造性的合作上。很多时候,思考不过是一种漂泊,一种远离世界的漂泊。它正忙于隐去周遭发生的一切。如果我们在陷入困境时能够不随意浪费这种宝贵的资源,而是把它当作一种建设性的工具来有责任地、创造性地加以利用,那么又会发生什么呢?比如,当我们在工作中遇到麻烦时,如果我们不是消极被动地抱怨,而是反问自己"我能做些什么努力以改进工作呢",那么会发生什么呢?

设想一下,作为积极的合作者,我们的思维将如何以注意力满满的状态应对各种不同情况呢?或许它可以指导我们采取真正的行动,而不是让我们墨守成规地做出机械反应。

查尔斯·达尔文

动态式思维
——成百上千根楔子的力量

  当我们研究查尔斯·达尔文的时候，总会在某个时刻处于这样一种状态：吃惊地待在原地。我们尝试想象着回到过去，彼时进化论和自然选择尚未成为我们意识中理所应当的事实——但是我们做不到。在那一刻，我们意识到，达尔文的思想已经自然而然地成为我们现实的一部分。他对物种（实际上是人类）是如何起源的解释，已深深根植在我们的脑海之中，以至于我们根本无法设想用另一种眼光去看待自然。你可以试一试，当你问自己为什么袋鼠的肚子上会有一个口袋，或者为什么人和黑猩猩看上去特别相像时，能不想到进化论吗？或许，你很难做到。（除非你是神创论者[①]。那样的话，你也不会有兴趣要读这一章节。）

  这正是达尔文思想的特殊之处：他的思想（至少在原则上）已

[①] 神创论者（creationist），也称"特创论者"，认为生物界的所有物种（包括人类），以及天体和大地，都是由上帝创造出来的。——译者注

经成为名副其实的常识了。相反，关于爱因斯坦的广义相对论，我们或许还不能侃侃而谈。原因就在于，达尔文花费了大量精力，将他的理论以一种大众能够理解的语言呈现出来。时至今日，达尔文最重要的作品——《物种起源》[1]，是少数几部连科学爱好者都广为阅读过的专业书籍之一。但是，另一个原因也在于，达尔文解释了生命本身，解释了人类自身的存在是如何产生的。

更令人吃惊的事实是，抛开他的这一解释，我们几乎无法想象这个世界是什么样子，但这一解释自问世至今只有160余年。达尔文直到1859年11月才发表《物种起源》。直到那时，在科学家中占统治地位的信条仍然是"物种是不会变化的，物种的存在仅仅是上帝的安排"。达尔文的代表作彻底推翻了这种世界观的根基。

我们可能会以为，能做出这种事的人，一定是一位名副其实的莽撞人。他应该是一位享受这种挑衅的反叛者，不在乎别人的看法。但这其实与现实相去甚远。达尔文的一生仿佛是历史长河中一个颇具讽刺意味的玩笑——这样一个极具革命性的观点，竟然是由一位对各种社会动荡都唯恐避之不及的人提出的。他出身名门，受人尊重，并且希望永远这么保持下去。他生活保守，喜欢循规蹈矩，讨厌动荡和大规模社会事件。他和自己极端虔诚的夫人亲密无间，他深知如果自己把这样一种自然机制介绍给她，而她却在其中找不到上帝的位置，她就一定会不高兴。更别提那些同时代的生物学家了，他们本来就坚定地认同（或者至少表现得很认同）造物主的概念。此外，毕竟那个时代的欧洲动荡不安，他也不想再给不安定的世界添乱。不仅仅是达尔文，受极端政治思潮的影响，许多同时代的科学家都渴望稳定，都坚定地秉持保守的价值观。工业革命让许多工作岗位变得多余，空气中弥漫着社会焦虑的气息。对于那些可能会点燃这种颠覆性气氛的新奇想法，社会的精英阶层都是持怀疑态度的。但是，达尔文的进化论的的确确是一个火药桶，不仅仅是传统概念被它画上了问号，就连人们对事物的自然规律和自身在上帝创世中的角色的想象，也被它打翻在地。

达尔文当然完全了解这些，甚至因此患上了严重的腹痛。几乎就在他第一次记录物种的可变性的同一时间，他出现了一些莫名其妙的疾病症状，并且伴随了他一生之久。他经常有规律地犯病，以至于在自己的工作室里单设了一个只属于他的隔间，当感到不适的时候，他可以在里边呕吐。在他脑海中发酵的那些想法和他的性格根本不相符，也和他对外展现的一面不相称。达尔文拥有急切的革命思想，这种思想却被禁锢在冷漠的性格之中。如果有人当时去达尔文家做客，他一定会感觉达尔文是一位彬彬有礼的英国绅士——达尔文在自家庭院里打理着玫瑰花，喂养鸽子。人们并不知道，在这种高雅的背后隐藏着某种并非人畜无害的动机。达尔文绝不是一位热爱园艺的绅士：他聚精会神地观察着花花草草和动物们，始终不渝地追踪着大自然最深处的机制。

在达尔文跟随英国皇家海军"小猎犬号"（HMS Beagle）测量船结束他的传奇旅程归来不久，他的理论就已经渐露雏形了。他当时就知道，物种是可以变化的，上帝不可能亲自将每个鸟喙打磨成型,也不可能将某片土地上的小动物们特意安置在那里。但彼时距离他最终将他的想法公之于众,还有很长很长一段时间。从他第一次记录下进化现象,一直到《物种起源》的出版,这中间隔了20年之久,后世的研究者们都感到很震惊。在历史中,他们称之为"达尔文的拖延"(Darwin's Delay)。仿佛达尔文遭遇了极大的阻力。如果达尔文真的遇到了什么麻烦而迫使他不能发表,那么他的理论或许会在他死后才被人从他的笔记中拼凑出来并公之于众。最终,是生活本身推着达尔文向前进,将他的想法从他位于唐恩乡间的工作室推向世界舞台,这个世界后来变得连达尔文自己都认不出。那个时代一定令这位博物学家感到很不适应——但细细想来,当时的世界发展状况和他本身很般配。我们可以这么说,达尔文在大自然中看到的日常争斗是一种力量持续不断的、破坏性的、创造性的斗争,甚至在达尔文的内心之中也是如此。

瞥向面纱背后

1836年夏天,达尔文在英国皇家海军的"小猎犬号"上的旅程结束了。一抵岸,他便立刻向家奔去,他的家人还在睡梦之中。他上床睡了一大觉,没搅醒任何人。翌日清晨,当家人用早餐的时候,达尔文也走了过来,这可把一大家人吓了一跳,他们已经5年没见过达尔文了。他的父亲从最初的震惊中反应过来并端详着自己的儿子时,惊奇地发现:"啊,他的脑袋怎么完全变了个样子?"[2]

这大概是言过其实了，因为达尔文踏上旅程的时候22岁，已经是一个成年小伙子了。但父亲的这句话很合时宜，因为即使达尔文的脑袋看上去没什么两样，但他脑袋中装的内容肯定已经发生了翻天覆地的变化。达尔文在学校的时候对课业并没有表现出多少兴趣——他后来在自传中这样写道，"对于我的智力发展而言，没有什么比这更糟糕的了"[3]。"小猎犬号"上的旅程是他第一次真正遇到的智力和精神的挑战。

这艘测量船受英国海军派遣，前往南美洲勘测海岸线。达尔文陪同年轻的船长罗伯特·菲茨罗伊出航，船上有一位博物学家让这艘船声名鹊起。虽然从始至终达尔文都忍受着晕船之苦，但是只要他还能忍住不把肚子里的烤面包和葡萄干吐出来，他就兴奋不已。这位英国青年看到的异国风景、五颜六色的稀有动物，都让他处于"如痴如醉的极度兴奋"[4]之中。这种迷离恍惚的状态并没有妨碍他准确的观察力，他的理解判断能力一直在高速运转着。他观察并收集数据，将抓住的动物做成标本。他感到很吃惊，为什么只有在澳大利亚才生活着有袋目动物，而别的地方没有呢？某些鸟类并不会飞翔，为什么还残存着无用的翅膀呢？他在圣地亚哥岛的一块礁石上发现了一些白色的贝壳，为什么这些贝壳正好在距离海面13米的高度，呈水平带状排列在岩石之上呢？很显然，这些岩石之前一定是位于海面之下的。这是不是也证明了，地球的形态不是静止不变的，而是不断变化的？

1835年，在超过三年半的旅程之后，达尔文登上了太平洋上的加拉帕戈斯群岛。这是一片与世隔绝的火山岛，距大陆足有

1000千米之遥。初看上去,这片岛屿并没有什么吸引人的地方。他写道:"干涸枯燥的地表被午时的骄阳炙烤着,空气也变得闷热,密不透风——就像置身烤箱之中。我们感觉,就算是那些灌木丛也散发着难闻的味道。"[5] 虽然忍受着炎热的折磨,达尔文还是在这待了5周之久。他兴奋地收集着小鸟、昆虫和鬣蜥,将它们打包放到"小猎犬号"上的"百宝箱"中。在岛上的这段时间,他找到了个乐子,就是惹怒岛上的海龟,然后骑在它的背上逛来逛去,虽然大部分时候还是他徒步更快一些。岛上的原住民提醒他,通过观察海龟背壳的形状,可以分辨出它们是来自哪个岛的。达尔文记住了。不仅是海龟有如此特别之处,还有那些在他周围蹦蹦跳跳、飞来飞去的小鸟也显得有些奇怪。他心生疑问:为什么他在圣克里斯托瓦尔岛上看到的嘲鸫和他在邻近的弗洛雷阿纳岛上看到的嘲鸫不一样呢?这里的嘲鸫胸部长着深色的羽毛,翅膀上有白色的条纹,喙更长一些。他萌生了这样一个念头:不同的物种可能是由共同的祖先进化而来的。或许,甚至没有造物主的引导,它们最终随机地呈现出现在的样子。"即使只存在最不起眼的基础能够支撑这一发现,研究这片群岛上的动物学也是特别值得的。这样的事实必将成为物种不变论的掘墓人。"[6] 达尔文冷静地记录道。

我们必须要知道,这是怎样一种惊世骇俗的见解。在达尔文那个时代,生物学还不是一门世俗性的学科。许多自然观察家同时也是神职人员,他们在大自然中找寻造物主的踪迹。同时代的英国科学家和哲学家们认为,上帝亲自将世界的每一个细节都精确地设计出来了。每个物种都是被上帝特意放到地球上某个地方的,至于为什么放在那里，只有全能的上帝才知道。"在某种意义上，科学当时就是宗教。"[7] 这种观点的上位概念叫作"自然神学"（Naturtheologie），这一理论的代表作是威廉·佩利所著的《自然神学》（*Natural Theology*）。他展现了一个时至今日仍然知名的观点——上帝就像"钟表匠"（Uhrmacher）。这背后藏着一个很朴素的想法，正如佩利所写："每件设计作品肯定都需要一位设计师。设计师一定是一个人。那个人就是上帝。"[8] 设计师当然会设计一件成品，之后这件作品不会再发展变化了。猫、鸡或者植物的后代似乎和它们的上一代都有些不同，但是从来也没有发生根本性的改变。英国哲学家、科学史学家威廉·休厄尔信誓旦旦地宣称："物种是自然界中的一种真实的存在，一种和另一种之间没有过渡转化。"当达尔文怀疑物种不变论的时候，他不仅仅是在质疑上帝，也是在质疑那个时代自然科学的基石。

当达尔文回到英格兰的时候，他带回了1529件保存在酒精中的动物标本和3907件由动物的皮、骨头制成的干标本，还有一本2000页的笔记本——上面写满了他对于地质和动物的观察。现在，他要看一看能从这些骨头、鸟喙和爪子中研究出什么来。在其他科学家的帮助下，他缓慢地研究着他的这些收藏。他和鸟类学家约翰·高尔德讨论他从加拉帕戈斯群岛带回来的鸟。不仅仅是各种各样的嘲鸫，还有雀鸟在各个岛屿上的分布也同样引人注意。达尔文并不知道，他带回来了14种极为近似但又不相同的燕雀。和嘲鸫一样，雀鸟从外形上也很好区分，最显著的特征就是它的喙。达尔文一定意识到，自然神学对此的解释是多么荒谬。上帝到底为什么非要把这些近亲鸟类分布在邻近的岛屿上呢？为什么非要千方百计地折腾这些小鸟的嘴巴，让它们变成不同的样子？难道全能的上帝竟然如此细致入微吗？在达尔文看来，这些疑问的答案违背了一个正常人的常识。他开始隐约感觉到，动物的生存环境和它们的外形特征之间有着某种联系。会不会是小鸟自己为了适应各自岛屿上的不同的生存条件而改变了外形特征？比如，那些长着短喙的小鸟，它们需要咬开果实；而那些长着长喙的小鸟，它们需要啄透树皮寻找虫子吃。

在其他科学家的帮助下，达尔文越研究他带回来的那些"小猎犬号伴手礼"，就越确信自己的观点，即物种在地球上的分布并不是随机的。其中自有内在逻辑，生物和地理环境存在相互作用。近亲动物所分布的栖息地，就生存条件而言是不同的，但从地理上看又是相近的，就像加拉帕戈斯群岛上的雀鸟和嘲鸫、非洲的斑马或者已经灭绝的大地树懒。达尔文曾在南美洲挖掘出了大型树懒的残骸，并且在同一地区看到了小型的、现存的树懒类动物。另一方面，在相似的生活区域内，人们又能发现极为不同的物种，前提是它们彼此距离遥远。欧洲的沼泽地带，生活着麝鼠和海狸；南美洲的沼泽地带，生活着水豚和海狸鼠；而澳大利亚以及其他地区，生活着有袋目动物。"很显然，"达尔文几十年后写道，"这些事实，以及其他诸多事实，都只能由这一假设解释，即物种是在逐渐发生变化的。这个假设一直萦绕着我。"

达尔文是一位细致入微，甚至有些过于拘泥细节的观察者。但这一点还不能完全解释他的发现成就。别的人也看到了相同的事实,但是却没有得出相同的结论。在方式方法上,这些人和达尔文之间仍然存在着决定性的差异,关键在于达尔文如何观察。他的思考过程是动态的。放眼望去,他看到的是运动。对他而言,大自然显然是变化莫测的,而这样的多样性显然与刻板的自然神学概念格格不入,人们甚至得费九牛二虎之力才能将这种多样性挤压进自然神学的思维模型之中。

达尔文可不做这种劳而无功的事情,他选择了一个在某种程度上更为简单的方法:他允许自己的思维拥有像大自然一样的活力(这种活力是他亲眼所见的)。因此他会问自己,是什么在推动着大自然中的运动?他的同侪们大部分抱有静态式思维(statischen Denkweise)。基本上,大自然对他们而言就是一个一成不变的事物,不管是谁、不管是什么在其中都没有多大的活动余地。这毫不奇怪,因为他们的思维方式是与一种极为刻板的信仰体系相得益彰的。永恒不变的上帝创造了他们的世界,那么相应地,上帝创造的万事万物也一样永恒不变。在这种思维者的眼里,达尔文所看到的物种和环境之间的动态关系是不存在的。万物自有其位置,并且保持不变。没有什么联系以及相互作用,有的只是亘古不变的事实,人们最多也就是能观察并记录下来。如果人们挖出了大地树懒的骨架,那也只是说明这种动物曾经存在过,现在灭绝了,而那些今天仍然活着的小型树懒并不是这一物种进一步发展的标志。如果人们种葡萄,发现葡萄每一代都有一些差异,那也不能证明物种在发展演变,而它只是稍微偏离了原本不变的形态。

不妨让我们举个形象的例子来形容达尔文和他的同侪们在观点

上的区别,如生动形象的 3D 自然纪录片与画面摇晃的定格动画的差别。摆在同侪们眼前的是一幅生机勃勃、五彩缤纷的自然画面,但是他们只察觉到了其中真实发生的一小段运动。原因很简单:常规思维因为不喜欢变化而去忽略它,因此这种思维的活动余地就被极大地限制了。它可以生产出一些小想法和小理论,但是却无法去质疑当下的一切。因为同侪们总是止步于开始思考的那一刻,生怕动摇现存的原则,所以他们从来不会对现象产生的原因感到好奇。

在动植物世界的相同物种中出现的众多偏离现象,达尔文并没有把它们视作烦人的干扰因素并将其冷落一旁,他认为这些变化在自然界中一定拥有核心的意义。收集的素材越多,他就越确信,自然界中没有什么是永恒不变的。达尔文在他名为"C"的笔记本中激动地写道,如果人们接受物种能够变化这一看法,那么"面纱就落下来了"![9] 他所指的"面纱"就是传统概念中认为地球上的生命永恒不变的观点。这是《圣经·旧约·创世记》中的观点,认为所有物种在被上帝创造出来的那一刻就已经是最终的样子了。

大自然的妙方

1846 年的 10 月初,达尔文用"小猎犬号"装回来的成百上千件宝贝中,还有一个罐子没被打开过。里边装着的是藤壶。这种特殊的动物生活在水里，它们会牢牢地附着在石头、鲸鱼和船底上面。达尔文是在智利的岸边找到它们的。为了写一篇关于这种小动物的论文，他整整花费了10年的时间，才让这些藤壶重见天日。但是，这之后他又花了8年的时间，坐在周围弥漫着这种被密封保存的动物散发的酒精蒸气的写字桌前，用显微镜细细观察藤壶那微小的内部构造——有些样本甚至还没有图钉帽大。让达尔文陷入沉思的是，藤壶时而看起来像是贝壳类生物，时而看起来又像蜗牛类生物，很难把它归到哪一类之中。这种小动物彼此之间的差异极为巨大，不仅体现在属[①]内，还体现在种内。它们的性别也很奇怪：有些藤壶是雌雄同体，还有一些有明确的性别，更有一些是处于雌雄两者之间的状态。当达尔文在显微镜下解剖一个藤壶的时候，他看着令人震惊的结果，总会不断问自己，这些亚种和新的种类之间的界线到底在哪儿。这时他理解了，大自然比他想象的更加变化多端。在这之前，达尔文一直都猜想，野生物种发生变异的概率要比家养动物发生变异的概率低。藤壶向他证明了相反的一面。

　　本来，藤壶的这种多变性让达尔文在对其进行系统分类的时候头疼不已。在那之前，还没有人能对藤壶进行过令人满意的分类。达尔文想要改变这种现状。与此同时，他对当时生物学家所用的生物分类体系持批判态度。困扰他的是，虽然人们能够理解这样

[①] 生物分类学中的分类级别，主要级别有界、门、纲、目、科、属、种。"种"是最基本的分类单位，"科"是最常用的分类单位。从"界"到"种"为向下包含关系，越往下层则被归属的生物之间的特征越相近。——译者注

一个体系，但是却没人质疑"我们通过这种对自然的分类，到底在寻找什么"。有些人按照动物的外形特征进行分类，还有些人按照动物的身体构造进行分类。对于达尔文来说这是不够的。动态式思维（Dynamisches Denken）寻找的不是单纯的事实，而是一种过程，以及这种过程的基础。他不仅想知道是什么将某个物种内部的各个动物彼此联系起来，他还想知道为什么会存在这种联系。其他的分类方法可不会提出"为什么"这个问题，因为它们的使用者进行着静态思考，认为终极答案已经很清楚了，那就是：上帝的意志。如同达尔文所抱怨的，他们并不是在寻找原因，而只是在追求"摊开这些规则，遵照这些规则，以令造物主喜欢的方式给生物分类"[10]。对达尔文而言，这些不过是"空洞的、夸夸其谈的原理"。

达尔文对于人们应该如何对物种进行分类当然有自己的想法。"小猎犬号"之旅教会了他，物种之间几乎到处都存在着联系。其他科学家也发现了一些蛛丝马迹，如博物学家理查德·欧文曾经指出，鸟类和爬行类动物在骨架上有一些相似之处，但是他并没有从中认识到达尔文在日渐高涨的兴奋中所看到的东西：大自然总是在不断重复地使用某些蓝图，其中一定存在着某些更深层次的原因。达尔文和大部分同侪的不同之处在于，他已经接受了进化的这一事实。哪里有演化发展，哪里就一定存在一个源头。当达尔文观察这些蓝图的相似之处时，他准确地察觉到了这一源头的存在。他写道："我们在这些事实当中看到了一种有机的深度联系，它穿越时空，被保留了下来。"[11]

几乎在藤壶的故事发生的 10 年之前,他就已经在名为"B"的笔记本上胡乱写过一些想法:在犹豫不决的标题"我认为"之下,他画了一幅画,看上去仿佛光秃秃的一棵树,实际是一个分支图。在每个分支的尽头,他都会标上一个字母,用来代表某一个物种。在这幅图上,每种动植物,细至每种青蛙、每种蜜蜂以及每一种灌木,它们最初都来源于唯一的一个树干。从这一共同的源头出发,演化发展出我们在自然界中看到的几乎无穷无尽的各式各样的生物。当人们对物种进行分类的时候,不能只追求体现物种的外在或内在的特征,还应该致力于发现它们共同的源头。在这点上,胚胎学大有用武之地。达尔文认为,"一般而言,胚胎的结构多多少少能向我们"透露出"古老的且未经修饰的原始形式的结构"[12]。在早期的研究中,蜥蜴和哺乳动物的足,鸟类和人类的足,它们都符合同一种基本形态。成年蛾和苍蝇看上去完全不一样,但是在幼虫阶段,它们却惊人地相似。藤壶的幼虫和卤虫的幼虫也极为相似。达尔文最终将藤壶归为甲壳动物的一个亚纲——蔓足亚纲。相应地,他给动物世界系统分类的方式比他同侪们的方式要深刻得多。原因很简单:同侪们建立的体系旨在描述静态事实,而达尔文寻找的则是动态的规律。

结束了和藤壶的纠缠之后,达尔文又着手养鸽子。有些人可能会感到很惊讶:做这种事情并不符合他那个社会阶层的身份。他甚至不顾一切地加入了两个鸽子饲养协会,他的家里养了一群鸽子,几乎变成了一个名副其实的鸽子窝。但在混乱之中他自有打算。在达尔文的最初认识中,他认为自己在自然界中看到的因果联系是简洁且优雅的：生物不断繁衍，它们的特征（几乎）总会发生变化。这些变异会遗传下去，因此这些物种也会逐渐发生变化。他知道进化过程中发生了什么，但是缺乏关于进化的证据。无论如何，对于"如何发生"的看法连同他的其他理论一样，萌芽于他在青年时代感受到的一种相似的、狂热的氛围。那时，达尔文常常问自己，物种变化的动力到底是什么？他模模糊糊地意识到，肯定有一种选择机制，它决定了某些特征可以遗传下去而另一些不能——他只是不理解这种选择机制是如何运行的。就在百思不得其解的时候，他偶然看到了英国经济学家、社会哲学家托马斯·罗伯特·马尔萨斯的《人口学原理》(*Essay über die Bevölkrtung*)。马尔萨斯在书中叙述了这样一个问题，即当食物唾手可得的时候，人口数量就会更加剧烈地增长。这也就导致饥饿、疾病和淘汰竞争总是存在。这篇论文给了达尔文灵感，在那之前，他一直认为在食物供给充足的时间点到来之前，人口数量都会增长；而之后，人口数量就会稳定下来。现在他意识到，马尔萨斯在毫不知情的情况下，就描绘了一个更深层次的自然原理，这一原理不仅涉及人类，还包括所有生物。通过自己的观察，达尔文知道动物总会过多地生育后代，以至于超过环境可以持续供养的能力范围，而这也增加了今后动物自身繁殖的难度。因此，肯定存在一种调节机制，它能够防止某一物种挤满全世界的每个角落。在他读过马尔萨斯的书之后，突然之间一切都水落石出了：大自然通过紧缺的食物供给、肉食动物和多变的环境条件，向生物持续施加压力——一种适应的压力。那些最能适应自然条件的生物幸存了下来，繁衍生息,于是进化就发生了。这种自然选择就是进化的动力。证据呢?家养驯化的植物和动物就是证据,比如家鸽。饲养员挑选出最适宜驯养的动物,保证它们能够繁殖下去。通过这种人工选择,饲养员有意强化了某些性状,使之得以保留。而在野生环境下,大自然就扮演了饲养员的角色——挑选出最好的样本,比如,那些最容易找到食物的动物,或者肉食动物不容易辨认的动物。达尔文饲养了一些信鸽、欧鸽和大型鸽子,这可不是为了休闲娱乐,他想要了解已经发现的规律,支撑自己的论点:大自然的发展变化有与生俱来的逻辑,不需要上帝当设计师。

在这里,达尔文的动态式思维再次助他一臂之力:别人对大自然还抱有浪漫的宗教想象,赞美造物主带来了鸟语花香,而达尔文却看到了为了满足生存的目的而绽放出的最美丽的花朵。生物之间以一种协同进化的动态形式共同繁衍发展:如果一朵花开成一种特殊的样式,那么自然界中肯定还存在着一种动物,其身体正好与这种特殊样式相适应。大自然那丰富而脉动的活力是一种自然过程的结果,在这一过程中,通过挤压摩擦,少数一些模具被打造成各式各样的成品。达尔文写道:"我们可以把大自然比作一个平面,上面密密麻麻地布满了成千上万个尖锐的楔子。在持续的捶打下,楔子不断嵌入平面之中。"[13] 大自然并不是"和平安宁的",它就像一个盛着沸水的烧水壶,内部持续不断地翻滚变化着。

一切都在保持变化

现在，我要问你一个问题。请务必如实回答（别担心，我不告诉别人）：你喜欢变化吗？

如果你的回答是否定的，那么你并不孤单。因为我可以拍胸脯向你保证：大部分人都不喜欢变化。事物似乎以一种不可预测的方式发生着变化，与之相比，即使变化的存在不是绝对让人难以承受的，但现状依然总是更吸引人一些。

如果你的回答是肯定的，那么你或者是勇敢大胆、灵活变通、随机应变的少数派，或者是对自己并不完全诚实。这原本很好理解。生活中最大限度的灵活性不正是我们一直期待的吗？——这有可能发生在一段恋情中（"亲爱的，我想要尝试一夫一妻制以外的另一种选择"），有可能是在沟通交流中（"我都快被送进手术室了，但是还得赶紧回复几封邮件"），或者在工作中（"从下周开始，你能去开普敦工作吗"）。面对相似的种种要求，我们或许有时候都不敢承认自己原本很想要拥有一个稳定的日常生活。

但对稳定的向往是很符合人性的，它根植于我们内心深处，甚至让许多人宁愿待在难受的处境中，比如在工作中，在生活中，或者在一段恋情中，也不愿做出什么改变。即使是在性命攸关的情况下，人们已经知道结果的严重性，也依然会抗拒改变。研究表明，大部分从高危的心脏外科手术中挺过来的患者，即使人们已经告诉他们不改变生活方式就只有死路一条，他们也依旧不愿改变。

在经济领域，这一问题更为突出：领导层面对的最大难题之一就是，即使某些新的倡议和工作方式可以优化员工每天的工作，他们也对其持抵触情绪。

原因之一涉及我们在生物学上是如何被设计出来的。我们的生理系统总是追求保持一种平衡的状态，或者是回归这一平衡状态。这种原理叫作动态平衡（Homöostase），它不仅适用于人体的生化反应，也适用于人的心理机制。就像身体会维持体内钙和血糖的水平稳定一样，大脑也会千方百计地持续维持精神上的"常态"。大脑喜欢组织化和有规律的过程，并始终不渝地坚持着，效果还颇为成功。它抗拒变化，尤其是意外变化。虽然大脑可以适应新的条件（它甚至干得不错），但是基本上它更喜欢保持现状。

但请注意，不要误认为对于机体而言动态平衡就不重要了。恰恰相反，动态平衡对机体有极为重大的意义。在一个合适限度的带宽内，机体可以承受波动，但若超出限度，事态就变得危险了。比如，如果有人发烧了，那么体温只能升高几度。当机体对抗这些变化时，动态平衡就变得有意义了。在心理层面，则是另外一回事儿：对现状的依附会引发对变化和发展的不必要反抗。在这点上，我们可以稍微变通一些，因为过分关注动态平衡会让我们在思想精神上停滞不前。

这正是静态式思维的错误之处：把生命中的运动看作例外，而常态则是静止。它总是渴望保持或者回归平衡状态。这就导致我们即使做出变化，也是在不情愿地缓慢变化，大部分时候还总是寻找永恒不变的东西。这个所谓"永恒不变的东西"可能是上帝，也可能是一段婚姻或者某种意识形态。追随这种思维模式的人，要么是神学家，要么是有虔诚信仰的人。这是一种典型的人类精神世界的思维趋势。静态式思维倾向于将发展演变视为例外，把固定的框架当作理论状态。变化是危险的，因为其结果悬而未决。也难怪，在一段关系中，对另一方最严厉的一种批评就是："你变了。"

细细想来，这种批评是荒谬的。因为很显然，生命中哪有不变的东西呢？相反，达尔文早就知道，生命是运动发展的。生命是持续变化的。正如美国作家艾利森·邦德·夏皮罗在《今日心理学》（*Psychology Today*）中写道："和许多人一样，我也曾经在对动态平衡的追求过程中，将我的生命看作一种稳定的东西，不会改变，或者只是在缓慢变化。但一次脑卒中就让我很快明白，稳定不变只是一种幻想。当忽略了变化的存在，人们会暂时获得一种安全感，但这是一种假象。"夏皮罗写道，即使是我们的身体，也是在其限度内不断变化的，"我们的身体不断变化、生长、皱缩，为动态平衡发展出一个新的极限值，以适应新的状况。无论我们是否注意到，这一过程在每一刻都在发生着"[14]。

就在这一刻，你坐在沙发上阅读这本书的时候，你的身体内外正在发生着无数的动态过程，而你根本没有意识到这些过程。我们不会像藤壶那样发生如此迅速的变化，但我们也不是静止不变的生物。对于生物而言，并不存在静止不变的状态。想象一下以医院为题材的电视剧里的某个场景，一名病人因医治无效去世了。心电图上那条显示他心跳的曲线，突然间变成了一条直线。用显示屏中这样一种动态线条作为生命的象征绝非偶然。我们都知道，运动和活力是一回事儿。

当然，追求心理和生理的平衡是很重要的。普遍性的误解就在于，一种平衡的精神状态只会在安静祥和的状态下产生。这种想法有愈演愈烈之势，越来越多的人被快节奏的世界和贩卖焦虑的信息影响着。一个典型的反应就是通过尽可能多地排除波动，最大限度地减少生活中的变化性。这有两个严重的缺点：其一，与此同时人们极大地缩减了个人发展的可能性；其二，人们失去适应的能力，无法合理应对在生活中遇到的无法避免的变化，这在危机状况下可能是致命的。

如果你想要从静态式思维转向动态式思维，那么首先要与那种认为生命中某些东西是稳定不变的想法决裂。试一试，让自己清楚地认识到，即使是生命中最宁静祥和的某一刻，那个自己每次想起都认为是最理想状态的时刻，也是充满运动的。你在呼吸，你的身体在悄无声息却密集剧烈地进行着新陈代谢。而你周遭的世界，更像一个剧烈的旋涡，即使你坐在山上的一片宁静的草坪上（如果你能够从一只蚂蚁的视角看这片草坪，就会明白这一刻并不宁静）。此刻的宁静，并非整个世界和你都静止不动的结果，而是因为那些能在这一刻刺激你、激怒你的事情都没有发生。

换句话说，当我们幻想自己与周围的环境和谐共处的时候，才会觉得安宁。诀窍就在于，不再将和谐与静止不动联系在一起。从心理学上看，和谐一致的实现是由于抵抗的缺席。如果我们意识到，生命从来就不应该是静止不动的，我们并非静止的生物，而是为了变化而存在的有机生命，就能毫不费力地摒弃静态式思维。进化从来都不会带来平静，接受这一事实就能获得另一种宁静祥和，它比那种不得不依赖万事无恙才能获得的安宁要更加坚不可摧。

人类和香蕉的相同之处

今天，达尔文的名字家喻户晓。许多人认为，他好像是发明了进化论。其实并非如此，关于物种发展演变的想法可以追溯到古希腊时期。达尔文之前最著名的生物学家——让-巴蒂斯特·拉马克，曾对达尔文产生很大影响。但是其理论的宽容度有限。达尔文研究工作的特殊之处在于，他提供了一种令人信服的理性解释，用来说明进化是如何发生的，并辅之以极为合理的证据。一开始，达尔文致力于让进化的想法为人认可，因为他不仅可以描述进化，还可以解释进化的驱动力——至少是其中一个很重要的驱动力。他知道自然选择理论对于他的论证将具有怎样重要的意义——它是其思想的心脏，将让他的理论从一众现存理论中脱颖而出。

1859年，达尔文终于出版了《物种起源》，但他认为这本厚达500页的书籍写得太简短了。他将整部作品描述为对自然选择理论的"长篇论据"。但世人可不愿意听到这些。尽管全世界已经接受了进化这一事实（无论其好坏），但直到几十年后（甚至到了今天）还在抗拒着达尔文研究中关于自然选择的这一部分内容。这些想一想就很糟心：人类和其他生物一样，竟然是由其他形式的生物发展演化而来的。智人（Homo Sapien）并不是一堂有趣的陶艺课上的作品，在某种程度上，智人有一群猿类祖先。在青年时代，达尔文就总喜欢在自己的笔记本上勾勒出自己的想法。他当时做的第一件事就是试图证明人类与其他生物截然不同。但很快，他就把这种念头抛到九霄云外。他大胆地写道：人类并非例外，也是这场游戏的一部分。虽然这一部分观点让他周围的人觉得受到侮辱，但他们还是不情愿地接受了。（据说，一位英国主教的夫人在听到这一讯息之后，吃惊地叫道："希望这不是真的。如果这是真的，那就让我们祈祷这不要变成常识吧。"）

就像达尔文的传记作家大卫·奎曼所写，自然选择这个主意是"特别唯物主义且暗黑的"。进化论本身是宽宏大量的，给上帝的继续存在提供了一定的余地。人们仍然完全可以设想，有一位神圣的造物主是这全部过程的幕后推手。这样一来，人类还能继续享有一个特殊地位，即上帝在某一时间点亲自插手创造出了人类以及人类的智慧才能，并让人类从动物世界中脱颖而出。但是，如果人们接受了达尔文的自然选择理论，那么代表人类优越性的这一最后的阵地也沦陷了。人和其他动物本质上是一样的，都是在偶然状况下由进化的物质组成的：有的组成了蜘蛛，有的组成了香蕉，有的组成了狼，有的组成了人。虽然达尔文的这一设想在他的同侪之间应者寥寥，但是他还是特别严肃认真地对待这一命题。讽刺的是，他的书名虽然叫作《物种起源》，但是通篇并没有解释生命的最初起源，也没有解释生命是如何"诞生"的，而"只是"描述了生命形式多样性的发展演变逻辑。然而，令达尔文深信不疑的是,在这场游戏中上帝并没有插手干预。他甚至认为,相信上帝存在的这种想法本身也是进化的产物——这种念头是人类自己发展演变出来的,某种程度上作为本能天性,是做出道德判断的基准点。

达尔文的唯物主义是毫不妥协的。即使对于那些像达尔文一样也提出自己的自然选择理论的人来说,达尔文的观点也过于前卫。生物学家阿尔弗雷德·罗素·华莱士,认识到了地球的地质变化、动物的地理分布和物种变迁之间的联系,他也像达尔文一样很早就认识到了自然选择、优胜劣汰的原理。达尔文能够发表他的理论,其中有华莱士的一份力量。这位年轻的生物学家曾经威胁达尔文,表示要在其之前发表自然选择理论。而在《物种起源》出版10年之后,华莱士才发表了一篇文章,其中表达的却是退缩的想法。华莱士写道,自然选择并不是人类大脑发展演变的原因,并提到了一种塑造人类大脑的"更加高级的智慧"。这令达尔文感到很沮丧。达尔文所从事的事业,并不是反对关于上帝本身的想法。奎曼这样写道:"达尔文的理论并不是在反对神的存在——无论什么样的神,人格化的或是抽象的,意识之内或遥不可及的。他反对的是对人类的所谓神化——认为人类和其他的生命形式都不一样,是上帝遴选的,是在精神和心灵上都更高等的生命;认为人类的精神世界拥有永恒的存在,人类对永生抱有一种渴望,觉得上帝对人类有所期待,人类对地球肩负着特殊的权利和义务。而达尔文却在冲击着这些想法,无论这些想法是来自基督教、犹太教、伊斯兰教,还是可能来自这颗星球上任何一种宗教。"[15]

这是达尔文动态式思维最后的一个结果，达尔文不仅将人类锁定在了进化这一进程之中，而且认识到这一进程是自成一体的。他当时所领悟到的，直到今天我们接受起来还有困难：人类既不是"上帝创造的皇冠"，也不是某些其他观点认为的最终完成品。极有可能连人类的消失也不会影响进化这一过程滚滚向前。没有人知道还会进化出什么，也没有人知道它会在什么时候终止。如果今天的人们可以询问达尔文，那么他可能会说，进化永远不会有终点。从他看待世界的角度来看，起点和终点都没有必要，因为过程才是决定性的。他也不需要外界的操纵者，因为他认为并不存在外界。在物质之中隐藏着一切：生存、死亡、发展、惊讶、好奇、智慧、好和坏。虽然别人认为他的观点是冷酷野蛮的，甚至是残酷无情的，但达尔文认为一个无神论的大自然才是最令人肃然起敬的。正如他在《物种起源》中所写："这似乎是一个伟大的观点，即造物主只在我们周围所有生命的胚胎中注入了少量的或者唯一的形式，在我们的星球严格遵循重力法则持续运转的时候，从这最初的简单形式之中，已经发展演化出一系列无尽的美丽而绝妙的形态，并且还在不断发展。"[16]

30亿年来的进化进程，造就了现今所有的生命形态。如果有人认为这不如《圣经·旧约》中七天创世的故事引人入胜，那么他对决定性的事物缺乏理解。达尔文深知这一点。

如果你想尝试一下动态式思维的一个特别实用的应用的话，不妨试一试新的工作方式。静态式思维总是围绕着一些固定点，当它开始思考某项任务时，一定是以目标为导向的。静态式思维所做的一切都是为了最终这个项目能够完成，期待着大功告成那一刻的放松，并将那一刻臆想为"常态"。当然，这效果有限，因为肯定用不了多久就会有新的任务出现。此外，这种思维方式还有一个缺点，即许多人都被他们的任务压垮了，特别是在那些大型的项目中，其中设定的宏伟目标总是显得遥不可及。

相反，一个秉持着动态式思维的思考者在工作中是以过程为导向的。他知道，休息放松并非常态，运动才是常态。认识到这一点，他在过程之中便能更好地放松。他不仅仅盯着最终的目标，也关注着下一步该怎么办。在这种方式之下，他或许更有效率。因为他更专注于一项任务的每一个片段，不让自己迷失在通往既定目标的漫漫长路上。你可以尝试一下，在着手从事一项任务的时候，以过程为导向，而非以目标为导向。你将会发现，你的工作发生了决定性的改变。

吉杜·克里希那穆提

否定式思维
——千疮百孔的提桶

1908年,吉杜·纳里安利亚,这位印度的小公务员即将退休。很显然,他那点儿微薄的退休金并不能供养他那一大家子人。作为一名通神学会的会员,他有26年的会龄。他向魅力非凡、聪明智慧的通神学会主席安妮·贝赞特求助,希望获得一份工作。最终,贝赞特同意让他担任位于阿迪亚尔的通神学会[①]的一名秘书。很快,纳里安利亚在阿迪亚尔城外找到一所小房子,并把之前住在曼达纳帕莱村的家人接了过来。通神学会是一个神秘的机构,致力于探索人类沉睡的力量和大自然的奥妙。在通神学会不寻常的环境和氛围中,一件非比寻常的事情马上要发生了。

这几天,因为通神学会创始人布拉瓦茨基夫人的一个预言,安

[①] 通神学会由俄国的海伦·彼得罗夫娜·布拉瓦茨基夫人(1831—1891年)和美国军官奥尔科特(1832—1907年)创立。她结合了东方神秘学理论和西方哲学于其中。1882年,通神学会在南印度金奈的阿迪亚尔建立总部。——作者注

妮·贝赞特坚信,一位世界导师兼下一位弥赛亚[①]不久就要现身了。掌握超感官知觉的"千里眼"查尔斯·韦伯斯特·利德比特下定决心要帮她找到这位天选之人。有一天,利德比特偶然撞见了纳里安利亚的两个儿子,他们正在阿迪亚尔的海边洗海水浴。有意思的是,活泼聪慧的弟弟尼特安南达并没有吸引利德比特的眼球,反而是14岁的哥哥克里希那穆提引起了他的注意。随后的几天,利德比特一直在观察这位少年,他被克里希那穆提身上某种朦朦胧胧的灵光迷住了。这位少年寡言少语,对世俗之物意兴阑珊,总是用一种近乎超凡的视角看待这个世界。克里希那穆提的这种特质也被他的老师注意到了,但老师却因此猜测,这位少年精神上有些问题。

利德比特灵光一现,从这位瘦小枯干、营养不良的少年身上看到了一位伟人的雏形。他立刻将这两名少年收归麾下,并渐渐地让二人脱离了他们父亲的影响。克里希那穆提和尼特安南达搬出了他们家的小房子,搬进了通神学会总部那所富丽堂皇的建筑里。他们被带进了一个由大师和内行人组成的世界,人们在这里谈论着光辉壮阔的前世。年轻的克里希那穆提被密教的思维方式和符号所包围着。与此同时,这两位少年还被教导要摆脱印度的一切,人们将他们教育成了完美的英国绅士:他们只能说英语,学习用刀叉吃饭,穿着西式服装。

[①] 弥赛亚,德语为 Messias,英语为 Messiah,指上帝选中的人,具有特殊权利,《圣经·新约》主张耶稣就是弥赛亚。——译者注

年轻的克里希那穆提得到了他想要的一切,从橙汁到劳斯莱斯轿车。谁也不能随便坐到他的位子上或者动他的网球拍。他也不能饮酒、吃肉,或者接触那些粗鲁和没文化的人,他的小伙伴都是被精心挑选出来的年轻人。多年之后,已是成年人的克里希那穆提说,在这样一种特殊的环境下,他被灌输了大量通神学的理论,作为一个年轻人怎么可能无动于衷?一切怎么可能是没有定数的?怎么可能仿佛他从生下来就没有性格或者个性呢?他很听话,也从来都不抗拒,似乎对身边发生的一切都无所谓。他就像一个破了洞的容器:人们装进去的任何东西都会流失,不留任何痕迹。他的这种特质,为他后来成功丢掉通神学烙印发挥了重要作用。

最终,这两个年轻人被彻底从他们的家庭和故乡中夺走了,然后被带到了欧洲。在欧洲的那段岁月是不幸的,他们感到孤独,像被遗弃了一般。他们仿佛失去了对通神学理论的兴趣。有一次,人们问克里希那穆提作为神灵的化身对他而言是不是一种巨大的负担,年轻的克里希那穆提的回答是,他觉得整件事情就是一个笑话。1922 年,也就是在他 27 岁的时候,他那个完全听话顺从的形象产生了第一道裂缝:那一刻,他强烈地体会到了精神上的觉醒,这是一种神秘的豁然开朗,但同时他又经历了肉体上的痛苦折磨。他知道自己不必再继续寻求真理了,因为自己已经和真理融为一体。他满心狂喜地开始寻找代表内心自由的一种自我语言,这是一种摆脱了通神学术语的语言。不久,第二道裂缝又出现了:克里希那穆提听说,贝赞特和通神学会的其他会员宣称他们是世界导师的门徒,主张必须创立一个新的宗教,而贝赞特要处于这个宗教的最高位置。克里希那穆提对事态的发展表现出了担忧和震惊。

此后，他弟弟身患重病并不幸去世，这件事成了压垮骆驼的最后一根稻草。之前，克里希那穆提特别信赖的一位通神学会的隐藏的大师曾经向他保证，他的弟弟尼特安南达会安然无恙。因此，弟弟的死极大地动摇了克里希那穆提的整个人生哲学。他说，所有的景象和观念都是精神的投射。就这样，他断绝了和这些大师的来往，和通神论者视觉化的景象世界诀别。他感觉到一种新的景象已经若隐若现，强烈的悲痛之情促使他产生了一种无法用语言形容的深远认知。

我们从他那段时间的演讲中也能看出这种内心的变化。在多次演讲中，他面对数千听众再也不谈论那些正统的通神学理论，而是开始探讨一种与宇宙融为一体的感觉。克里希那穆提拒绝了世界导师这一角色，并且敦促他的听众们推动内心的变革，这让贝赞特和其他通神学会的成员都感到很震惊。原来，尽管他在通神学会的环境下受了多年浸染，在英国的上层社会的核心也度过了一些时日，但克里希那穆提还是成功地形成了自己的思维。他观察、倾听了多年，但是他的思想并未受其影响。经历了长时间的蛰伏，他体内一股巨大的能量呼之欲出。他要求其他所有人必须像他那样对事物刨根问底，抛弃既有知识，以获得全新的感觉认知。那是一个反叛的年代，身处其中的克里希那穆提不接受任何的权威。

然而，他这些早期的演讲仅仅是一个出人意料的结局的前奏。没人能想到会有这样一个戏剧性的大转折，也没人能想到通神学会在经过一番精心编排后花费了18年的心血寄托在克里希那穆提身上的伟大愿望竟是这样一个结果。1928年,近3000人齐聚一堂,就为聆听克里希那穆提的箴言,我们无法想象这群人宗教式的狂热和虔诚的信仰。但克里希那穆提似乎并没有被听众们的热忱所打动,他在演讲中决绝地宣称,听众们必须放弃对权威的信仰,特别是对所谓世界导师的虔诚,不要把他当作希望的载体。几个月之后,他再一次宣布,他决定解散由他担任主席的"东方世界明星社"①。在这段演讲中,他阐明了一个根本的立场,一个在他一生之中都不会改变的立场。"信仰,纯粹是个人的事情,"他解释称,"你永远不能也不应该将它组织起来。如果你这么做了,信仰就僵化了,就死掉了……如果为了这个目的而成立一个组织,这个组织就会变得残破、衰弱,成为一种强迫的约束。它只会让个体发生异化,从而阻碍个体的成长。"[1] 他又说道,他不想拥有信徒,他唯一的兴趣所在就是要以一种无条件的、绝对的方式实现人的解放。

从那时起,克里希那穆提在思想领域对自己权威身份的背叛就变成了一个传奇,而这也将他的形象同一众上师和所有其他宗教人物的形象区分开来。在他解散了自己的社团之后,人们开始将他视作一名和所有形式的宗教信仰对立的世俗哲学家。"我的理论,"

---

① 东方世界明星社由通神学会于1911年至1927年间在阿迪亚尔创建。该组织的任务是,让世界做好准备,迎接弥赛亚的到来。其所认为的弥赛亚就是所谓的世界导师,或称弥勒菩萨(释迦牟尼的继任者)。当然他们认为,世界导师会化身在吉杜·克里希那穆提身上。——作者注

他在退出通神学会后这样写道,"既不是超自然的,也不是神秘的。这二者对我而言都是限制,会让人被迫承担起找寻真理的责任。"[2] 聚集在他身旁的一众年轻人散去了,国际媒体也失去了对这位"世界导师"的兴趣。很长一段时间,他都过着隐姓埋名的生活,像一位坚决的独行者那样走着自己的路。当他再次抛头露面的时候,已经既没有师父也没有学生了。相反,他开始谈及"学习",这是一种由强烈的好奇心和自由研究所共同组成的状态。他在其中只是像一面镜子,他的听众们可以通过他在自己身上形成免受偏见干扰的真实的感官认知。

这种新的"学习"并不容易为大部分人所接受。传统意义上的学习依托于"老师—学生"的这种关系,代表权威的老师居于主导地位,学生依赖于他,老师要回答一无所知的学生的所有问题。大部分听众不能理解,为什么克里希那穆提拒绝形式化的回答,为什么他总是回应提问者让他们反躬自省。尽管如此,渗入他本性的深沉的宁静气质,以及他独特的人格品质还是深深打动了许多人。著名的美国作家亨利·米勒写道:"克里希那穆提是除了耶稣以外,唯一让我感到能完全摒弃自我的人——他在少年时代被神化成下一个救世主,但后来拒绝了这个为他定制的角色,惹恼了所有门徒,并严词拒绝了所有导师。他没有再在世界上创建任何新的信仰或新的教条;他不断追问一切,培养质疑和坚忍不拔的精神,将自己从所有的幻想以及由自大、傲慢和所有令人难以捉摸的统治形式构成的魔力中解放出来。"[3]

没有过往的思考

但是,让克里希那穆提完成这不同寻常的放弃之举的内心转变是什么样的呢?人们可以从他 1928 年早期的一段演讲中找到这一问题的答案。

"我一直以来都在反抗一切事物,反对他人的权威、指示以及知识。在找到真理之前,我不把任何东西当作真理。我并不是反对别人的想法,只是不接受他们针对人生的权威和理论。在我踏入这种反抗状态之前,在我变得对一切的教义、信条和信仰都不满意之前,我是不可能找到真理的……我一直努力求索这一目标。在找寻的途中,我观察过很多人,他们为自己的欲望所羁绊,被生命中的徒然之物所扼杀。我看到,他们竖起一道道由偏见和恐惧垒成的围墙,并用信仰和不假思索来粉饰它,尽管这些围墙就是他们自己建起来的,但他们依然希望逃出去。通过观察这些人,我明白了如果他们不能从对神灵的崇拜和口谕转述者的操纵中解放出来,他们的抗争就一定是没有意义的……我也反抗通神论者关于生命的专业术语、理论、集会以及注解。当我参加一场这样的集会时,总是会听到那些讲师反复唠叨这些相同的观点,这些观点并不能让我满意或者感到幸福……我走遍街头巷尾,观察人们的面孔,这些人反过来也在观察我……我走进剧场,看一看人们如何让自己开心,如何找到忘记他们不幸的办法;看看人们如何用肤浅的刺激来麻木心灵和理智,从而以为自己可以找到问题的解决之道……通过观察这样或者那样类型的人,我收集到了间接的经验。每个人的身体内都沉睡着一座由不幸和不满汇成的活火山。我在从一次欢愉到另一次欢愉、从一次喜悦到另一次喜悦的途中寻找幸福,但我没有找到。"[4]

这番话很明显地揭示了克里希那穆提的思维结构:这位思考者静静地观察了人类思考和行为的几乎所有的范式,但这些都被他完全否定了。克里希那穆提的"否定"是建立在不满的基础之上的,即不满于对人生既有的刻板观点,不满于陈旧的、熟悉的思维窠臼。人们或许会认为,这样一种全面的否定论势必会将人引向极为明显的虚无主义。但对克里希那穆提而言,这却是一把彻底打开自由独立世界的钥匙,并且其中包含了实现对人生及其谜团的直接感知的可能性。

人类的理智是在不断地预调节中形成的:从我们出生之日起,对共同体信仰的想象、集体认同的价值、地区特征呈现的趋势以及宗教符号就在影响着我们的思维,并导致我们学会对自己所珍视的概念做出无意识反应。语言本身,及其拥有的内涵和引发的联想,都意味着一种剧烈的调节。如"上帝"这个词,可能会引发信徒们强烈的情感,而令无神论者愤怒,但是这个词却会引发人类的思考。恰恰我们容易遗忘的是,我们产生这样的反应,就好像那个词早就已经存在于那里一样。印度教信徒教育他们的孩子,使其对"湿婆"做出感情上的反应,而虔诚的基督教信徒又会对"耶稣"这个词做出相应的反应。如果一个人的父母和周围环境总是传递这样的信息,"你是一个犹太人",那么有可能他会很快认同自己这一身份，包括认同犹太教的历史和传统。

我们获得的每一块烙印，都会在模仿和重复中不断加深。构成克里希那穆提否定态度的一个重要组成部分就是拒绝，拒绝任何形式的预调节。如他所言，这就好像人们只有不被人造的、非原始的事物所误导，才能保持精神如纯净水般无瑕，就像山间未经人类涉足的小溪。保证他的自由不受诸如社会、家庭等外在形式影响的工具就是否定式思维。这种思维可以卸下所有负担，什么都不网罗。

1938年年初，克里希那穆提结识了生活在美国的英格兰作家、哲学家奥尔德斯·赫胥黎。两人常常聚会，并一边散步一边聊天。大部分时间，都是赫胥黎在滔滔不绝，克里希那穆提主要在倾听。赫胥黎很是惊讶，虽然他智力出众，但不受知识影响的感官认知所带来的精神上的柔性和坚强，是他的智识所无法理解的。当克里希那穆提谈到一种不被知识和记忆所累的感官认知时，赫胥黎开始学着去倾听并保持沉默。在某次散步途中，赫胥黎对他的朋友说，为了能直接闻听真理，他愿意倾其所有。很可惜，他的精神世界充盈了过多的知识，无法胜任。这一次次的漫步谈话不仅仅是两个思想家的相会，他们的谈话中所展现的还有两种思维方式之间不可逾越的鸿沟：否定式思维和积聚式思维。

从否定式思维的意义来讲，通过不断积聚知识和经验，人们并不能够获知真理，而真理来源于对生活和生命之谜的深入洞察。对于探寻真理的精神而言，每一次积极地建构知识，都会成为它的负担。这种思维就像一块巨大的橡皮擦一样，可以完全擦掉一切既有的知识和过往的经验。在这种观点看来，以记忆为基础，承载着知识的积聚式思维并不能让我们实现真正的人生领悟。只有那种否定一切的思维，才能让人头脑放空、轻装上阵，从而接触到并且探索人生和生命的秘密。

　　如果我们坚定不移地秉持否定式思维，那么它会带领我们到达一种不存在一丝知识痕迹的精神状态。人们在寻求完美的幸福和智慧中的所思、所言和所行，都被它一一拒绝。它勇敢地从人类熟悉的小路上走出来，丢下所有的地图，独自上路。对于克里希那穆提而言，所谓的传统（即人们认真地追寻他人所确信的足迹，亦步亦趋）不过是对自己犯错的恐惧。对此，他会刻意避免使用那些传统的概念，这些概念会自动引起听众们的认可效果，让他们感觉舒适。他甚至对那些虔诚的隐士说过，他们永远不可能是真正独身隐居的，因为他们的知识和他们熟悉的冥想总在伴随着他们。他向他们宣称："这可不是真正的孤寂。"[5] 孤寂意味着，一个人必须丢掉他预调节的负担。"当一个人想要放弃他的出身、传统，以及预调节所带给他的负担时，要做好上下求索的充分准备。"[6]

　　要想感觉到这种状态，你可以试试下面这个思想实验：长时间地想象整个地球上再也没有人类了，一切人类的遗迹、知识和思想都不曾存在过。没有图书馆、科学研究、哲学典籍，更没有宗教领域忏悔祈祷的生活。数以万计的书籍从来没被写出来过，人类伟大的智慧传承也从未出现过。你是这颗星球上开天辟地的第一人。是你的理智第一个提出对人生秘密的疑问。此刻只有你和这些人生秘密，这是一种不存在中间媒介的直接交流，这是一片完全未被开垦过的处女地，你是第一个研究它的人。假设不能动用任何现有的答案，也不能指望任何已被证明的知识和现有的思维范式，只有你自己才能找到答案。你可以感受到这种思维的新鲜活力，它不能依赖过去，因为它并没有过去。这种思维带你进入了一个完全陌生的国度，你是会感到兴奋不已，还是会有些忧虑恐惧呢？

积聚式思维需要利用过去，这里所指的过去就像一个随用随取的知识存储器。否定式思维不允许任何东西是建立在过去的基础之上的。它就像一个头脑净化机制：不断破坏着昨天，旨在为新的感官认知腾出地方。我们也可以把它想象成节食：随着时间推移，否定会让我们的思维变得苗条、轻盈、敏捷，积聚则会使思维变得肥胖、沉重、迟缓。积聚式思维也承受着一种精神肥胖症：它不断汲取信息、概念、记忆和经验。这或许会让人觉得安全可靠，但同时也让人变得迟钝、模糊。生命显得从未处于自然状态中，精神也显得衰老疲惫。否定式思维受不了精神上的迟滞不前，也受不了过往和习惯笼罩着一切的状态。精神上的习惯会引发僵化的思维，早早认清它、抛弃它，你就能再一次达到充满新鲜活力的精神状态。

克里希那穆提自己在精神和心理上从来没有对什么东西有过"依附的状态"——这种状态在那些每天积聚知识和经验的人身上都发生过。他还认为必须清空自己内心的世界，对于新获得的知识他也总是重复这一做法。这是他的思维特别与众不同的一个特点。即使到了85岁，他的内心还保持着一种少年状态，这也正是他的思维方式带来的结果。"当我们老去了,"有一次他这样告诫他的朋友,"精神会变得更加僵化、呆板。这就十分有必要打破思维和情感上的每一种模型。我们必须对每一个思维上的行动都有自觉意识,必须不断观察它们。"[7]

自然目光的艺术

天才们总是对特定问题最感兴趣。但是克里希那穆提的思想转向了思考过程本身:他想要看一看,当人类专注于某一个特定问题,或者追寻真理的时候,头脑里发生了些什么。正常状态的思维真的是海纳百川的吗?它到底有没有能力进行真正的调查研究呢?思维够不够自由?它能像清晨的草坪一样水嫩清新吗?它能不理会自己的那些烙印吗?人们经常对某些被研究对象过于专注,以至于忘记了研究者的智力本身有多大的影响力。克里希那穆提想要创造一种新思维。人类的感官认知必须在实质上发生一些根本性改变,而在这一过程中,传统的知识只会碍手碍脚。人们必须精耕细作地培养一种智慧的警惕性,追寻一种毫不妥协的否定方法,以便彻底更新自己的思维。这是一种极为朴实的理论,它对所有的聚焦点、陈词滥调、繁文缛节都给予了坚决的否定,即便它们还是冠冕堂皇的。比如,他拒绝冥想,因为他认为冥想会产生一种催眠效果。对他而言,聪明智慧可不是重复和烙印的结果。聪明智慧存在于倾听所蕴含的某种优良品质中,存在于人们对日常现象的关注中。它是一种构成了人类内在和外在真实性的伟大而全面的认识。

当然,毫不扭曲地看待自身的真实性并非易事。某一刻,我们或许会有意识地注视自己那不断流淌的思想流和感情流,并意识到,在这川流不息之中,一切都在发生着,如以自我为中心、嫉妒、冲突、恐惧、孤独感等等。这时我们会马上以一个理想的自我形象作为掩护,这一形象是无私的、慈爱的、安静的且有教养的。克里希那穆提说,人们把"本应如此"凌驾于"事实如此"之上。因为人们真的希望自己像理想的自我形象一样,所以他们不在乎自己精神上的真实性,也不会在那里创造改变。这是一种认可式思维,它试图回避事实。毕竟事实总是光溜溜的,让人们感到并承受孤独和无趣。

道德观念、宗教和灵性在很大程度上造就了这样一种理想的自我形象。它们把圣人,或者说诚实正派的人放到一个展台上让人们模仿,但是却没有深入人类本质的核心,没能引发一场真正的巨变。尽管人类创造了许多伟大的成就,掌握了浩如烟海的知识,但是人类内心的知识性总还是一样的。克里希那穆提的思维拒绝理想化的自我形象,因为如他所言,理想的典范会阻碍实实在在的自我认知。更糟的是,上千年来它还阻碍了人类的文化认知——人类其实是可以做出真正改变的。通过培养一种不断自我完善的态度,我们可以从一个利己主义者转变成一个舍己为人的人。这样一来,我们就能有效避免真的变成一个以自我为中心的人。

克里希那穆提一次又一次地让他的听众们直面人生百态的冷峻

现实：内心是空虚的，人们不得不总是试图用忙碌不停来弥补内心的空虚。他曾经说过，只有思维真正领悟了思考的运行机制，真正的宗教才能产生。

我们只有否认包括观点、判断和结论在内的所有反应，才能追寻到思维真实性的蛛丝马迹。也就是说，当我们确定人类是妒忌的时候，既不要为自己辩护也不要评判自己（这二者通常都是我们无意识的反应）。克里希那穆提认为，肯定存在着某种纯粹的见识，人们也一定可以观察嫉妒心，而不是试图以某种方式逃避现实："观察你的思想，不要让一丝一毫的思想逃掉，无论这思想有多么面目可憎或者凶残暴力。就是观察，不要做出选择，不要做出评判。"[8]

在诸如愤怒、仇恨或狂喜等强烈情绪之下，继续运用这一行为准则是最难的。我们都知道应该控制自己的这些感受，但是克里希那穆提认为，对这些感受的反抗只会助长它们的气焰。他的解决之道让人有些意外：人们必须经历这些情绪，不要在精神上做什么努力，也不要试图改变或者改善它们。这样一来，它们才能活跃起来，并最终找到自己的归宿。人们必须允许自己经历这些情绪，而且在其中不加任何思索——信马由缰一般，不试图去改变它们，也不去给它们贴上"好"或者"坏"的标签。

曾经有一位女士向克里希那穆提寻求建议，她遭受了3次流产，再也不能怀孕了。克里希那穆提并没有安慰她。相反，他鼓励她让自己内心的渴望显现出来。比如，当她在大街上看到别的妇女带着孩子时，不要调转目光，不要对自己内心浮现的想法感到羞愧，不要遮遮掩掩地对待这件事情。当这位女士说，她已经接受了她自己的现实情况时，克里希那穆提回复道："接受并且给事实合理化的解释只是逃避，不应给它们立足之地。倾听你的孤独感和挫败感。当你仔细聆听自己无法做母亲的痛苦的时候，这种痛苦自然就消失了。"[9]

在这一方面，克里希那穆提的思维方式有些不同寻常：他坚信，人们不能通过对自我本身的改造和修正，比如通过精神分析或者精神诊疗，来改变自己。唯一能够带来改变的行为，就是一直看下去。

克里希那穆提依靠否定和认知形成了一套高效的方法，随着时间的推移，这一方法又发展成了一种新的方法，即对问题的开发利用。当大部分哲学家都在孜孜不倦地探寻最伟大的人生问题的答案时，克里希那穆提思考问题从来不是为了找到一个个总是令人满意的终极结论。相反，他总是在提出一些根本性的问题，比如："什么是爱？""什么是死亡？""生命的意义是什么？"他不允许自己的思维通过一个答案就能得到净化心灵的拯救，这样一来，他便能够做到聚精会神。对他而言，一个问题所显示的就是我们思维方式的失败。那些作为答案出现的烙印，那些无意识的反应，那些日常生活的事实，都是思维想要逃避的。问题就像一个巨大的投影机，暴露了我们经过调节的思维过程。

"当人们提出一个问题时，"克里希那穆提的传记作家普普尔·贾亚卡尔写道，"通常情况下，这就像人们让一小块方糖掉到地上，立刻就会有一群蚂蚁扑上去。人们提出一个问题，由这个问题带来的所有可能反应也会以类似的方式产生。"[10] 如果随便问一个人"你相信上帝吗"这个问题，那么大部分人有可能会立刻回答"相信"或者"不相信"。这就像人们按动了一个按钮。对于每一个根本性的问题，日常式思维（das triviale Denken）都会给出一个简单的答案，这个答案的来源就是人们已有的经历。克里希那穆提将我们的大脑比作计算机，而计算机是经过编程的，以便存储信息。"我们的大脑也是这样运转的。我们被编程的历史有数千年之久，大脑会迅速做出反应。当大脑未经编程时，它就会默默观察。我们的大脑能不受既有程序的影响吗？……你的大脑有能力对某一问题不立刻做出反应吗？是否可以延迟响应？一个问题可以无限期保留吗？"[11]

如果人们把一个问题放在脑海里，就像将水保留在杯子里那样，不做任何反应，不想为之找到一个答案，那么从这样一种"保留"的状态中，答案自己就会出现。当人们否定了所有可能的现成答案时，也就将自己从思维的烙印中解放出来了。随即一扇新的大门也会打开，答案会以一种直接感知的形式出现，这是问题的核心。

1948年，克里希那穆提利用否定式思维的方法，发展出了他最重要的一个研究手段：一种独特的对话形式。在这种对话中，参与者共同探究了一个根本性的问题。对话一开始，对问题的反应都是"程序化的"，随着对话的进行，常规思维便会在某一刻停止，共识就产生了。此前，克里希那穆提还使用过传统的"问题—答案"形式。克里希那穆提的这种对话最终打破了"老师—学生"关系。

起初，这些对话还是杂乱无章的。人们向克里希那穆提询问一个问题，然后他会把这个问题抛回给提问者和对话小组，并要求他们通过直接感知找到新的答案。他语速很慢，经常停顿，而且身体前倾，就仿佛每个答案他都是第一次听到一样。他的声音很像提问者，而他的答案听上去也是开放的，而且是让人容易接受的。通过拒绝从一个权威的位置给出一个答案，他在其他人之中发起了一场精神上的搏斗。那些人习惯于从一个权威人士那里获得答案。对于克里希那穆提而言，每一个对于问题的反应都是一次探索的终结。他要求人们对问题进行研究，并越来越深入。当人们停下来深思时，就唤起了聆听的内在能力。在大脑的某个部分，思维是不发挥作用的，而人们正是利用了大脑的这个部分。

在他的对话中，克里希那穆提不断推进，如果被卡住了，他便迂回地快速前进，直到思考的过程变得慢下来。然后，对话的参与者之间突然觉醒了一种内在的感官认知，问题和答案就像被照亮一般出现了，答案水落石出。参与者可以发现自己的理解力、判断力是如何运转的，又是如何陷入自己的思想中的。他们能够看到，自己的理智并不能带来真正的"全新"答案。在理解自己思维过程的不足之处后，它的边界便也瓦解了。但是克里希那穆提并没有就此止步，而是继续不停地询问，不允许积攒起来的能量消散而去。当对话陷入僵局，或者对话小组沉迷于索然无味的诡辩之中时，他会向前迈一大步，提醒对话参与者：根本性问题从来都不能真正在哲学上进行讨论，它们总是涉及诸如爱、死亡、恐惧和痛苦的真实性。

克里希那穆提坚信，在这样一个充满否定式思维的停顿状态里，脑细胞可以自我更新。他认为，当否定式思维的过程抑制了脑细胞的自动行为时，脑细胞就会重构。他还认为，大脑中的领悟过程是一股复兴的力量。

不会变老的思维

为了抓住克里希那穆提对于问题的理解，我们不妨提出一些问题：思维真的能永葆年轻吗？人们能做到智力不衰退，每天都富有"新鲜活力"吗？人们到了晚年，精神上还能轻装上阵，且不受昨日负担的影响吗？

想一想你对这些问题的第一反应是什么。积聚式思维本质上是建立在回忆的基础之上的，它会说：不！这怎么可能，我们的思维怎么可能每天都添砖加瓦，总有新的回忆、经验和知识呢？！关键在于，积聚式思维就是这样组成的，这也让我们在思想上变得衰老。因此，就这一问题而言，积聚式思维并不是一个合格的回答者。克里希那穆提认为，为了让精神永葆年轻，人们必须远离积聚式思维。这种抛弃之中蕴含着革新的可能性。

考虑一下是什么让一个人显得衰老。这里我们要谈的肯定不只是真实年龄，因为即使是年轻人也可能显得特别老。个中缘由肯定涉及某种精神上的僵化，比如一个人固执己见，无法接受那些超出他的精神视野的事物。他总是只在自己的圈子里活动，像一个封闭的系统一般重复相同的思维范式。这些就已经让他饱和了，因而不想再受打扰。要区分一个人是真的想拒绝任何新鲜事物，还是因为他已经"饱了"而不再想吸收任何新的东西（即使是那些最小的念头）。这就像一个人已经吃得太多，再来一道极其美味的甜点也无法吸引他了。

正如前文提到的，克里希那穆提最伟大的一个特质就是，即使他已经85岁高龄了，但还是时刻准备好像第一次一样，满心热忱地研究一个已经多次思考过的问题。当下的问题对他而言总是像全新的一样。思维永葆年轻？克里希那穆提就是一个活生生的例子。有没有可能，他的否定式思维就是让他的大脑重返年轻的关键所在呢？

克里希那穆提坚信，人类可以在精神上重返年轻。在20世纪中期，他就已经谈到过这一点。从某种意义上来说，他也凭此预言了后来对神经元可塑性的研究。在20世纪很长一段时间里，神经科学家们都认为，人的大脑结构在幼儿时期经过一定阶段的发展之后就相对定型了。随着时间的推移，这种认为大脑在生理上是静态的设想，渐渐站不住脚了，因为有越来越多的证据证明，大脑的许多区域甚至在人类成年之后还具有可塑性。今天的研究表明，人生阅历不仅会改变大脑的物理结构，还会改变它的机能组织。如果大脑可以在冲动之下发生改变，为什么就不能也在洞察力中发生改变呢？[12]

著名的物理学家大卫·玻姆曾经和克里希那穆提展开过很多次深入的对话，最终发展出了自己的对话形式，并认可了克里希那穆提的假设。"值得注意的是，克里希那穆提认为洞察力可以改变脑细胞的见解，得到了现代大脑和神经系统领域研究的广泛支持，"他说，"人们现在知道，身体中存在一些重要的物质，它们会时时刻刻对人们的所知所想以及所有具有重要意义的事物做出反应……这样，脑细胞及其功能就会受到知识和激情的剧烈影响。在精神能量和激情状态中产生的洞察力，也极有可能会对脑细胞产生更大的影响。"[13]

克里希那穆提的"洞察力"（Einsicht）的概念和冥想的状态非常类似。许多研究已经证明，这种状态可以让我们的大脑产生功能上的改变，可以对诸如注意力、恐惧，甚至是机体自愈等方面产生积极的影响。或许，这就是因为大脑结构在冥想中发生了改变。[14] 这和克里希那穆提的假设是相符的，他猜测健康的生活方式会伴随着一种没有昨天、没有明天的感觉。他认为，这样的态度不仅能够抵御精神和智力的衰退，还可以弥补多年来由于对智力的不当使用而产生的损害。

很显然，我们的大脑足够灵活，随时都可以发生改变。积聚式思维却造成了一种错觉，让人觉得改变是极难发生的。从这种思维的立场出发，人们就能很好地理解这一点。对于人们可以放弃过去的影响和反应性机制这种想法，积聚式思维是持抗拒态度的，它认为这完全不可能。它塑造了一种极为坚固有力的"自信心"。回忆被高明地编排成了历史，并在我们每次面对自己和他人的时候不断重复。这样一来，我们对现实、对自己产生了一种想象，我们生活中行为的基础便是那些有限的经验和知识储备。可以这么说，我们是和自己的往事结合在一起的，只有死亡才能将这一结合拆开。但其问题在于，从心理学和神经病学的角度来看，这不过是在讲述一段历史。因此，在心理学中，人们也经常会谈到"叙事"这一概念：人们从经过筛选的回忆和自己的解读中勾勒出自己特有的历史。

有时我们认为自己在回忆，但那其实不过是一种假象。我们的历史就像一位拙劣的编剧所创作的剧本，充满了漏洞，我们必须用特效和戏剧化元素美化它。此外，我们还总是一次又一次地调整我们的回忆：每次回忆一件事情，我们都会对这件事的内容做出一些调整。我们根本不能信任我们所谓的回忆。心理学家和医学家伊丽莎白·洛夫特斯经过广泛研究，证明了人类的记忆是可塑的。她具有开创性意义的研究表明，人类可以塑造假回忆，而假回忆还很容易相互影响。其原因正是"错误信息效应"：随着时间的推移，因为更多信息的融入，回忆总是不断同原本真实的经历相背离。有越来越多的迹象表明，某些自传中的回忆是极不可靠的。从这一意义上讲，真正的回忆并不存在，而只存在关于回忆的故事。

当然，我们并不能怪罪于功能性记忆。例如，功能性记忆让我们有能力驾驶汽车。在这件事情上，罪魁祸首不是它，而是心理学上的记忆：对于某个特定时刻，我们会给予它相应的情感意义。当我们记住这一时刻的时候，会连同其情感意义共同记录下来。我们积累了这些情感意义，当面对新情况时就会根据旧的情感数据做出相应的反应。集合起来的诸多知识和经验或许是变老的美好一面，但是如果它们占据了我们感官认知的中心位置，那么还有多少空间能留给与老化的思维方式对立的那些东西呢？我们大脑中装载了这么多的引导、引言和程式化的表述，势必会陷入某个特定位置，并由此出发看待这个世界。这就像计算机一样：如果计算机的存储器超负荷了，那么运转速度一定会变慢。此时，商家一定会建议我们再给计算机买一个硬盘。

每个人都知道，如果不给肚子腾点儿地方，我们就没办法继续大快朵颐。但出于某些原因，我们却认为这一准则并不适用于思想的范畴。我们认为，脑海中积累的知识都不是废品。或许在我们的想象中，大脑拥有无限的存储空间，这也许是因为思想上的垃圾是看不见的——假如思想是粉红色的，并可以使我们的大脑渐渐染上它的颜色，那么我们或许就能更好地了解大脑中到底发生了什么。我们必须要把否定式思维想象成针对思想和大脑的一种净化机制，它可以清除过去不必要的负担，而这些负担几乎已经变成了在我们内心永久存在的独立部分。

如果我们尝试一下否定式思维，那么它或许能让我们重拾纯真——这种朝气正是我们从孩子的眼中所看到的。积聚式思维会让我们丢掉这种纯真，从而日复一日地循规蹈矩，机械地应对生活中的所有情况。并不是生命老去了，而是我们变老了。不妨试着不去感知自己的历史，而去寻找自己内心仍然保持着纯真的尚未衰老的那部分。当我们面对一个问题时，不要立刻给出答案，这或许也对我们有所帮助。我们可以尝试在行动之前，先认清自己条件反射式的反应，或者有意识地注意一下那些会引发我们某些特定言辞的机械式的情绪反应。即便是每天清晨，朝气满满地面对新的一天，也能让我们产生"返老还童"的感觉。

对大部分人而言，注意力的衰退正在成为日常生活的常态：人们会将注意力从一件事转移到另一件事，从一个人转移到一条信息，从某个地方转移到某种特定情绪上。克里希那穆提拥有更为强大和广泛的注意力，并且这种注意力在大多数情况下是没有选择性的。他拥有一种全面的意识，能够敏感地应对一切。他说，这对他而言是可能的，因为他的注意力并没有特定的中心，他不以"我"为中心去观察和选择。

在对话中，克里希那穆提不仅专心地聆听对话伙伴的讲述而不做出反应，还关注着周围正发生的一切：树上唱歌的小鸟，从花瓶上掉落的花朵。有时，他会在对话中发问："你看到这朵花掉落了吗？"对于内部和外部的事件，他在感知过程中都不排除，而选择让这二者同时流经他的脑海，不忽略任何一点。宗教和精神上的实践方法经常建议人们应该脱离自己的感官，从世界中抽身出来。而对克里希那穆提而言，聆听的意识很重要，能让自己的感官自由释放，从而睁开双眼，竖起耳朵。有一次，一群僧侣从他身旁经过，他观察他们，发现他们目光低垂，只看着双脚前方的地面，完全不去看周围美丽的自然。他说，这些人的思想想必是宁静的，但也只是一种狭隘的宁静。人们必须让自己的注意力放大到能够容纳整个宇宙。

这正是否定式思维的顶峰之所在：只有去除回忆、反应和习惯，去掉所有繁文缛节，人们才能突破自己思维的界限，才能产生一种纯粹的感官认知状态。沉浸在这种状态中的人们能够带着相同的、无反应的注意力倾听像小鸟啾唧般的想法。对他来说，这种清醒且沉静的注意力是另一种形式的智慧。它具有启发性。在当今时代的人们越来越倾向于过激反应、失去理智，武断地做出反应的情况下，它能够让人们接近并寻找这样一种敏感的状态。你可以花一点时间想一下，每天有多少信息不断涌向我们——来自计算机的、来自智能手机的等等。人们对此应接不暇，还要立刻做出反应，甚至有时需要在多台机器设备上并行处理。这样一来，我们的注意力根本没有办法专注于一件事情，而总是从一堆信息碎片跳跃到另一堆信息碎片之中。只有逐渐将这些事物搁置一边，人们才能找到克里希那穆提所说的那种从容不迫的注意力。

只要我们还在用积聚式思维感知生活和自身，我们的注意力就只能是迟钝的，并且随着时间的推移不断被限制、聚焦在无意识反应和想法的狭隘圈子中。否定式思维创造了更多的思维空间，能够让我们产生更多的洞察力。它还能够唤醒我们内心深处那种或许只存在于青少年时代的启发性感觉，我们总是觉得自己还有很多东西需要学习，关于我们自身的以及关于这个世界的。无论是在内心世界还是在外部的大千世界，总存在着巨大的未知领域，而积聚式思维只会让我们感到疲倦，让我们在面对新鲜事物时裹足不前。

你可以测试一下自己思想的活力。在一天快要结束的时候，扪心自问：今天你发现什么新东西了吗？你学到了哪些昨天还不知道的东西？如果我们要求自己不荒度每一天，"苟日新，日日新，又日新"，那么便能踏上一条永葆思维年轻的道路。

乔尔丹诺·布鲁诺

在上下语境中思考
——为什么每根发丝中都藏着一个宇宙

1548年的一个凉爽的春日,在意大利南部小城诺拉近郊,菲利波·布鲁诺睁开双眼看到了这个世界的阳光。假如他的父母在那时就能知道,这个孩子将以乔尔丹诺这个名字突破宇宙的边界,他们或许会感到焦虑不安。对他们而言,宇宙清晰地以令人心安的形式运转着。当时还没有望远镜,人们只能用肉眼仰望星空。这样看来,似乎地球就是静止不动地处于宇宙的中心。人们当时还对古希腊天文学家托勒密的宇宙模型深信不疑:月球、太阳和5个肉眼可见的行星沿着各自固定的同心环形轨道(球形天穹)、像发光的球体一样围绕着地球旋转。第八层天穹上是固定的恒星,再往外就是最外层的宇宙了。而最外层天穹以外是留给上帝和他的天使们的。这幅图景被欧洲文化的中心——梵蒂冈奉为圭臬。它符合创世神话中地球是宇宙中心的说法,也符合天国里有一位上帝在守护世界的想法。

1543年,波兰天文学家尼古拉·哥白尼在他的著作《天体运行论》

(*De Revolutionibus Orbium Coelestium*)中将地球从宇宙中心的位置移了出去,他主张地球在自转的同时也围绕着太阳旋转。托勒密的宇宙观出现了第一道裂缝。但由于哥白尼并没有提供确切的证据,因此旧有的宇宙观并没有土崩瓦解。这个旧模型依旧完好无损,宇宙还是被一个最外层的天穹所包围着,内部空间仍然是有限的,上帝依旧待在外面。总之,布鲁诺出生时的那个宇宙是很狭小的。

但我们今天却生活在一个不同的宇宙中:这是一个无限膨胀的空间,地球和太阳不过是极小的"点",微不足道,无关紧要。当我们在地球上空、宇宙之中翱翔时,才知道了地球本来的面目。我们还把银河系的图片当作计算机屏保。人类能有这样的认识,还要感谢科学技术的发展让我们有机会直接一睹宇宙的真容。这其中涉及无数的测量、研究和数学分析。但更令人惊奇的是,成年的乔尔丹诺·布鲁诺早在16世纪时就已经能够勾勒出一个与我们现代观念相当接近的宇宙轮廓了。

布鲁诺在他的作品中描绘了这样一个宇宙——地球和月球都不是它的中心,无数的星系充盈在一个无边无垠的空间之中。不仅如此,布鲁诺的理论还远远超出了同时代更知名的那些科学家关于宇宙的观点,如意大利的伽利略·伽利雷和德国的约翰尼斯·开普勒。两人显然都是具有更高造诣的数学家和天文学家,伽利略甚至还发明了望远镜,并将它运用到观测之中。相应地,他们在科学史上受到了更高的认可。相比之下,布鲁诺是一位哲学家,甚至还被人称作背叛多明我会的修士。他的数学知识也十分有限,而且他还是出了名的急脾气。以实验的形式进行精确的观察,并不是他的科学研究方法，他不擅长对自然现象和数值做测量和估算。就其个性而言，这样的科学方法也并不适合他。他"不像一位自然科学家，而更像一位诗人和艺术家，他用'理解力'作画"[1]。测量仪器不是布鲁诺的研究工具，逻辑和形而上学的论据才是。他以寓言、热情洋溢的戏剧对话和诗歌来述说他的想法。他研究神学、魔法、哲学和自然科学，对他而言，这些都是一回事儿，因为他思考的是同一个现象——宇宙。

布鲁诺的方法论更像是非科学性的，但其内容却是非常进步的，这也使他成为现代天文学的先驱。他的做法往往是依凭直觉的，想必这也是他直到今日仍然得不到认可的一个原因。他理应得到世人的肯定，因为他的成就即使在今天看来也是不可思议的。这个人是怎么做到仅仅通过思考就看清了宇宙的结构呢？为了理解这一点，我们必须得拜读一下他的诗作。

叛逆的记忆大师

布鲁诺家的房子位于那不勒斯以东 30 千米的奇卡拉山的山坡之上。他的家境并不殷实，父亲是一位军人，经常留母亲一个人在家。菲利波·布鲁诺是家里的独生子，出生的时候有些早产。据说当他还在襁褓之中的时候，一条蛇爬进了他的摇篮，他竟然喊出了一整句话来求救——这是他第一次开口说话。多年之后，这位少年还能清楚地回忆起这一意外事件，当时他的父母都吓坏了。

后来证明，布鲁诺记忆力超群，以至于他的一些同侪纷纷在背后议论他拥有魔法。

年轻的菲利波·布鲁诺是一个不合群的人。他爱读书，喜欢观察生活，常常在弥漫着迷迭香和月桂树花香味的奇卡拉山上漫步，穿梭于灌木丛之间。他对这座山有一种特殊的情结，多年之后，每当他心烦意乱地穿梭在欧洲诸国的时候，他还经常会忧伤地回忆起那里。当他伫立在奇卡拉山的山坡之上眺望东方的时候，能依稀看到天地交会处维苏威火山模糊的轮廓。就是在那里，他第一次产生了这样的想法：他所处的世界并没有绝对的中心，也没有固定的边界。"曾几何时，当我还是个孩子的时候，迷人的奇卡拉山，她神圣的光芒抚摸着我……我看到，就在我站立的这片大地上，东方和西方于我而言都是一样遥远……无论你去向何方，它们都保持着相同的距离……天空也不受某个固定的边界约束。"[2]

布鲁诺在 14 岁时离开了他的家乡，这一走便再也没有回来过。在他的一生之中，家乡一直在他的心目中占据着宝贵的位置。在他的作品中，他经常以"诺拉人"自居，并称呼自己的理论为"诺拉哲学"。那不勒斯当时还是受西班牙统治的王国首都，在那里，这位年轻人开始接受全面的教育。他学习语法学、修辞学、诗词学和逻辑学。他在 17 岁时加入了多明我会，更名为"乔尔丹诺"。这是一个不寻常的决定，因为布鲁诺当时思想已经很成熟，同时富有反叛精神，这些特质和修道院生活中呆板的教条教义完全格格不入。但是，如果他想继续深造，就别无选择，毕竟他的父母已经无法在经济上继续资助他。他无论如何都想继续学习，而只有修道院能给予他所渴望的：进入拥有大量珍贵藏书的图书馆。著名的多明我会修道士托马斯·冯·阿奎那就曾在这里学习。后来，布鲁诺还谈到，当他迫于宗教审判而逃亡的时候，修道士生活所培养的平和宁静和专注集中对他汪洋恣肆的思维也大有裨益。

布鲁诺是一个不甘于默默地阅读和思考的人，他还想把自己的思想大声地表达出来。慢慢地，事情开始有了微妙的变化。很快，他的上级便知道了这位来自诺拉的年轻人并不是一位听话的修道士。布鲁诺以最大的热忱投入学习之中，研习拉丁文、希腊文和希伯来文，开始广泛涉猎哲学和文学知识。他在进入圣多梅尼科马焦雷教堂后不久，就表达了对圣母崇拜的反对，还把自己房间墙上所有的圣像都摘了下来，于是教堂的神父便告发了他。幸亏那时的布鲁诺已经能言善辩，将自己从这一遭遇中成功解救出来。或许教堂的神父不想再追究此事了，因为布鲁诺已经变成了这座教堂的一个名人。越来越多的迹象表明，他的记忆力超群，天赋异禀，而他自己揣摩出的记忆术让他更加熠熠生辉。他的声名甚至传到了教皇庇护五世耳中，于是教皇把他请到了罗马。这位从诺拉来的小伙子不负众望：在教皇接见的时候，他倒背如流地引述了《圣经·旧约·诗篇》中第86章的赞美诗。紧接着，他向教皇讲解了他的记忆术。

记忆术本身也叫作"人工记忆"，教皇和他的主教们对此并不陌生。它属于高等学校的规定课程，那不勒斯的多明我会修士们将它发扬光大成为一门技艺。托马斯·冯·阿奎那利用这门技艺很好地整理了他的思想，他甚至能同时口述4本书的内容。但是布鲁诺不满足于拾人牙慧的体系,他天生具有一种思维架构能力,能够将记忆术体系化并予以改良。他毫不谦虚地宣称,旧方法和他的新版本之间的巨大差别,就像树皮上的原始雕刻和印刷机之间的差别一样。

这位修道士发展了许多体系,并将其记录了下来。但是,他就像一位现代市场经济的专家,所透露出的信息不多不少,总是能让他的读者对他抱有好奇心。要想学到他的记忆术,人们就必须向布鲁诺本人讨教。没有他的解释,今天的我们也一筹莫展。但我们知道的是,他的技艺有两个主要来源。其中一个源于古罗马人的记忆术,凭借这一技艺,古罗马的律师不用做任何笔记就能滔滔不绝地进行长达几个小时的辩护。他们在内心中创建了一种可视化架构,这一架构会在他们思想的眼睛前浮现出来。他们的脑海中有一栋拥有无数房间、物体和塑像的大厦,每一个都代表着一段长篇大论中的某个想法或者段落。当古罗马人演讲的时候,他们会搜遍这栋思维大厦,以调出需要的想法。今天的记忆大师们仍然使用这一方法,但大多数时候用的是简化版本。比如,当他们要记住一长串数字时,就会把每个数字都和具体的一些图像对应起来,并以此按时间顺序在内心形成一条叙事线。

布鲁诺记忆术的第二个来源是加泰罗尼亚的神秘学家拉蒙·柳利的记忆机器,这是柳利在古老的记忆术上加以创造形成的记忆方法。他把古罗马人的记忆大厦替换成了一个个的同心圆,每个圆都包含字母和术语。通过旋转心中的这些圆,人们便能获得新的想法和组合。布鲁诺的记忆术同时利用了柳利的圆式方法和古罗马的象征性图像技术。他的记忆体系极为复杂，由许多同心圆组成，圆上存有以字母、图像和符号形式编码的大量信息。这样一来，通过给每一个音节配备一个符号，并将彼此联系起来绘成一幅图画，词句就以图像的形式被存储在记忆当中了。比如，将意大利语单词"Numero"（号码）以神话传说中的卧在地毯上的孟菲斯神牛（Apis-Stiers）的样子存储下来。那些音节、图像和场景就被保存在想象中的记忆圆圈中，每个圆又被分成 12 个扇形区。布鲁诺的传记作家英格丽德·D. 罗兰这样写道："用这种方式存储下来的演讲，能够包含一座小城市的全部人口。"[3] 当然，我们可以自己估量一下，这样一种复杂的思想杂技似乎令人印象深刻，但是如此大费周章值得吗？自然记忆的运作方式比人工记忆的要简单得多：人们记住的就是事物本身，而不是彼此有着复杂关系的符号和字母模型。如果布鲁诺的记忆术真的只是为了记住那些信息的话，那么这本书才不会收录他的事迹。因此，他的记忆术中还蕴藏着许多东西。布鲁诺的记忆术提示了我们，他的思维是如何运转的，他最终是如何做到理解宇宙的无穷无尽的。

　　布鲁诺将他的记忆术当作对脑力的持续训练。对他而言，通常意义上的记忆只是原始的初级功能。相反，记忆术则是人类精神世界的衍生发展，与人类的直立行走和阅读的能力相当。人工记忆是一种看待世界的方式，也是人们系统性地加工对世界的看法。人们只是通过感官不断地接收关于世界的信息，而没有将其中的意义和规则融会贯通。所谓理解力，就是能够创造并看清规则与和谐统一。记忆术意味着，有意识地去使用理解，通过自己的想象力去反映世界的基本规则。哲学家格奥尔格·威廉·弗里德里希·黑格尔曾在一篇文章中这样描写布鲁诺的记忆术:"通过内心的文字,用外显的文字展示自然的样貌。"[4]人们可以通过精神世界的规则来感受自然界和谐的基本原理。对布鲁诺而言,他从世界上得到的信息,并不只是杂乱无章、毫无条理的碎片。每个事物都和其他事物有联系,都属于一个更大的范畴,而这所谓的"更大的范畴"又被一个比它还要庞大的范畴所囊括——就像前文所言,记忆大师们用来存储数据的一个个同心圆。各个部分之间并非偶然重叠交错、彼此相连,而是通过一个内在的逻辑相互交织在一起。布鲁诺这样解释道:"就像当手连在胳膊上、脚连在腿上或者眼睛长在头上时,会比它们孑然独立时更容易分辨。"[5]不仅如此,一切事物,具体的也好抽象的也罢,都能以全貌被唯一一个含有无数内在圆的大圆包括其中。布鲁诺的记忆术所展示的看似复杂的脑力建筑杰作,在理解力的"光芒"照耀下,显现出了它在智力上的朴素简洁却意义非凡的规则条理。以此为论据,布鲁诺反驳那些认为他的记忆术过于复杂的批评者。布鲁诺写道:"自然界出现的那些事物,尽管彼此不尽相同、相互矛盾,并呈现出多样性,但其实它们(在阳光下)都是相同的、和谐的、简洁的。"[6]他建议读者:"因此,如果你有能力断定那些你认知的现象,有能力使之和谐统一,就请尝试一下。你并不会耗尽自己的能力,也不会神智错乱。"[7]

布鲁诺知道,如果人类的精神世界以正确的规则去认知,那么它就可以接收无穷无尽的信息。同心的记忆圆便是这一正确规则在他的想象力中的形象体现。记忆圆的无限组合方式让布鲁诺真正理解了无限的概念。于是,无限便成了他的日常经历,成了自然而然的一部分,组成了他看待世界的方式:他是一位语境化的思考者。

常规思维是另一种运转方式——它是碎片化的,迷失于微不足道的狭隘事实之中。这种碎片化思维不熟悉布鲁诺到处看到的那些内在逻辑和联系。当你从一扇窗户望出去,一定可以轻易发现这样一种倾向:或许你能看到行人、汽车、树木、灯光、小狗和碎纸屑,而觉得它们都是毫无关联的单独个体。如果你专注于某一个特定的细节,那么你的感知便会像相机的长焦镜头一样只能聚焦在一个特定的局部区域。当这一细节成为焦点时,你就会失去画面的其余部分。你当然可以调整焦距,直到看到整幅画面,但同时又会丢失对细节的观察。原则上这不是谁的错,我们的视觉认知就是这样运行的。碎片化思维和语境化思维之间的差别就在于,我们的理解力和判断力以何种方式解读眼前的画面。碎片化思维会被视觉认知迷惑住:当它聚焦起来,在语境之外看到一处细节,就会脱离上下语境去考虑这一细节。由于只看到了碎片,它会认为现实就是碎片化的。相反,对于布鲁诺而言,细节总是代表着整体,而整体反过来意味着细节。无论这一整体有多大,总还有更大的整体存在,并将它包含其中。那些构成了日常生活的无数细节并不使他困惑,相反还让他对无限广阔有了概念。布鲁诺总是通过他的记忆术来训练这种感官认知,或许他的记忆术甚至还影响了他的视觉认知。

而在现实层面，当布鲁诺的修道院生活戛然而止之时，他更是将他杰出的记忆术发展成了自己的主业。在修道院度过了 10 年之后，他被多明我会的总主教①弗拉·多梅尼科·维塔盯上了，这或许是因为布鲁诺曾经在同一位年长的修道士的交谈中说了一些听上去有些异端色彩的言论。布鲁诺在罗马停留期间，维塔让人彻底搜查了他的房间。一无所获之际，人们偏偏又检查了一遍房间的厕所，结果这些家伙如获至宝：布鲁诺把鹿特丹的伊拉斯谟②写的一本著作扔在了厕所里，伊拉斯谟的书籍在当时被宗教法庭列在禁书目录之中。这下子，布鲁诺因涉嫌接触异端邪说而结束了多明我会修道士的职业生涯。因为担心受到惩罚，他不能返回那不勒斯，毕竟宗教审判可不是闹着玩的。他离开了多明我会，开始了在欧洲诸国颠沛流离的生活。

一个没有中心和边界的宇宙

布鲁诺在 30 岁那年，做了一个决定了他今后人生的梦。据说，他梦到自己处在一片天空之下，梦中的世界和他那个时代盛行的

---

① 总主教，根据天主教主教制，数个教区组成一个教省，教省的最高负责人被称作"总主教"（新教称"大主教"）。——译者注

② 伊拉斯谟（Rotterdam von Erasmus），是中世纪尼德兰著名人文主义思想家、神学家，曾尖锐批评他认为骄奢过度的罗马天主教会。——译者注

对宇宙的想象相吻合。星空似苍穹，笼罩四野。他感到一阵恐惧，但随即又鼓起勇气。"我在宇宙里自信地张开翅膀，向着无穷的世界飞去，别人费尽心思看到的远方的事物都被我甩在身后。这里没有上下之分，也没有边界和中心。我看到太阳只是一颗更遥远的恒星，而那些星星则是别的太阳，它们同样拥有自己的地球，就像我们的太阳拥有地球一样。"[8]

在这之后，布鲁诺还经常试图把他看清宇宙无限性的那一刻用文字表达出来。他每一次写出来的东西都充满诗意。这一神奇的经历显然是无法用理性的文字书写下来的。不过，布鲁诺是一个容易欣喜若狂的人，同时又是一个敏锐的人，能够在事后用逻辑说明自己的直觉灵感。当然，他的洞察力并非来源于哲学思维，而是来源于创造出布鲁诺记忆术的那种思维方式。对于记忆术的长期研究，竟然让他在直觉上实现了一个突破：凭借着对于自己想象力结构的理解，他领会了宇宙的结构。布鲁诺的思维规则为他描绘了一条普遍有效的基本原理，他知道：人类认知的一切事物——无论是物体、动物还是一个想法——都是既作为独立的个体存在，同时也作为一个更大整体的一部分存在。如果布鲁诺活到现在，他或许会将整体单元（Holon）这个概念应用到他的哲学之中。所谓的"整体单元"，是由作家阿瑟·凯斯特勒提出的概念：一个整体单元作为独立的统一体存在，但同时又是另一个更大整体的一部分。一个简单的例子就是细胞。细胞作为一个独立单位正常运转，但同时它又是一个更大的有机生命体的一部分，因为有机生命体由无数的细胞组成。而细胞本身，又是由无数更小的单元组成的,它包括脱氧核糖核酸(DNA)、核糖核酸(RNA)和线粒体等。

这样一种图景也可以被迁移到宏观层面。我们可以把太阳系看成一个分子,它是更加巨大的银河系的一部分,而银河系又只不过是宇宙内数不尽的星系中的一个。现实的每一面都既是一个独立的存在,又是更宏大的存在的一部分。布鲁诺似乎从自然界获得了一种能力,他可以把自己产生的一切印象都归总到一个上下联系的语境之中,并对局部和整体进行同步认知。当观察一个具体的或者抽象的对象时,他知道这个对象绝对不是不存在联系性的单独个体。"大"由"小"组成,而"小"则由"微"组成。

从布鲁诺描写家乡诺拉的日常生活的一篇文章中,我们即能窥见他的语境化思维:"菜园位于奇卡拉山脚下布鲁诺家的土地上,(默克)想要菜园子里的30株草石蚕茁壮成长,17株已经枯萎了,15株被虫子啃过了。纳斯塔,阿尔本乔的老婆,正在烫鬓角,因为熨铁太热了,57根头发被烫焦了,幸亏没有烫坏头……阿尔本乔家的牛粪吸引了250只屎壳郎,其中14只被阿尔本乔踩死了,26只被开水浇死了,22只逃进了洞里,80只蹿到了田地里,42只为了活命逃到了门边的树下,16只推着粪球高高兴兴地跑开了,其他的也运气不错,四散着逃掉了。"[9]

布鲁诺看到的世界是由无数虽微小但都同样重要的细节组成的。每一根粘在烫发棒上的头发丝都值得关注,万事万物中都蕴藏着无限性。

和我们不同的是,布鲁诺一辈子都没看过一张太阳系的图片。

但是，当他在夜里仰望星空时，他知道，每颗星星一定都是由许多部分组成的，而这些部分还能继续细分。这颗星星同时也一定是一个更大系统的一部分。于是，布鲁诺渐渐地对无限性有了认识，也认识到旧的世界观所认为的包裹着宇宙的球形天穹肯定不是最终的界限。"我们肯定能从视觉认知中推断出无限性。因为不存在与其他事物没有接触的东西，而且我们的眼睛也看不到被自身限制住的东西。"[10]

这样的思考一定让布鲁诺欣喜若狂。"人们可以断定，布鲁诺醉心于宇宙，或者用他自己的比喻来说，他感到自己仿佛被从监狱里释放出来一样。"[11] 如果一个人能够搞明白他在何种情况下拥有这种洞察力，他就能很好地理解这一点。我们今天至少在智力层面上习惯了宇宙无边无界的这一事实。但是我们必须明白，那个时代的人们认为没有什么东西是无限的（或许也不尽然，毕竟人们认为上帝的力量是无限的），而这样一种知识对于生活在那个时代的人而言意味着什么。16世纪的宇宙就像那时的人类社会一样，都是等级森严的。托勒密的宇宙观就像一个牢笼，谁也逃不出去。想必在当时的人看来，布鲁诺一定是疯了，因为他的所见将这种等级森严的想法碾压得粉碎。他认为存在一个无穷无尽的宇宙，地球并不是它的中心，而只是无数的天体中的一个。这不仅意味着人类要对旧有的世界观给出新的解释，更严重的是，这还意味着人类地位以及人类与神祇的关系受到了根本性的质疑。

1583年，布鲁诺去了日内瓦、图卢兹、巴黎和伦敦。幸得亨利三世[①]的推荐，他能够随同法国大使在伦敦安顿些时日，并且在那里和牛津大学建立了联系。他希望能在那里谋得一个固定教席，毕竟在巴黎的时候他就已经以教授的身份授课了。可惜他在牛津大学的公开授课最终沦落为一场悲剧。课上闹出了一些差池：首先，他在牛津大学的听众面前捍卫了哥白尼争议颇多的世界观；其次，一位相当傲慢的英国听众当场嘲笑他的身高、他浓重的意大利口音以及他那夸张的手势。于是听众们无心听课，开始搅扰他的演讲，甚至指责他抄袭了另一位作者。布鲁诺一定是沮丧着回到了大使的家中。这对他而言是一个沉重的打击。不过，失败是成功之母：既然听众让他闭嘴，他就开始热衷于写作。他不仅把自己对英国人的怒火灌注到一行行愤怒的诗句中，更重要的是，他将自己的哲学思想完善得更加清晰了。经历牛津大学的悲剧之后，在1584—1591年，他完成了自己最重要的一部著作《论无限、宇宙和诸世界》（*Über das Unendliche, das Universum und die Welten*），以哲学的论据创造出了自己的宇宙观。他那语境化思维让他在思索世界和宇宙的时候走得更远，可以说是前无古人，几乎也是后无来者的。当他冲破了宇宙的边界之后，他又调转枪头，意图捣碎宇宙中心的说法。

哥白尼把地球从创世故事的中心位置请下神坛，换上了太阳，

[①] 亨利三世（Heinrich III，1551—1589年），此处指法国瓦卢瓦王朝最后一位国王。历史上，英国金雀花王朝的第四任英格兰国王也叫亨利三世（Henry III，1207—1272年），其在位时间（1916—1972年）虽长，但却是英国历史上最不知名的国王。他在位期间，英国产生了议会。——译者注

这就够骇人听闻的了。一个日心说体系一定已经在时人的脑海中引发了一场地震,如果再来一场地震呢?大部分人都没有准备好接受,而迈出这一步的人也不能预见这会产生怎样的后果。就连哥白尼自己也没有意识到,自己的理论中所包含的内容比他本人所描述的要多得多——或许还有一种可能是,哥白尼不敢将真相冒险公之于众。相反,哥白尼这位波兰的天文学家"借尸还魂",将自己的新认知融入广为接受的旧世界观中。按照哥白尼的观点,地球不再稳坐宇宙的中心位置,太阳才是中心点;地球也不是静止不动的,而是绕自转轴自转,同时绕着太阳公转。但是他并没有打破旧有的秩序,关于球形天穹和恒星处于天穹最外层的想象被保留了下来。

　　布鲁诺是一位哲学家,因此他不借助模型和测量进行思考。对他而言,想要真正理解生活,绝对不能通过计算。计算仅仅是布鲁诺由理论推导出实际的一个线索依据。因此,布鲁诺不仅以那个时代少数派的身份接受了哥白尼的体系,也理解这一步意味着什么。这绝不仅仅是改变了上帝创造的世界的中心点那么简单,也绝不仅仅是更正了某个瑕不掩瑜的和谐模型中的一个小小的瑕疵。如果人们改变了世界的中心,那么一切都要随之改变。如果地球不是宇宙的中心,为什么太阳就一定是宇宙的中心呢?为什么一定要有一个中心呢?当他还是个孩童,站在奇卡拉山上眺望远方的时候,就已经意识到所谓的中心总是有条件的、相对的。如果人们想要了解宇宙,就不能从一个有条件的角度出发去观测它,而必须要看到全景。布鲁诺做了一些连哥白尼都感到震惊的事情:

他干脆直接废除了宇宙中心。"在无限之中,到处都是中心。"[12]

哥白尼的日心说理论被布鲁诺扩大到所有的星体:宇宙中不存在唯一的中心,不可能所有其他天体都围绕这个中心旋转。宇宙中的每颗星星都是一个"太阳",是它自己那个"太阳系"的一部分。即使是对地球自转和围绕太阳公转这一发现,布鲁诺也进行了进一步发展,他认为太阳也一定在进行着自转——他是对的,我们今天已经知道了这一点。这样一来,布鲁诺和托勒密的宇宙观便有了天壤之别。后者那套静态狭隘的模型以地球为中心,恒星镶嵌在宇宙的边缘上;而布鲁诺的宇宙则是无边无际的,没有中心,充满运动性。他认为,宇宙是由无数的恒星构成的,而恒星本身,即其全部的物质也是由无数的原子组成的。不只存在一个地球,而是存在无穷多的地球。这一规则同样适用于地球上的生命,生命也是由无穷多的部分组成的。那些看上去静态稳固的事物,实际上都是由无数的部分组成的。如果人们试着去想象这些元素中最小的成分,就会在思维上抵达一个无穷小的维度。因为一切可测量的东西,一定都还是由更小的部分组成的。

布鲁诺并不是第一个认为由原子组成的宇宙没有边界,且在宇宙中存在许多地球的人。他也不是第一个认识到地球不是宇宙中心的人。但是,正是布鲁诺的语境化思维,让他将这些碎片化的认识组成了一个在今天看来十分现代的宇宙全貌。

以自我为中心的宇宙

我们体验世界的方式是有些奇怪的。我们在地球上的感觉和我们对地球在宇宙中所扮演角色的认知并不相称。想象一下,你晚上在海边散步,向海面望去,看到海浪翻腾绵延到海天相接的地方。似乎海平线之外除了海水就别无他物了。古人们因此认为,地球是平的,天穹漂浮在海水之上。你今天当然知道,这是一种错觉:海平面是呈曲面的,因为它是沿着地球的曲面"铺开"的。假如你伴着黄昏不断前行,就会经历另一个错觉:太阳像一个发光的圆盘一般从天际线沉下去,仿佛掉落到水面之下。这被称作"落日"。

我们一直使用这个词,这难道不奇怪吗?它是那个地心说时代的前朝遗老。当然,我们今天都知道太阳并不是真的落下去了。它之所以消失在我们的视野中,是因为地球在自转。作为地球上的观察者,我们知道这一事实,但是在感觉上却不尽然。就像宇宙学家布赖恩·思威默在他的《宇宙隐藏的心》(*The Hidden Heart of The Cosmos*)中所写的,大部分人在观察落日的时候,还是会产生和中世纪以及石器时代的古人相同的感受。思威默写道:"自从 7000 万年前灵长类动物(人类)登上历史舞台,任何时代的任何灵长类动物的感受都一样。"[13] 7000 万年来,人类对于地平线上那个发光圆球的基本感受从来没有发生过实质性的改变。即便亲眼看见天色因地球自转而逐渐变亮,我们仍然会感觉自己站在一个固定不变的点上,而太阳在绕着我们运动。即使哥白尼的时代至今已经过了 400 多年了，我们对于经验的日常感知还是被禁锢在地心说的宇宙观中。在某些方面，我们和乔尔丹诺·布鲁诺的那些反对日心说和宇宙无限论的同侪没有本质上的不同。于是我们在理论上索性接受了这两个观点（指日心说和宇宙无限论），因为我们掌握的关于宇宙的信息比前人掌握的更全面确切。拜科学技术所赐，我们能飞到地球上空一探究竟，也看到了太空的图像。但是，所有这一切并没有让我们获得看待生活的新角度，意识到平日生活的本来面目。基本上，在 16 世纪时，人们还是普遍认为太阳是落下去的，而反对日心说、反对地球是运动的思维方式仍然占据上风。

今天随便在街上找个人攀谈，问问他对宇宙的看法，他可能会用"我没兴趣"或者"这跟我的生活没关系"这样的回答来搪塞你。这既正常又合理——我们为什么要在一个庞大的、难以理解的事物（比如宇宙）上花费心思呢？毕竟生活已经够艰难的了。但同时，这样的回答也是完全荒谬的。这一回答中隐藏着这样一种想法，即地球是以某种方式和宇宙的其他部分隔开的。这又是感官认知上的一个问题，如当我们清晨走出家门，买了面包，开车去上班的时候，并没有看到宇宙空间。我们看到的是地球上的生活。但对于布鲁诺而言，地球和宇宙空间的分隔与人类个体和宇宙空间的分隔一样微弱。他写道："每个人都能被视作一个世界，每个人体内都有一个宇宙。"[14] 当然，宏观来讲，他说的完全有道理。事实上，完全独立生活的想法就像天方夜谭——每个人都生活在千丝万缕的联系之中。在这个意义上，"宇宙"（Kosmos）这个词形容的是最大可能的（同时也是极其真实的）一个语境。

我们生活在这样一个时代：科学探明了我们在宇宙中的角色，我们想要从中获得真实的结果，但是我们对科学还不够严肃。尽管如此，每个需要严肃对待的事实还都必须经得住科学的审核——这岂不是很有趣吗？因此，我们借以思考生活和宇宙的标准也发生了扭曲，个人认知和事实南辕北辙，越来越远。夜晚站在海边，看着天边的晚霞，这样的落日余晖之景是我们的个人经历。事实上，我们毫无意识地见证了一场巨大的运动，它正在一个不可思议的宇宙空间中发生着；在这沉静的夜晚，我们正站在一个旋转的球体上，就像站在宇宙中一般自由；地球和太阳都不是宇宙的中心——这些都被我们忘记了。最基本的实际感受依然没变——"我"才是一切存在的中心。当然，包括你和我在内的地球数十亿人都分享着这样的想象。我见，因我在。世界（宇宙）是一个舞台，我们自己才是舞台上的主角，其他人都只是配戏的龙套角色。

暴露我们这种小心思的一个典型时刻就是收听新闻的时候，尤其是听到灾难新闻的时候。德国的新闻主播总是这样播报，某场灾难中有多少德国人遇难。这一细节保证了这条新闻会对德国观众产生不一样的效果——无论这些遇难者是德国人、法国人还是中国人，绝大多数听众并不认识他们。但在听到一位遇难者是德国人的那一刻，联系便产生了，"站在宇宙中心"的听众才会产生共情。我们完全可以认为这是以自我为中心的、自恋的思维方式，但是人们仍然会对其进行不必要的道德评估。这样的评估所暴露的正是赤裸裸的事实，即我们所谓的自我中心都是相对的。理智上理解这一点并不难，但是要想改变自己的视角却没那么简单。

我们的思考是碎片化的、以自我为中心的，因此理解那些没有绝对中心的存在困难重重。或许我们本来也不想理解，因为这样的思考会带来另一个问题：一个没有中心的生活会对个体认识自我地位产生什么作用？许多人会说，因为人们别无选择，所以只好牢牢坚持中心化的思维。道格拉斯·亚当斯在他的小说《宇宙尽头的餐厅》（*Das Restaurant am Ende des Universums*）中表示，那里最可怕的惩罚，就是"绝对透视旋涡"。亚当斯描写道："一旦你被投进这个旋涡，就会获得瞬间的一瞥，看到完全难以想象的天地万物的无限，以及在其中某个地方的一处细微的标记——它是一个极其微小的点上的一个极其微小的箭头，上面写着'你在这里'。"[15]

乔尔丹诺·布鲁诺最重要的一个品质就是无惧这种所谓的"绝对透视旋涡"。因为他不需要这些来赋予自己安全感，所以可以生活在一个没有中心、没有外部边界的宇宙之中。他拥有的是一个包罗万象的语境，而不是一个固定的中心。因此，他不悖于哥白尼的发现所暗示的信息。此外，他还极度不相信数学计算和天文学模型的说服力，对自然科学的态度也是如此。他并非怀疑计算和模型的必要性，而是不相信这些工具的使用者有能力理解他们自己的理论和发现的意义。这也正是他所批判的：哥白尼混淆了数学概念和物质现实。[16] 理解它们的意义，那是哲学家的工作，而非科学家的。正是在这点上，常规思维直到今天还总是一败涂地：在看待研究结果的时候，常规思维还总是脱离生活的语境。因此，对我们而言，太阳还总是会"落下"。

布鲁诺在他的哲学中恰巧做到了布赖恩·思威默所提倡的，不仅在抽象理论范畴接受了哥白尼的宇宙观，还将它视作日常生活的现实。思威默主张培养一种意识，即关于宇宙的知识不应只是理论的，我们还应该融会贯通地形成一种全新的、切合实际的观点。"仅仅获得更多关于宇宙的事实和新知识是不够的，我们还需要挖掘更深层的、更难得的一些东西……科学会揭示一些本没有刻在我们骨子里的真理，这些真理会显得奇怪反常。但是，这些真理以抽象的形式长久为我们所忽视，必然会导致一种矛盾性。在这里，转变的过程就变得不可或缺，人们会在这一过程中学会用一种实事求是的方式看待和感知世界。我们通常以某种既定的方式感知世界，这一转变也让我们有可能超越这种现代的矛盾结构，同时认识到世界的真相还有另一种可能。"[17]

纵然我们对天文学和宇宙学没有任何兴趣，但认识到自己对世界的直观感受是一种错觉，这也没什么坏处。如果我们只相信所谓的眼见为实，就还生活在一种石器时代的世界观之中。我们也可以像布鲁诺一样，将自己对于宇宙的认识运用到生活之中，真正感受一种不一样的生活。布鲁诺写道："不充分的感官认知不能驳倒无限性。"[18] 这一视角能让我们感到豁然开朗：总是站在宇宙中心，这该多么劳神费力呢？！或许我们可以这么说，布鲁诺的观点不是以自我为中心的，而是以宇宙为中心的。

如何驾驭一头宇宙之鲸

乔尔丹诺·布鲁诺的一生以悲剧收场。1600 年,他被宗教法庭处死在罗马的鲜花广场上——布鲁诺被烧死了。天主教会察觉,布鲁诺的思维方式和教会宣扬的宇宙观及上帝观不符。此外,布鲁诺还对教会的理论予以否定。在押送刑场的途中,人们绑住了布鲁诺的舌头,让他再也不能"妖言惑众"。"他是一个极端顽固的异教徒,凭借自己的臆想胡编乱造了各种反对我们信仰的教条,"两天后,罗马城的传单《罗马警告》(*Avvisi di Roma*)上这样写道,"这卑鄙的家伙太顽固,甚至下定决心去死。"事实上,人们给过布鲁诺机会,让他放弃自己的理论。他在条件恶劣的监牢中度过了近 8 年的牢狱生活,身体健康几乎被毁掉,但他还是坚定不移。也许,许多年前他就预感到这一天早晚会来临。他在早期的诗作中,曾经自比为伊卡洛斯①:

"苦痛,痛苦!踏锋前行,忏悔相逐 / 吾居高而呼,无惧倾覆 / 腾空,刺破穹庐死亦足 / 君虽死犹享盛名乎!"[19]

布鲁诺一生都在思索宇宙本身,以及宇宙科学知识的意义。他认为存在着无数多的地球,这种想法在天主教会看来就是异端。天主教会当时是一个在思想上以自我为中心的组织,它所传授的

---

① 德语为 Ikarus,英语为 Icarus,希腊神话中代达罗斯的儿子。他与代达罗斯用蜡和羽毛制作的翅膀逃离克里特岛,但是因为飞得过高,翅膀上的蜡被太阳烤化了,于是他落海身亡。——译者注

一切都与这一观点相符合,即地球扮演着上帝创世故事中的核心角色,人类身份特殊,天国里上帝是唯一且全能的存在。布鲁诺还是修道士的时候,就和这些理论龃龉不断。后来在欧洲游历期间,他作为哲学家毅然决然脱下多明我会的长袍,放弃了这些理论。布鲁诺拒绝信仰天主教,这在某种程度上肯定是缘于他理解宇宙的方式。如他所言,如果我们的地球只是无数个地球中的一个,那么基督教关于上帝创世的整个历史——人类被驱逐出伊甸园也好,人类的救赎也罢(如果这些真的存在)——就只是无数个地球的历史中的一个。一个超脱世外的人格化的上帝,一个如亚里士多德所称的"不动的推动者",是不可能存在的。植物、动物和人类之间只有渐次性的差别,并没有本质上的区别。甚至对于圣徒和耶稣,布鲁诺也不承认他们的特殊地位。

当其他人,比如约翰尼斯·开普勒,还在小心翼翼地区分具有无限性的上帝和他那些有限的创造物之间的差别的时候,布鲁诺就已经认清了宇宙空间的无限性。如果天国都是不存在的,那么由天界下凡的上帝之子也就不可能存在。上帝和人之间也没有根本性区别。叔本华称这种态度的持有者为"客客气气的无神论者"。但是布鲁诺既不是特别客气的人——他经常用尖酸刻薄的语言讽刺教会和时人的愚蠢——也不是无神论者。当他在人生的最后几年要求废除形而上学的时候,也并不是一脚踏入了唯物主义或者机械论的宇宙。布鲁诺认为,物质和意识、直觉和理性的二元论不存在。在他那里,所谓的上帝就是后人常说的自然法则:上帝"并不是数字法则(测量的法则和层级的法则)针对的对象。他自己就是法则、数字、尺寸，以及没有界限的极限、没有终点的结局、没有形式的行为"[20]。布鲁诺在他的著作《论不可度量者与不可数者》（*Über das Unermessliche und Unzählbare*）中这样写道。没有超自然的存在，布鲁诺的宇宙也运转得不错。

从某种意义上说，布鲁诺先尼采一步，比他早了几百年宣布上帝已死。虽然布鲁诺相信神的准则存在于物质和精神等一切事物之中，但是他断然否认存在一个外部上帝的想法，这说明他的骨子里是深深反宗教的。像尼采一样，布鲁诺认识到，外部上帝的终结意味着人类必须承担新的责任。如果人们放弃通过外界获得救助的可能性，放弃对于外部力量的幻想，就不会对这个世界发生的事情坐视不管。布鲁诺将"善"视作一种可以穿越宇宙的神的品质，但这种品质并不会插手世界的运转。如果一个人想在这个世界中看到"善"，他就必须亲力而为。

至此，我们能清楚地看到布鲁诺语境化思维更深的一个层面：这样一个宇宙，其中每一根头发和每一只甲壳虫都和人类以及植物一样重要。这样的宇宙在一定程度上意味着一种道德上的准则：接纳并尊重宇宙中所有的组成部分。在他的著作《驱逐趾高气扬的野兽》（*die Vertreibung der triumphierenden Bestie*）中，布鲁诺描绘了一种社会理想，即在这样的社会中，个体的幸福和集体的幸福一样受到重视。当个体不再是他自己的、个人的宇宙的中心，甚至还理解了他在各个方面（微观层面和宏观层面）的联系性时，他就能明白，没有人可以绝世而独立。一个只追寻自身利益的人生，在道德意义上并非"错误的"，但却是不现实的。只有拥有碎片化思维的人才会把一个完全脱离联系的个体当回事儿，才会到了 21 世纪的今天，还在认真严肃地期待"外部救赎"。

　　从某种意义上讲，我们在这一方面还相当蒙昧。我们虽然已经比布鲁诺的那些虔诚信教的同侪进步了许多，但其实和他们也没什么根本性的不同。放弃对外部救赎的期望不是一个不小的进步，但扪心自问，我们还是相当固执地期待着外部救赎。即使我们今天对在宇宙之外某个地方操纵着世界的上帝不抱希望了，但绝大多数人仍然认为外界还依然存在着一种力量，比如科学，以某种方式安排着世间的万事万物。颇具讽刺意味的是：理性的人常常自诩，他们不依靠那些教徒所寻找的慰藉性保障。但其实，相信科学家能解决一切问题本来也是一种深深的不理性。

　　如果你不满足于仅仅把宇宙当作一种理论概念，而想把它当作一种具体现实去亲身感受一下的话，不妨试试宇宙学家布赖恩·思威默发明的这一思想实验：先在脑海中模模糊糊地记住一个太阳系的模型；然后找个傍晚，大约在日落前半个小时，走出家门；之后将注意力集中在金星上，此刻它会低低地挂在地平线上（金星常常是天空上最亮的星，因此很容易辨别）；当你注视着金星的时候，在脑海中想象那个太阳系模型。借助这个模型，试着去理解宇宙中的距离：金星距离太阳 1.082 亿千米，地球距离太阳 1.496 亿千米，木星距离太阳 7.785 亿千米。"通过专注于你的经历，借助太阳系的理论模型观察你的经历，一些神奇的事情便会发生：你会以一种想象的方式间接感受到，地球如何慢慢地围绕太阳公转；你还会感受到行星运转的轨迹，甚至开始理解金星与你之间的遥远距离。当你察觉到地球的公转时,或许还会第一次在人生中体会到地球的巨大体积。你或许会惊异地颤抖,发现自己仿佛站在一头宇宙之鲸的背上,它巨大的身躯正慢慢地跃起,跨过一片看不见的海面。"[21]

后记

至此，我们已经了解了 10 个天才大脑的思维方式。我们尽量为他们每一个人的思维方式都设计了一个特殊的独家名称，正是这些思维方式让他们每个人都与众不同。这些都是珍贵的思维财富，比如悖论式思维、有机式思维或者揭露式思维。

在本书主角们的智力田野上的每一次揭秘之旅，都为我们展示了一个独特的世界。尽管如此，在本书快要结束的时候，还有一个问题有待解决：这些思维方式相互之间到底有哪些真正的区别？我们所谈及的真的是完全独一无二的 10 个思维方式吗？或者说，这些思维方式之间有某种联系吗？它们有没有可能都拥有一个共同的基础呢？

因此，我们还可以再提一个更大胆的问题：我们可不可以说，有一种独特的根本性思维架构，它让科学界和哲学界的那些突破性发现成为可能？如果真是这样，那么我们发现的这些区别，不过就是同一个菜谱中不同特殊食材的细微差别而已。或许天才们在理智和智力上并没有根本性的明显差别。

现在给出这两个问题的答案，尤其是第二个更大胆的问题的答案。在本书的结尾，我们的答案是：是这样的！

越详细地审视这些主角的思维过程，我们其实越难发现它们之间的明显界线。它们似乎在不断地彼此交融，以某种令我们震惊的方式融会在一起。有时，我们几乎必须人为地设置一些界线，以区分书中这些主角的思维领域。我们必须要慎之又慎，以防止提前揭晓下一章的内容（比如写出"我们在爱因斯坦这里看到的思维方式，在麦克林托克那里……"，或者诸如此类的话）。是的，有些读者可能已经意识到了：对于尼采和达尔文、布鲁诺和爱因斯坦、麦克林托克和苏格拉底，我们长时间以来还是通过他们每个人向外所表现出来的生平和成就来清楚地区分他们。但是如果我们真的进入他们的精神世界聚焦观察，深入探索他们内在的思维方式，很快就会发现几乎很难区分他们谁是谁。

为了更清楚地解释这一点，让我们做一个小实验。通读完本书之后，你一定对每个主角都有了一个清楚的印象。那么试试看，以下描述分别指的是哪位主角：

> 他/她是一个聪明的男孩/女孩，但有一个很大的缺点：他/她什么都不说！
>
> "观察"所扮演的特殊角色，给他/她提供了打开理解力大门的钥匙……他/她自己也说不准是从哪"知道"他/她所知道的这些事情的。
>
> 他/她的举动让学校同学印象深刻：当别人在课间和吃饭

闲聊的时候，他/她背着手在校园里漫步……沉浸在孤独的思考之中。

（答案将在本章结尾揭晓）

你发现了吗？这三个描述，几乎适用于本书所有的天才。这只是很小的一部分例子，我们还可以举出更多。虽然这一发现可能会让我们感觉有些尴尬，但是它值得我们细细品味一番。我们现在可以确切无疑地找出几个恒定特质，它们在这些思考者身上都是相似的。我们可以把这些特质想象成一张图纸，一幅精神世界的建筑蓝图，它们推动了科学和哲学领域的大发现。我们想在本书结尾处，探讨一下这些天才思考者身上特有的共同特质。接下来我们要描述的每一个特点，本书 10 位主角中至少有 7 位符合，当然其他那些没有被列举在本书中的思考者也契合这些特点。

特立独行不合群的人——观察者

这大概是所有主角最明显的特征，也是一个极为突出鲜明的个性：特立独行不合群。言下之意并非仅仅指一位意志坚强和独立思考的人。这些人从孩童时代开始，在思维层面上就和普通大众有区别，甚至和他们的朋友以及思想上的志同道合者也有区别。他们从来不觉得自己从属于某个固定框架之中，完美地诠释了"独狼"这个词：独自思考，从不相信团队合作和集体意见；回避人云亦云，希望不受打扰，静静地做一个独立的观察者；还是孩子的时候就常常独来独往、不断思考，对于社交意兴阑珊。因此，人们常常形容他们是没有感情或者不近人情的。

不从属于任何固定框架的这种感觉，通常体现在不刻意与自己的出身、宗教和国籍融为一体。本书的大部分主角都不依附于任何特定团体，他们觉得自己更像一名世界公民。

他们是叛逆的，感觉自己不受世俗和权威的约束。他们唯一接受的责任就是要求自己不顾一切地去自由思考。这是他们的最高价值。此外，他们还坚持必须用自己的方式行事。比如，总想践行自己创造性的解决之道。因为受不了别人想要限制自己思维的举止，因此在外人看来，他们总是显得有些狂妄自大和冒失。这些特质当然能够帮助他们坚持自己的研究目标，即使别人并不看好他们——他们有很好的抗压能力。

人们也可以把这一特点——这一极为明显的个性，形容为"永远的观察者"。他们似乎在精神上并不很积极地参与世界的大小事情，对于旁人每天所经历的事情，总保持着"置身事外"。因此在许多人（甚至是亲近的人）看来，他们就像陌生人。这种距离感让他们能够以一个客观全面的视角，看清那些深陷世俗的常人所忽视的范式。

不执迷于已知——理智的实验爱好者

我们的主角们与其专业领域中的那些常规二手知识的关系是矛盾的。一方面，他们受到过极为良好的教育，积累了大量有用的信息；另一方面，他们在某种程度上又不执迷于建制性事实，这些事实可能会妨碍他们的研究工作。

他们厌恶纯粹的机械式学习，经常会奋起反抗。一旦某些学习过程强迫他们的思维融入一个限定性的、固定的格式，他们就会对其严词拒绝。他们会把那些手头的知识化为己有，但仅仅是把它们当作平台，用以激发自己的创造性思维。

可以说，我们这些伟大的思考者对于自己领域的知识传统并没有太多的感激之情。他们一次又一次置身事外，既定的范式对他们而言并非绝对必要。这是他们自由的另一面：即使是必需的，他们也仍坚持保有不受过去约束的自由；即使别人质疑他们，他们也不为所动。

他们不满足于现有的"真理"，具有反抗精神。他们不仅仅是反抗知识传统，还显示出一种惊人的能力：自己提出的假设和理论，即使已经受到别人的赞扬，他们也敢于宣布它们是错误的。他们对真理抱有一种强烈的责任感。即使已经在某个方向研究了许久，他们也敢于终止自己的研究。

因为不满足于已知的事物，所以他们勇于深入思维和生活中那些未知的领域。他们大胆地进行思维实验，甚至不惜失去脚下根基，落入不确定的世界。

在实验和想象力的驱使下,他们飞得越来越高,远离坚实的地基,远离那些公认的假设和理论。通常,他们会在直觉上撞到某些看似错误的原理,只有当事后再次脚踏坚实的地面之时,他们才会去探寻对其逻辑上的证明。他们的思维在某种程度上是从上而下的:首先产生某种幻想和想象,随之而来的是观察和证明。

因为不囿于某种看待世界的固定视角,所以他们能用鲜活的目光观察事物。对于其他人认为是理所当然的事物,他们总是以一种近似孩童的视角,充满好奇和惊讶地去观察。因此,他们能够注意到许多细节(尽管别人也看到了,但是通常会忽略掉),并且认识到其革命性的潜力。这种目光也让他们看到许多未知的样式,而常规思维则会对这些样式自动失明,就因为它们不符合既定的知识而选择忽视。

迅速的超言语性思维

前文所描述的特立独行思维还有另外一个侧面:我们的主角们凭借着自己的思维方式,不仅仅超越了社会结构和常规知识,还超越了一般意义上的语言。当这些天才获得某些领悟时,他们似乎并不是靠语言思考得出的。他们表示自己已经先有所理解,随后才将其转化成语言表达出来。而在言语性思维之前,通常有另一种思维活动在以想象和感官认知的方式进行着。可以这么说,他们首先利用了思维理解中的其他部分或者另一种能力，借以靠近他们研究的对象。或者换句话说，这种形式的感官认知，和我们通常所惯用的逐级式的、线性的思考方式几乎没有什么关系。

这些思考者中还有一大部分人甚至走得更远，他们把这种思维过程描述成是"潜意识的"，就好像这些过程在他们未知的理智领域中默默发酵着，之后突然似顿悟般冒出头来。即使是在这种潜意识过程中，思考也在逐步地、缓慢地进行着。但是他们在此之后有意识感知到的成果并不是简单的理智认知，而是像突然间的恍惚醉意，这在身体、情感和精神上都能感知得到。紧随其后的才是言语化的思考，它会将他们所洞察到的认知归纳整理，并落地成形。

这种思考方式导致的结果就是，其他的人会认为这些思考者是极端迅速地思考着，自己很难跟上他们的思维步伐。他们似乎在看到问题的时候紧接着就看到了答案，并立刻直抵事物的根结所在。

普遍化、统一化、非个人化的思维

伟大的思想家们很少关心日常生活中的琐事。汉娜·阿伦特的《精神生活》（*Vom Leben des Geistes*）一书的标题很独特，她发觉，探查自己的精神世界要比观察她实际的、物理的存在更吸引人。她的生活发生在精神层面，对她而言，那是一片充盈之地。

她面向的是生活之中那些宏大的、非个人化的个体问题。乔达摩·悉达多，也就是我们常说的佛陀，这位伟大的思想家就是一个很好的例子。在 2600 年前，他问自己的问题不是简单的"我如何能够变得幸福"，而是一个更宏大的问题——"人类苦难的根源是什么"。因此，伟大思想家的每一个问题都是普遍化的，能够包含全人类，甚至能够包含存在的一切。他们从来不把生活视作纯粹个人的事情，而是对生活本身感兴趣，这对于他们来说是完全自然而且毫不费力的。

他们不像其他那些科学家和发现者一样，只是某一个领域的专家，也不仅仅埋头于某一个研究领域。他们的目标是高瞻远瞩地观察生活，获得一个生活的全景，我们可以称之为"更高级、更先进的思考"。他们思考的格局不同于一般人的，一般人往往首先考虑的是自己的生活。

他们会沉思那些大部分人不去涉猎的普遍性问题——关于宇宙的法则和基本规律。他们希望探明普遍有效的模型，而非零星的碎片。从这个意义上讲，西格蒙德·弗洛伊德和阿尔伯特·爱因斯坦有相通之处，前者希望完整地理解人类的心理世界，后者则想要找到一个统一的模型。他们总是在探寻全貌。

他们内心强烈渴望将事物集合起来，所追求的不是理解单一元素，而是一个完整的体系。本书并未罗列的另外两位伟大思想家——物理学家史蒂芬·霍金和哲学家肯·威尔伯，在各自的领域都想要发展出一套"万物理论"（Theorie von allem），即一种可以解释一切的体系。

无穷的热忱

这些伟大的思想家一生中只愿倾听一位大师的教诲，那就是他们自己对于万事万物的热忱。他们全身心投入，不辞辛劳地勇往直前，丝毫没有意识到自己的生活在旁慢慢流淌着。除了自己的课题，他们不关心任何事情，即使不能从中获得经济上的好处，他们也奋不顾身。他们中的一些人，比如麦克林托克和尼采，确实总是陷入经济上的窘迫之中。还有苏格拉底，他的生活方式也是相当节俭（他以赤足光脚地四处漫步而闻名）。就像玛丽·居里所写，这些人苦心钻研问题，仿佛生活在梦境之中，无视其他一切。他们热爱自己所做的事情，活着和呼吸都是为了这份事业。

他们放不下折磨自己的那些关键问题。仿佛有些时候，这些问题有了生命，它们不肯放过研究自己的那些思考者。这种纠缠可以每天24小时不间断地持续几年甚至几十年之久，也可能最终都没有任何发现。爱因斯坦就是这样一个例子，他壮志未酬，就因为没能创立自己所醉心的统一场论。唯有死亡才能将这些人从他们毕生探求的问题中剥离出来。

他们的热忱令他们坚忍不拔，他们的精神令旁人震惊。即使处于最糟的境遇，即使身患重病、颠沛流离甚至饱受战乱之苦，他们也仍然在顽强地探索求真。他们想要克服每一个外界条件设置的阻碍，想要完成这些智力上的任务，想在思想上永远保持着清醒，就像高塔上的明灯。只有到了心力交瘁之时，他们才会渴望以死了结。无论是弗洛伊德还是尼采,他们惊人的自控能力都源于他们对探求真理的炽热愿望。

这一点还适用于他们的感情世界。他们通常认为感情"仅仅是私事",因此将其冷落一旁。无论他们在感情上承受了多大痛苦,他们理智的精神世界都不会屈从。这些上下求索的知识分子收敛自己的情感,把它搁置一边,只为了能更好地思考。

与自然和宇宙亲密无间的关系

精神分析学家菲利斯·格里纳克长期从事关于艺术创造这一现象的研究,他得出以下结论:天赋异禀的人在童年时期就敏感细腻,充满想象力,同时记忆力惊人。他们拥有一段"和世界的风流韵事"(Liebesaffäre mit der Welt)。他们感觉敏锐,与自然界之间的关系就像与人之间的关系一样,甚至前者会取代后者。这也和我们的观察相符:我们可以清楚地看到,本书的主角们和自然以及宇宙本身的关系何止是密切的,简直是亲密无间的,他们和旁人的联系都没有这般强烈。

本书对 10 位主角中 6 位的描写都充满着一些神秘色彩,这伴随着他们的认知过程,甚至引导了他们的认知。他们 6 位都把生活看作一个统一的现象,视作一个整体,并感觉到自己求索的答案就来源于这一整体性中。然而,这完全是非常个体的经历,和现存的神秘组织结构或者宗教组织没有任何关系。爱因斯坦十分恰切地将其称为一种"宇宙宗教感"。

最后一个独特的方面就是,这6位主角的生命中都有一种清晰的使命感,即他们的事业拥有某种更伟大的意义。令人诧异的是,他们会在生命中的某个时间点宣布,他们完成了自己的任务。这种使命感会驱动他们不屈不挠地求索,仿佛只有大功告成的那一天,他们才能安然死去。

日常生活中的"天才"思维

现在又回到本书开头的那些问题了:我们能从这些天才身上学到他们的思维方式吗?这些思维方式会不会太独特了?它们是不是不可复制的现象,而我们真的只能望洋兴叹吗?

本书开篇我们就已经透露了对这些问题的积极回答,但当时有两条限制性因素没有被提及:其一,这些人都是拥有热忱和内在驱动力的极端例子,我们轻易效仿不来,或者根本不想效仿;其二,这些思想家拥有一个决定性的性格特征,那就是精神思想上完全的独立自由。这种自由思想不受任何限制,使他们敢于走自己的路。这也是不容易复制的。

尽管如此,我们还是想再次强调一下开篇所提的观点。需要声明的是,我们并非在探讨特别不寻常的大脑,而是更多地在讨论一种普遍的思维方式,这一思维方式在本书主人公们的身上呈现出不同的光谱。如果认同这一点,那么我们可以把这种思考方式看作一种发展的潜力。或许我们的大脑也能发展出那样的思考方式,或许这些伟大的思考者正是这种发展的先行者——着迷于列奥纳多·达·芬奇的神经系统的传记作家伦纳德·史莱因对此深信不疑。

这有可能是一个相当有挑战性的话题。但是我们至少可以从天才们那里学到鼓起勇气,敢于去做思想上的实验,敢于让我们汪洋恣肆的想象力自由驰骋。如果我们能够先尝试着,且有意识地把我们的思维按照上述几点进行调整,那么我们的理解力和判断力或许就会慢慢习惯将这些素质自然而然地吸收采纳。人们可以在自己的理智和大脑中铺设新的小路。这并非是不现实的,因为读完本书,我们已经知道了一个熟悉的事实,即人类的大脑是可塑的,可以在使用过程中自我调整。

比如,你可以养成习惯,总是采用一种疏远的观察者的态度,克制自己仓促评判的冲动,像一个局外人一样去观察事物。你可以开始以一种新的视角看待日常生活中的万事万物,仿佛你之前并没有见过它们,就像汉娜·阿伦特,她曾经对自己的手感到惊讶。要敢于暂时性地质疑每一个牢固的思维习惯和信念,像达·芬奇那样从其他可能的视角思考问题。时常思考一些普遍性的问题,超出自己日常生活视野地进行一些展望,这也是很好的思维训练方法。人们通常习惯于将这种展望交给哲学家们,因为他们似乎在生活中不必受工作的不快和哭闹的孩童所累,但这是一个错误。如果我们学会扩大自己的视野,我们的日常生活甚至会变得更轻松,因为鸡毛蒜皮的琐事没有太多意义;提升格局,也会让我们生活所处的境况变得更加清晰。人们其实可以拥有更多真正意义上的远见。对于那些没人知道答案的终极问题，你也可以多花点儿时间去思考一下。我向你保证，你可以把自己训练得敢于尝试更多的思维实验，也能够更充分地利用自己的想象力，用思维包罗万象。偶尔，你可以忽略一些已知的且看似确凿的事实，这样才能以全新的视角看待问题。当你像爱因斯坦一样，抽出时间真正沉入深思之中时，或许也能发展出自己的一段"和世界的风流韵事"。这也许是和大自然的，或者是和整个宇宙的。

不过最重要的是，你不能让任何事物困扰你的信念，而要相信自己可以获得新的思维方式。你必须要从这些天才身上看到的一点就是那种自由的感觉，即自己的思想可以完全无拘无束地向四面八方自由驰骋。

（本章开头三段描述分别对应的是：阿尔伯特·爱因斯坦、芭芭拉·麦克林托克、汉娜·阿伦特。）

参考文献

对德语以外其他语言文献的引用,如无特殊说明,均由特蕾莎·波尔莱恩翻译。

阿尔伯特·爱因斯坦
无言的思考——失明的甲壳虫如何学习观察

1　Marian Diamond, On the brain of a scientist, in: Experimental Neurology 88 (1985).
2　Walter Isaacson, Einstein. His life and his universe, New York u. a. 2007, S. 548.
3　Boris G. Kurznecov, Einstein. Leben, Tod, Unsterblichkeit, Berlin 1977.
4　Jeremy Bernstein, Secrets of the Old One. Einstein, 1905, New York 2006, S. 157.
5　Jukka Maalampi, Die Weltlinie – Albert Einstein und die moderne Physik, Berlin u.a. 2008, S. 168.
6　Hans Roos/ Armin Hermann (Hrsg.), Max Planck. Vorträge, Reden, Erinerungen. Berlin u.a. 2001, S. 69.
7　Heinri Poincare, Empfehlungsschreiben für Einstein, No. 1911, in: Carl Seelig, Albert Einstein. A Documentary Biography. London 1956, S. 135.
8　Isaacson 2007, S. 42.
9　Brian Creene, The fabric of the cosmos. Space, time, and the texture of reality, New York 2004, S. 74.
10　Ebd., S. 157.

11 Ebd., S. 586.

12 Rudolf Langthaler/Kurt Appel (Hrsg): Dawkins' Gotteswahn. 15 kritische Antworten auf seine atheistische Mission, Wien u.a. 2010, S. 225.

13 Frank Steiner (Hrsg.): Albert Einstein. Genie, Visionär und Legende. Berlin u.a. 2005, S. 183.

14 Michele und Robert Root-Bernstein, Einstein on Creative Thinking, https://www.psychologyday.com/blog/imagine/201003/einstein-creative-thinking-music-and-the-intuitive-art-scientific-imagination (letzter Zugriff 31. 3. 2015).

15 Ebd.

16 Zitiert nach Franz Xaver Veit, Die Entdeckung des Atoms, in: Die Zeit,4. Oktober 1985.

17 AAlbert Einstein, Das Gemeinsame am künstlerischen und wissenschaftlichen Erleben, in: Menschen. Zeitschrift neuer Kunst, Band 4 (1921), S. 19.

18 Jürgen Kritz/ Helmut E. Lück/ Horst Heidbrink, Wissenschafts-und Erkenntnistheorie. Eine Einführung für Psychologen und Humanwissenschaftler, Berlin u.a. 2013, S. 182.

19 Jacques Hadamard, An Essay on the Psychology of Invention in the Mathematical Field, Princeton 1945, S. 148.

20 Root-Bernstein.

21 Isaacson 2007, S. 389.

22 Root-Bernstein.

23 Brian Swimme, The Hidden Heart of the Cosmos, Maryknoll NY 1999, S. 109.

弗雷德里希·尼采
思考不是一件轻松的事——穿越怀疑的风暴之海

1 Friedrich Nietzsche, Brief an Georg Brandes, 4. Januar 1889, http://www.nietzschesource.org/#eKGWB/BVN-1889,1243 (letzter Zugriff 24. 6. 2015).

2 Friedrich Nietzsche, Brief an Heinrich Köselitz,14. August 1881, http://www.nietzschesource.org/#eKGWB/BVN-1881, 136 (letzter Zugriff 24. 6. 2015).

3 Reginald J. Hollingdale, Nietzsche. The man and his philosophy, Cambridge 1999, S. 195.

4 Ebd., S. 243.

5 Friedrich Nietzsche, Ecce Homo. Warum ich ein Schicksal bin, http://www.nietzschesource.org/#eKGWB/EH-Schicksal-1 (letzter Zugriff 24. 6. 2015).

6 Friedrich Nietzsche, Unzeitgemäße Betrachtungen. Schopenhauer als Erzieher § 4, http://www.nietzschesource.org/#eKGWB/SE-4 (letzter Zugriff 24.6.2015).

7 Friedrich Nietzsche, Brief an Georg Brandes, 4. Januar 1889, http://www.nietzschesource.org/#eKGWB/BVN-1889,1243 (letzter Zugriff 24.6.2015).

8 Friedrich Nietzsche, Fatum und Geschichte. Gedanken. Absatz 5, http://www.f-nietzsche.de/werke.htm#t2Fatum (letzter Zugriff 24.6.2015).

9 Friedrich Nietzsche, Brief an Elisabeth Nietzsche, 11.Juni 1865, http://gutenberg.spiegel.de/buch/nietzsches-briefe-6702/7 (letzter Zugriff 15.6.2015).

10 Friedrich Nietzsche, Ohne Heimat, Gedicht (1859),

https://archive.org/stream/gesammeltewerke20niet/gesammeltewerke20niet_djvu.txt (letzter Zugriff 15. 6.2015).

11 Friedrich Nietzsche, Nachgelassene Fragmente, Sommer 1883, http://www.nietzschesource.org/#eKGWB/NF-1883,12[1] (letzter Zugriff 24. 6. 2015).

12 Friedrich Nietzsche, Jenseits von Gut und Böse, Erstes Hauptstück: Von den Vorurtheilen der Philosophen Absatz 39, http://www.nietz-schesource.org/#eKGWB/JGB-39 (letzter Zugriff 24. 6. 2015).

13 Friedrich Nietzsche, Unzeitgemäße Betrachtungen. Schopenhauer als Erzieher § 4, http://www.nietzschesource.org/#eKGWB/SE-4 (letzter Zugriff 24. 6. 2015).

14 Friedrich Nietzsche, Ecce Homo. Menschliches, Allzumenschliches, http://www.nietzschesource.org/#eKGWB/EH-MA-1 (letzter Zugriff 24. 6. 2015).

15 Ernest Jones, The Life and Work of Sigmund Freud, New York 1981, S. 344.

16 Friedrich Nietzsche, Menschliches, Allzumenschliches, http://www.nietzschesource.org/#eKGWB/MA-37 (letzter Zugriff 24. 6. 2015).

17 Friedrich Nietzsche, Die Geburt der Tragödie § 3, http://www.nietzschesource.org/#eKGWB/GT-3 (letzter Zugriff 24. 6. 2015).

18 Friedrich Nietzsche, Ecce Homo. Warum ich ein Schicksal bin, http://www.nietzschesource.org/#eKGWB/FW-1253 (letzter Zugriff 24. 6. 2015).

19 Friedrich Nietzsche, Götzen-Dämmerung, § 8: Aus der Kriegsschule des Lebens, http://www.nietzschesource.org/#eKGWB/GD-Sprueche-83 (letzter Zugriff 24. 6. 2015).

20 Ecce Homo, http://www.nietzschesource.org/#eKGWB/NF-1888,24[1] (letzter Zugriff 24. 6. 2015).

21　Die fröhliche Wissenschaft. http://www.nietzschesource.org/#-eKGWB/FW-34 (letzter Zugriff 24. 6. 2015).
22　Ecce homo. Also sprach Zarathustra. http://www.nietzschesource.org/#eKGWB (letzter Zugriff 24. 6. 2015).
23　Die fröhliche Wissenschaft § 62 http://www.nietzschesource.org/#-eKGWB/FW-62 (letzter Zugriff 24. 6. 2015).

芭芭拉·麦克林托克
有机式思维——特立独行的玉米粒

1　Zitiert nach Lotte Auerbach, Privates Interview, 10. April 1981.
2　Evelyn Fox Keller, A Feeling for the Organism. The life and work of Barbara McClintock, New York 1983, S. 25.
3　Evelyn Fox Keller, Barbara McClintock. Die Entdeckerin der springenden Gene, Basel 1995, S. 52.
4　Keller 1983, S. 70.
5　Keller 1995, S. 81.
6　Ebd.
7　Ebd., S. 82.
8　Ebd., S. 125.
9　Ebd., S. 124.
10　Ebd., S. 124.
11　Ebd.
12　Ebd., S. 126.
13　Ebd., S. 127.
14　Ebd., S. 131.
15　Keller 1983, S. 125.

16　Keller 1995, S. 131.
17　Keller 1983, S. 179.
18　Keller 1995, S. 203 f.
19　Ebd., S. 208; Nathaniel C. Comfort: The Tangled Field. Barbara McClintock's Search for the Patterns of Genetic Control, Cambridge 2003.

西格蒙德·弗洛伊德
挖掘者——烤焦的布丁的秘密

1　Josef Rattner/ Gerhard Danzer: Psychoanalyse heute. Zum 150. Geburtstag von Sigmund Freud. Würzburg 2006, S. 23.
2　Sigmund Freud, Brief an Stefan Zweig, in: Stefan Zweig, Briefwechsel mit Hermann Bahr, Sigmund Freud, Rainer Maria Rilke, Arthur Schnitzler, Frankfurt am Main 1987, S. 172.
3　Ken Corbett, Boyhoods, Rethinking Masculinities, New Haven u.a. 2009. S. 40.
4　Peter Gay, Freud. Eine Biographie für unsere Zeit, Frankfurt a.M. 2004, S. 70.
5　Ebd., S. 198.
6　Andrea Lassalle: Bruchstücke und Portrait: Hysterie-Lektüren mit Freud und Cixous, Würzburg 2005, S. 71.
7　Gay 2004, S. 300.
8　Annette Meyhöfer, Eine Wissenschaft des Träumens. Sigmund Freud und seine Zeit, München 2009, S. 159.
9　Gay 2004, S. 97.
10　Joseph Wortis, Fragments of an Analysis with Freud, New York 1954, S. 163.

11　Gay 2004, S. 164.
12　Ebd., S. 165.
13　Ebd., S. 156. – Weitere Quellen: Sigmund Freud, Studienausgabe, Frankfurt a.M. 1969ff.; Louis Breger, Freud. Darkness in the Midst of Vision, New York 2000.

列奥纳多·达·芬奇
从各个视角思考——生活是一件未完成的艺术品

1　Leonard Shlain, Leonardo's Brain. Understanding Leonardo's Creative Genius, Lanham 2014, S. 43.
2　Kenneth Clark/ Martin Kemp, Leonardo da Vinci, London 1989, S. 191.
3　Carlo Predretti, Leonardo Da Vinci on Painting. A Lost Book (Libro A), Berkeley u. a. 1964, S. 134.
4　Michael Ladwein, Leonardo Da Vinci. The Last Supper: A Cosmic Drama and an Act of Redemption, Forest Row 2006, S. 31.
5　Peter D'Epiro/ Mary Desmond Pinkowish, Sprezzatura, 50 Ways Italian Genius Shaped the World, New York 2001, S. 170.
6　Tobias Hürter, Ich bin zwei, http://www.zeit.de/2013/25/gehirn-haelf-ten-doppelnatur (letzter Zugriff 25. 6. 2015).
7　Shlain 2014, S. 25.
8　H. Anna Suh (Hrsg.), Leonardo's Notebooks, New York 2005. – Weitere Literatur: Michael J. Geln, How to think like Leonardo da Vinci. Seven Steps to Genius Every Day, London 2009; Charles Nicholl, Leonardo da Vinci. Die Biographie, Frankfurt a. M. 2009; Ian McGilchrist, The Master and his

Emissary. The Divided Brain and the Making of the Western World, New Haven 2012.

苏格拉底
哲学的情人——不惧虚无

1 G. L. F. Tafel/ C. N. von Osiander/ Gustav Schwab (Hrsg.), Griechische Prosaiker in neuen Übersetzungen. Zweihundertzweiunddreißigstes Bändchen, Stuttgart 1853, S. 180.
2 Paul Johnson, Socrates. A Man for Our Times, New York 2011, S. 97.
3 Ebd., S. 10.
4 LutzGeldsetzer,PhilosophiederKunstoderdiesogenannteÄsthetik, http://www.phil-fak.uni-duesseldorf.de/fileadmin/Redaktion/Institute/Philosophie/Geldsetzer/philosophie%20der%20kunst%20I.pdf (letzter Zugriff 25. 6. 2015).
5 Sanderson Beck, The Socratic Problem, http://www.san.beck.org/SocraticProblem.html (letzter Zugriff 25. 6. 2015).
6 Bettany Hughes, The Hemlock Cup. Socrates, Athens and the Search for the Good Life, New York 2011, S. 23.
7 http://gutenberg.spiegel.de/buch/apologie-des-sokrates-4887/5
8 Marcus Tullius Cicero/ Joseph von Preysing, Daß ein tugendhafter Mann zum glückseligen Leben in sich selbst alles finde, München 1781, S. 18.
9 http://gutenberg.spiegel.de/buch/platons-werke-2430/27
10 http://gutenberg.spiegel.de/buch/platons-werke-2430/27

11 Ekkehard Martens, Ich denke, also bin ich. Grundtexte der Philosophie, München 2000, S. 30.
12 Friedrich Nietzsche, Menschliches Allzumenschliches, http://www.nietzschesource.org/#eKGWB/WS-55 (letzter Zugriff 25. 6. 2015).
13 Zitiert nach Brigitte Theophila Schur, Von hier nach dort. Der Philosophiebegriff bei Platon, Göttingen 2013, S. 125.
14 http://gutenberg.spiegel.de/buch/platons-werke-2430/94
15 Ebd.
16 G. L. F. Tafel/ C. N. von Osiander/ Gustav Schwab (Hrsg.), Griechische Prosaiker in neuen Übersetzungen. Zweihundertzweiunddreißigstes Bändchen, Stuttgart 1853, S. 117.
17 Julius Bernhard Engelmann, Sokrates und seine Zeit, Frankfurt a. M. 1812, S. 117.
18 http://zeno.org/Philosophie/M/Platon/Das+Gastmahl
19 Ebd.

汉娜·阿伦特
积极式思维——艾希曼的隐喻

1 Hannah Arendt, Martin Heidegger ist achtzig Jahre alt, in: Günther Neske/ Emil Kettering (Hrsg.), Antwort. Martin Heidegger im Gespräch, Pfullingen 1988, S. 232 f.
2 Liliane Weissberg, Affinität wider Willen? Hannah Arendt, Theodor W. Adorno und die Frankfurter Schule, Frankfurt a. M. 2011, S. 200.
3 Hannah Arendt, Martin Heidegger ist achtzig Jahre alt,

in: Dies., Menschen in finsteren Zeiten, hrsg. v. Ursula Ludz, München 1989, S. 171.

4   Hannah Arendt, Das Selbst als Sein und Nichts: Heidegger, in: Dies., Was ist Existenz-Philosophie?, Frankfurt a. M. 1990, S. 37.

5   Edmund Husserl, Husserliana Bd. XIX/1, S. 10.

6   Matthias Paukert, In Bezug auf Weltanschauungen und Ideologien bindungslos, http://www.uni-heidelberg.de/presse/unispiegel/us06-05/inb.html (letzter Zugriff 15. 6. 2015).

7   Hannah Arendt, Rahel Varnhagen, München 1985, S. 21.

8   Ebd.

9   Ebd., S. 31.

10   Hannah Arendt, Ich will verstehen. Selbstauskünfte zu Leben und Werk, hrsg. v. Ursula Ludz, München 1963, S. 29.

11   Hannah Arendt, We Refugees, in: Marc Robinson, Altogether Elsewhere. Writers on Exile, Boston 1994, S. 114.

12   Elisabeth Young-Bruehl, For Love of the World, New Haven 22004, S. 30.

13   Zitiert nachTorsten Meyer u. a. (Hrsg.), Kontrolle und Selbstkontrolle, Wiesbaden 2011, S. 24.

14   Zitiert nach Siegbert Wolf, Hannah Arendt. Einführungen in ihr Werk, Frankfurt a. M. 1991.

15   Ebd.

16   Elisabeth Young-Bruehl, Hannah Arendt. Leben, Werk und Zeit, Frankfurt a. M. 1982, S. 465.

17   Dana R. Villa/ Joke H. Hermsen (Hrsg.), The Judge and the Spectator. Hannah Arendt's Political Philosophy, Leuven 1999, S. 9.

18   Elisabeth Young-Bruehl, Hannah Arendt. Leben, Werk und Zeit, Frankfurt a. M. 32013, S. 151.

查尔斯·达尔文
动态式思维——成百上千根楔子的力量

1 Der vollständige Titel der Erstausgabe lautete: On the Origin of Species by Means of Natural Selection, or the Preservation of Favoured Races in the Struggle for Life.
2 David Quammen, The Reluctant Mr. Darwin. An Intimate Portrait of Charles Darwin and the Making of His Theory of Evolution (Great Discoveries), New York 2006, S. 20.
3 The Autobiography of Charles Darwin. From the Life and Letters of Charles Darwin edited by his son Francis Darwin, http://www.gutenberg.org/files/2010/2010-h/2010-h.htm (letzter Zugriff 15. 6. 2015).
4 Heike Le Ker, Darwins Selektionstheorie. Der zaudernde Evoluzzer, http://www.spiegel.de/wissenschaft/mensch/darwins-selektions-theorie-der-zaudernde-evoluzzer-a-601504.html (letzter Zugriff 14. 6. 2015).
5 Charles Darwin: The Origin of Species and The Voyage of the Beagle, New York u. a. 2003, S. 385.
6 Darwin Correspondence Project. The correspondence of Charles Darwin, Volume 1: 1821–1836, https://www.darwinproject.ac.uk/correspondence-volume-1 (letzter Zugriff 10. 6. 2015).
7 Eve-Marie Engels, Charles Darwin, München 2007, S. 54.
8 Ebd. - Diese Idee hat übrigens bis heute viele Anhänger, man nennt das Prinzip »Intelligent Design«.
9 Darwin Correspondence Project. The correspondence of Charles Darwin, Volume 2: 1837–1843, https://www.darwinproject.ac.uk/correspondence-volume-2 (letzter Zugriff

16. 6. 2015).
10 Quammen 2006, S. 103.
11 Ebd., S. 193.
12 Charles Darwin, Über die Entstehung der Arten, 14. Kapitel: Gegenseitige Verwandtschaft organischer Wesen; Morphologie; Embryologie; Rudimentäre Organe, http://www.textlog.de/25167.html (letzter Zugriff 14. 6. 2015).
13 Charles Darwin, Über das Variieren organischer Wesen im Naturzustande; über die natürlichen Mittel der Zuchtwahl; über den Vergleich zwischen domestizierten Rassen und echten Arten, http://www.textlog.de/23081.html (letzter Zugriff 29. 6. 2015).
14 Alison Bonds Shapiro, Getting out of the Way. The Balance between Homeostasis and Growth, https://www.psychologytoday.com/blog/healing-possibility/201103/getting-out-the-way-the-balance-between-homeostasis-and-growth (letzter Zugriff 16. 6. 2015).
15 Quammen 2006, S. 209.
16 Charles Darwin, Über die Entstehung der Arten, 15. Kapitel: Allgemeine Wiederholung und Schluss, http://www.textlog.de/25171.html (letzter Zugriff 29. 6. 2015).

吉杜·克里希那穆提
否定式思维——千疮百孔的提桶

1 Pupul Jayakar, J. Krishnamurti. A Biography, New Delhi 1986, S. 78.
2 Ebd., S. 93.
3 Ebd.

4　Warayuth Sriwarakue, Cultural Traditions and Contemporary Challenges in Southeast Asia. Hindu and Buddhist, Washington 2005, S. 83.
5　Jayakar 1986, S. 221.
6　Ebd.
7　Ebd., S. 246.
8　Ebd., S. 11.
9　Ebd., S. 234.
10　http://www.jkrishnamurti.de/LdG07 - 5.355.0.html (letzter Zugriff 15. 6. 2015).
11　Edd.
12　Warren H. Chaney, A Workbook for the Dynamic Mind, Las Vegas 2006, S. 44.
13　Mary Lutyens, The Life and Death of Krishnamurti, London 1990, S. 170.
14　Antoine Lutz u.a., Long-term meditators self-induce high-amplitude gamma synchrony during mental practice, http://www.pnas.org/content/101/46/16369.full (letzter Zugriff 29. 6. 2015); Richard J. Davidson/ Antoine Lutz, Buddha's Brain. Neuroplasticity and Meditation, in: IEEE Signal Processing Magazine, http://www.investigatinghealthyminds.org/pdfs/davidsonBuddhaIEEE.pdf (letzter Zugriff 29. 6. 2015).

乔尔丹诺·布鲁诺
在上下语境中思考——为什么每根发丝中都藏着一个宇宙

1　Wolfgang Wildgen, Das kosmische Gedächtnis. Kosmologie,

Semiotik und Gedächtnistheorie im Werk von Giordano Bruno, Frankfurt a. M. u. a. 1998, S. 10.

2   Zitiert nach Paul Richard Blum, Giordano Bruno, München 1999, S. 9.

3   Ingrid D. Rowland, Giordano Bruno: Philosopher/Heretic, Chicago 2009, S. 124.

4   D. Karl Ludwig Michelet (Hrsg.), Georg Wilhelm Friedrich Hegel's Vorlesungen über die Geschichte der Philosophie. Dritter Band, Berlin 1836, S. 16.

5   Rowland 2009, S. 125.

6   Ebd. S. 127.

7   Ebd.

8   Zitat aus der Fernsehdokumentation Cosmos. A Spacetime Odyssey (Folge 1, 2014).

9   Giordano Bruno, Die Vertreibung der triumphierenden Bestie.

10   Harro Heuser, Unendlichkeiten. Nachrichten aus dem Grand Canyon des Geistes, Wiesbaden 2008, S. 175.

11   Vwadek P. Marciniak, Towards a History of consciousness. Space, Time, and Death, New York u. a. 2006, S. 192.

12   Giordano Bruno, Das Unermeßliche und Unzählbare. I. und II. Buch (De immenso et innumerabilis), übersetzt von Erika Rojas, Meißenberg 1999, S. 112.

13   Brian Swimme, The Hidden Heart of the Cosmos. Humanity and the New Story, Maryknoll 22000, S. 23.

14   Zitiert nach Fred B. Stern, Giordano Bruno: Vision einer Weltsicht, Meisenheim am Glan 1977.

15   Douglas Adams, Das Restaurant am Ende des Universums (Per An- halter durch die Galaxis, Band 2), München 1998, S. 76.

16   Hillary Gatti, Giordano Bruno and Renaissance Science, Ithaca (NY) u. a. 1999, S. 83.

17 Swimme 2000, S. 24.

18 Giordano Bruno, Zwiegespräche vom unendlichen All und den Welten. Verdeutscht und erläutert von Ludwig Kuhlenbeck, Berlin 1895, S. 10.

19 Zitiert nach Ludwig Kuhlenbeck, Bruno, der Märtyrer der neuen Weltanschauung. Sein Leben, seine Lehre und sein Tod auf dem Scheiterhaufen, Leipzig 1899.

20 Zitiert nach Frances A. Yates, Gedächtnis und Erinnern. Mnemonik von Aristoteles bis Shakespeare, Weinheim 1991.

21 Swimme 2000, S. 27.

这些伟大的思考者——
因为不满足于已知的事物,
所以他们勇于深入思维和生活中那些未知的领域。

这些伟大的思考者——
他们大胆地进行思维实验，
甚至不惜失去脚下根基，落入不确定的世界。

这些伟大的思考者——
因为不囿于某种看待世界的固定视角，
所以他们能用鲜活的目光观察事物。